湖北省社会科学界联合会
"中国调查"丛书

湖北春晖物流集团调查

HUBEI CHUNHUI WULIU JITUAN DIAOCHA

曾成贵 / 主编

长江出版传媒
湖北人民出版社

图书在版编目(CIP)数据

湖北春晖物流集团调查/曾成贵主编.
武汉:湖北人民出版社,2015.12
ISBN 978-7-216-08763-6

Ⅰ.湖…　Ⅱ.曾…　Ⅲ.物资企业—调查报告—湖北省　Ⅳ.F259.276.3
中国版本图书馆CIP数据核字(2015)第259313号

出 品 人:姚德海
责任部门:时政经济分社
责任编辑:沈　红
封面设计:武汉尚上创意工作室
责任校对:范承勇
责任印制:王铁兵

出版发行:湖北人民出版社	地址:武汉市雄楚大道268号
印刷:武汉市福成启铭彩色印刷包装有限公司	邮编:430070
开本:710毫米×1010毫米 1/16	印张:16.5
字数:254千字	插页:3
版次:2015年12月第1版	印次:2015年12月第1次印刷
书号:ISBN 978-7-216-08763-6	定价:36.00元

本社网址:http://www.hbpp.com.cn
本社旗舰店:http://hbrmcbs.tmall.com
读者服务部电话:027-87679656
投诉举报电话:027-87679757
(图书如出现印装质量问题,由本社负责调换)

"中国调查"丛书编委会

顾问：冯天瑜
主任：曾 婕
编委：刘宏兰 杜绍祥 杨增能 周庆章 谢洪辉
　　　刘胜瑜 温 健
主编：曾 婕
编审：黄正谋 刘 洁
编务：陈 芳 肖 利 陈 弘

吾辈使命
——写在前面的话

癸巳年秋，珞珈山下。著名历史学家、荆楚社科名家冯天瑜先生送我一套《东亚同文书院中国调查资料选译》。此书是冯先生等学者从浩如烟海的东亚同文书院中国旅行调查材料中，选择代表性的篇目翻译汇集而成。冯先生在扉页上题写赠言："日本为侵略中国，自明治以来，对中国作翔实调查，此书所载，可一斑窥豹。向强敌学习，对国情做深入的调研，是我辈的使命。"这年夏天，湖北省社会科学界第八次代表大会紧张筹备，我们也曾邀冯先生等专家学者为湖北社科事业的繁荣发展出计献策。先生建议，重视基础理论研究，重视国情省情调查。《东亚同文书院中国调查资料选译》一书的价值，体现着冯先生忧患意识和爱国情怀的寄语，以及冯先生对湖北社科事业的关切支持，直接促成了"中国调查"项目的产生。

尧舜孔孟，唐宋明清，分封割据，天下一统，农工兵商，京韵吴语，上下五千年，社会生活何等丰富多彩；江河湖海，崇山峻岭，楼台亭阁，村舍酒肆，秦砖汉瓦，藤角根穗，纵横九万里，中华大地如此物华天宝。新中国成立六十多年的时代印记，改革开放三十多年的文明进步，更是激荡起伏，日新月异。热爱并建设这个国家，当了解认识这个国家，而客观调查、认真分析这个国家，则是了解认识的有效途径。"向强敌学习"，要从具体事情做起，以至比强敌更强。吾辈的使命在认识，更在担当。于此时此地开始，坚持数年并由楚地推及全国的省情国情调查或将对社会有微薄贡献。基于此认知，湖北省社科联正式确定将"中国调查"作为重点项目予以立项。

社会调查,古往今来皆为执政者所重视,更有立志于此的文人学者,跋山涉水,实地考察,经年不倦。卷帙浩繁的古今文库中,有许多经典不朽之作可为楷模。"中国调查"丛书立项论证会上,专家皆推崇以费孝通先生的《江村经济》为范本。专家以为,"中国调查"各分篇,无论是全景展现,还是微型研究,无论是实地考察,还是问卷访谈,皆应如《江村经济》,尊重社会发展之客观规律,彰显实事求是之人文精神,追求科学严谨之学术标准,戒浮光掠影,戒空谈杜撰,戒阿谀奉承。《江村经济》是"人类社会学实地调查和理论工作发展中的一个里程碑"(英国社会人类学家布·马林洛夫斯基语),对于刚刚起步的"中国调查"项目而言,如果能有些许"一斑窥豹"的作用,我们将无比欣慰。

"中国调查"任重而道远,我们将脚踏实地,努力前行,不辱使命。

湖北省社会科学界联合会 曾婕

写于乙未年樱花盛开时节

总　序

　　湖北省社会科学界联合会组织湖北省社会科学工作者切入各相关领域，从事社会调查，已历岁时，初成一批各具特色的调查报告，辑为"中国调查"丛书，这是令人欣慰的一项成果。之所以说"令人欣慰"，因为在这里没有新老八股式的空话、套话、大话，而所见皆质朴、真实的基层情事，我们从中可以嗅到泥土的芬芳，听到民众的呼唤，触摸到社会生活的脉动。

　　社会调查是认识社会的基本方法。无论是实际社会工作者还是社会科学研究者，离开社会调查将一事无成。"没有调查就没有发言权"，上至最高领导人，下至普通百姓，概莫能外。

　　广义的社会调查，古已有之，如周代重视"采风"，专设"行人""𬨎轩之使"到各地搜集民歌以了解民间疾苦，《诗经》中的《国风》就是采风的精选集结。汉代派员巡行，皇帝微服私访，设立乐府，采集乐府诗以认识百姓情志、社会实况，如此等等，皆初备"社会调查"之义。

　　系统的、有计划的社会调查始于近代工业文明时代，欧美、日本运用实证方法、文化人类学方法、经济统计学方法、抽样方法、定性研究和定量研究相结合方法、横剖研究与纵贯研究相结合方法等，对本国和他国作详尽的、巨细无遗的社会调查，并以科学手段加以整理，做出描述的、解释的和提出对策的研究成果。日本为实现其侵略中国的"大陆政策"，对中国的自然、社会、人文等作了广泛、细致的调查研究，仅以两个较庞大的中国调查机构——南满铁道株式会社调查部、东亚同文书院（前身汉口乐善堂）为例，其调查规模便足可惊人：它们分别对中国进行了长达四十年和六十年的调查，留下卷帙浩繁的调查报告和研究著作。满铁的中国调查报告有数十万件，出版书刊数千种，是各国研究近代东北、华北、华东社会的材料渊薮（当代西方汉学家黄宗智、杜赞奇的近代中国社会史名作多取材于此）。东亚同文书院的中国调查，地域达除西藏外所有省区之各市县镇（还远抵俄罗斯西伯利亚、远东、中南半岛、南洋群岛），涉及地理、历史、政治、经济、军事、民俗各领域，大至各时段政情演变（如辛亥革命、五四运动、北伐战争等），小至一条河川有几处渡口、冬夏各能摆渡多大船只。无怪乎抗战期间日本的军用地图比国民党军队的军用地图详尽、准确。在东亚同文书院对中国长期调查的基础上，日本东亚同文会1917—1920年编纂了《支那省别全志》，1941—1946年编纂了《新修支那省别全志》，2015年5月中国国家图书馆出版社影印出版了两志全50册。我在为两志影印版所作序言中说："它让我们具体了解近代日本从事中国踏查的广度与深度，认识其用心之深、用力之切，从而激发国人警醒；同时，通过展示日本的中国调查材料及其加工成品，也为晚清、民国研究敞开一个鲜为人知的资料库，并从方法论上提供若干研究国情、地情的启发。"[1]

毛泽东1941年在《〈农村调查〉的序言和跋》中，强调社会调查的重要性，并指出："中国幼稚的资产阶级还没有来得及也永远不可能替我们预备关于社会情况的较完备的甚至起码的材料，如同欧美日本的资产阶级那样，所以我们自己非做搜集材料的工作不可。"这里对"中国幼稚的资产阶级"来不及作较完备的社会调查的估量，大体符合历史实情。但需要补充的是，自晚清以降，中国一些有识之士已开始重视并躬亲社会调查，如清末的湖北留日学生鉴于"各国人之于其国也，无一事不有调查会，或政府提创之，或人民自组织之"，在1903年成立"湖北调查部"，对在本国、本省开展社会调查有所规划，列举了"政法上之调查""教育上之调查""经济上之调查""实业上之调查""军事上之调查""历史上之调查""地理上之调查""民族上之调查""出产上之调查""交通上之调查""外人势力上之调查"诸方面的调查细目。[2] 然而限于条件，这一计划无法在晚清实现。

民国时期，国民政府的某些部门，如地震局，曾组织力量作专题社会调查，

---

[1] ［日］东亚同文会编：《中国省别全志》第1册，国家图书馆出版社2015年版，第8页。

[2] 张枏、王忍之编：《辛亥革命前十年间时论选集》第一卷上册，生活·读书·新知三联书店1977年版，第443～452页。

留下一批宝贵材料。某些从西方学习社会学、民族学回归的中国学者,作过高水平的社会调查研究,如陈达的《南洋华侨与闽粤社会》、费孝通的《江村经济》,至今仍闪耀光辉,被视作社会学范本。20世纪30年代出版的"社会调查"丛书(中华平民教育促进会出版)也不乏佳作,如李景汉的《定县社会概况调查》便颇有价值。此后,各类调查研究报告续有面世,如费孝通的《乡土中国》、许烺光的《祖荫下》、杨懋春的《一个中国村庄:山东台头》、林耀华的《金翼:中国家族制度的社会学研究》等。

这批在艰困的条件下完成的社会调查论著,达到令国际学术界肃然起敬的水平,足证中国人完全有能力在社会调查研究领域攀登高峰。当然,就整体而言,清末、民国积贫积弱,战乱频仍,国家与民间无力作大规模、长时段、成系统的社会调查。

今天我们所拥有的条件,不可同日而语。以我省而论,有省社会科学界联合会的统筹组织,有各方面社会科学工作者的积极投入,未来可望涌现一批理论明晰、调查细致深入、记述真实可靠、建策独到的成果,为社会科学研究提供基础资料和精准数据。现在,"中国调查"首批项目已经付梓,又闻省社科联已筹谋接下来五年的项目计划,拟定调查研究重点,制定严谨的学术要求和规范,并将陆续推出"中国调查"丛书,以展现湖北省社科界调查研究原创力和高水平。我们乐观其成!

冯天瑜
2015年8月4日于武昌珞珈山

前　言

湖北春晖物流集团调查，系湖北省社会科学界联合会组织的大型社会调查——"中国调查"项目之一。

2013年换届后的湖北省社科联领导班子，为贯彻落实中共十八大、十八届三中全会精神，巩固党的群众路线教育实践活动成果，深入实际、深入群众，决定进一步开展国情、社情、民情调查，创新社科工作，推动社科繁荣；正确认识国情，准确把握社会发展大势，更好地发挥哲学社会科学认识世界、服务社会的功能和作用。规划实施这个重大项目，目的在于立足当代，通过调查基本国情，并主要以改革开放以来，我国政治、经济、文化、社会、生态等方面的客观现实、发展成就、变化变迁为重点，积累和梳理社会科学研究的基础性资料。这是打基础、管长远的有力举措。

笔者申报湖北春晖物流集团调查，基于两个方面的原因：一是，湖北春晖物流集团（以下简称"春晖集团"）在改革开放的大潮中，由破茧而生的孝感本土房地产企业，跻身粮食行业，正确把握国家推动农业、农村和农民问题的改革发展，促进农业生产方式的转变，建设社会主义新农村的重大机遇，组建企业集团，集粮食种植、收购、储存、加工、贸易和优质稻种子繁育，以及农副产品物流于一体，实现了向国家级农业产业化重点龙头企业的华丽蝶变。春晖集团由工商企业下乡种田，通过土地流转，成为规模化、机械化、专业化的种田大户，与农民合股成立全省第一家土地股份合作社，形成了促进地区农业发展方式转变、农民增收、企业增效的"春晖模式"。春晖集团的改革实践和创新发展，得到国家有关部委、中共湖北省委和省政府的高度重视，被誉为"湖北现代农业一面鲜艳的旗帜",加以宣传推广。

二是,笔者对春晖集团的初步了解。春晖集团的不同凡响,自2010年开始,省级主流新闻媒体就陆续有所报道。随着2011年1月,湖北龙岗土地股份合作社的成立;5月,全省土地经营体制机制创新现场会在孝感市孝南区的举行,中央、省市新闻媒体纷纷聚焦春晖集团,新闻报道,特写访谈,连篇累牍。春晖集团声名鹊起,影响力在短期内有效放大,以至于人们都能或多或少地了解一些。对于笔者而言,2012年7月初,作为省人大法委会委员,参加省人大关于湖北省农村土地承包经营条例的立法调研,现场参观考察了春晖集团的万亩香稻示范基地、智能化育秧工厂、智能化谷物烘干车间、农业机械停放场院、农产品连锁超市。在春晖农科院,参加同春晖集团负责人、龙岗土地股份合作社社员代表座谈,具体了解到春晖集团与当地村组织"以企带社、以社带民、入社自愿、退社自由",组建湖北龙岗土地股份合作社的大致过程,"土地流转股份化、农企联姻产业化、经营管理职业化、生产种植规模化"的运作模式,"租金保底+盈余分红+打工收入"的利益分配机制等实践创新。春晖集团实行土地流转,积累了关于农村承包土地实行其所有权、承包权、经营权"三权分立"的经验,为在地方立法中明确规定农村土地承包经营应当明晰所有权、稳定承包权、放活经营权,提供了有益的实践样本。通过这次调研的亲身体验,笔者对春晖集团留下了深刻印象。后来,在一些场合,又同春晖集团董事长谭伦蔚同志有所接触,保持了联系。

国情调查的基本任务是摸清家底。在申报课题立项过程中,笔者就思考了项目设计问题。经过开题评审,根据评审专家的诊断和省社科联领导的要求,对项目设计做了必要的修改和优化。拟采取以社会学与历史学相结合的办法,运用实地考察、集体座谈、个别访问、调阅资料等手段,具体了解春晖集团的历史和现状、核心业务、产业扩张以及履行社会责任等方面的情况,从而建构该集团的立体形象,形成真实、具体的社会单位标本。春晖集团的发展历程,是全部改革发展大历史的微观定格。它因国家粮食体制改革而进入粮食行业,因土地制度改革探索而实施土地流转,因农业、农村政策改革而建立农民专业合作社群。如实地记录春晖集团的发展历程,就是从一个局部生动地记录中国的改革发展。企业的发展,政府之主导,各种矛盾的解决,远非一帆风顺。如实记录这些故事,讲清来龙去脉,形成独具特色的社会记录,社会的历史影像就因不同的社会记录而真实、丰满。这是一项以企业为对象的社会调查，关于其生产经营的部分，不涉及调查对象的商业秘密。

为了做好首批社会调查项目，省社科联领导同志反复强调一定要真正深入实际，坚持实事求是的原则，要以费孝通老先生当年做江村调查为榜样。本项目正式立项后，笔者做出了实施计划：对于春晖集团所属单位，全部纳入调查计划，分别形成调查子报告。对于跨地区实施的土地流转和专业合作、生产管理服务，亦须重点加以了解，纳入其中。在全面调查摸底的基础上，写出总体报告。调查过程中，要注意收集和保管原始资料，会议座谈和个别访问的记录资料要及时整理，并保存录音和照片。每次外出调查，都应做好有针对性的准备工作。调查中，要到田头、入农户、进车间，多看现场；要与不同层级、不同地方的对象接触，交流访谈，多做了解。在文本呈现上，要记录春晖集团发展的全过程、各方面，最终达到有利于读者形成具象的、立体的春晖形象，动态的、丰满的春晖形象，有具体翔实的历史资料可供研究者参考使用。

在完成必要的前期准备的基础上，2014年7月18日，笔者正式进入春晖集团开展调研活动。自那以后，10次考察，14次座谈，先后现场考察了3个粮食收储单位、2个粮食加工单位、3处土地流转和合作经营基地，以及土地股份合作社、农机专业合作社、果蔬合作社、春晖农超、春晖农科院等主要单位，分别与春晖集团领导同志、中层管理人员、合作社社员进行了集体的座谈或个别的访问。本项目的实施，断断续续一年多时间，这是一个逐步掌握情况的过程，也是一个学习与思考的过程。沃野上的春晖生机盎然，得益于改革开放的春风沐浴，也有赖于春晖人的开拓奋进。作为一家成长中的民营企业，他们胸怀"以农报国"之志，走农业产业化之路，把国家方针、企业发展、社会责任、个人志向有机地结合起来，向常青藤企业的远大目标稳步迈进，是极可宝贵的。

春晖集团走在湖北农业产业化的前列，在中共十八大、十八届三中、四中全会精神指引下，他们的辛勤耕耘一定会得到更大的收获！

目 录

第一章　发展概述　/ 1

　　一、组织概况　/ 1

　　二、历史沿革　/ 3

　　三、机构组织　/ 4

　　四、发展特色　/ 6

　　五、企业党建　/ 8

第二章　核心企业　/ 10

　　一、湖北春晖物流股份有限公司　/ 10

　　二、孝感市伟业春晖米业有限责任公司　/ 10

　　三、孝感市伟业春晖万丰米业有限责任公司　/ 11

　　四、湖北飨畇农业发展有限责任公司　/ 11

　　五、湖北举帆农业发展有限责任公司　/ 11

　　六、孝感市国贸房地产开发有限责任公司　/ 11

　　七、孝感市国贸酒店管理有限责任公司　/ 12

　　八、孝感市春晖农产品超市有限责任公司　/ 12

　　九、孝感市孝南区春晖小额贷款有限责任公司　/ 13

第三章　主营业务　/ 14

　　一、种植　/ 14

　　二、粮食收储　/ 16

　　三、加工贸易　/ 20

第四章　土地流转　/ 23

　　一、长期租赁　/ 23

　　二、季节性托管　/ 29

　　三、合作经营　/ 30

第五章　股份合作　/ 32

　　一、先期酝酿　/ 32

　　二、湖北龙岗土地股份合作社的成立　/ 44

　　三、土地股份合作社的制度安排　/ 60

　　四、土地股份合作社的运转成效　/ 76

第六章　专业合作　/ 79

　　一、农机专业合作　/ 79

　　二、生产管理合作　/ 99

第七章　科技服务　/ 101

　　一、农业科技机构　/ 101

　　二、农业科技服务　/ 102

第八章　社会责任　/ 109

　　一、责任管理　/ 109

　　二、市场绩效　/ 109

　　三、社会绩效　/ 110

　　四、环境绩效　/ 110

访谈实录　/ 111

　　李文斌等访谈录　/ 111

　　黄文高等访谈录　/ 117

　　刘顺田等访谈录　/ 129

汤俭民等访谈录 / 135

罗移山等访谈录 / 141

刘顺田等访谈录 / 155

王文访谈录 / 164

余义军等访谈录 / 181

詹清卯访谈录 / 190

岳丹平等访谈录 / 202

李存国访谈录 / 212

王文访谈录 / 219

李新华访谈录 / 223

谭伦蔚访谈录 / 236

参考资料 / 241

一、企业资料 / 241

二、报刊资料 / 242

后　记 / 244

编后记 / 245

第一章 发展概述

一、组织概况

湖北春晖物流集团（以下简称"春晖集团"），2010年8月注册成立，编号为（孝市）集登字2010〔003〕，总部位于湖北省孝感市北京路58号。其母公司为湖北春晖物流股份有限公司。春晖集团属于非独立法人、非公司制集团，除母公司外，还吸收孝感市伟业春晖米业有限责任公司、湖北飨畇农业发展有限责任公司、湖北举帆农业发展有限责任公司共同组成。

春晖集团是一家集粮食种植、收购、储存、加工、贸易和优质稻种子繁育、农副产品物流于一体，以及从事房地产开发、酒店与物业管理和农村金融业务的国家级农业产业化重点龙头企业，现有正式员工300多人，连同所吸纳的临时用工共近千人，总资产8.6亿元。

通过流转农民土地经营权，春晖集团建立了稳定的优质粮源种植基地。截至2013年底，在孝感市孝南、大悟、孝昌、安陆、云梦等县（市）区累计流转土地12.98万亩（含意向性合同数），通过大力推行"四提供、一回收"服务模式，发展"订单农业"近40万亩。培植了一批新型农业经营主体。2010年以来，参与组建湖北龙岗土地股份合作社，发起成立了农机、香稻、果蔬等专业合作社群，培植了一批家庭农场，春晖农机专业合作社、香稻专业合作社被认定为"全国农民专业合作社示范社"。

作为物流企业，春晖集团具有中央、地方粮食储备资质和先进的粮食储备、装运设施。在改扩建粮食储备库、完成1.5公里铁路专用线和粮食机械化

图 1-1 2012年2月11日，全国人大常委会副委员长乌云其木格（右一）、农业部副部长陈晓华（右二）为谭伦蔚（左一）颁奖

装卸平台改造工程后，大大提高了粮食绿色仓储科技水平和现代装卸、运输能力，总仓储量扩大到 4.3 亿斤，被认定为"省级粮食物流重要节点"单位。2013年，启动占地 2300 亩、总投资 12 亿元的湖北春晖农产品综合物流园项目，规划建设市场交易、仓储加工、冷链物流、综合服务四大功能区。

春晖集团致力于粮食的精深加工，湖北春晖优质稻产业园被省科技厅认定为"全省首批农产品加工科技示范园区"，并下达了"优质稻精深加工与副产物综合利用技术集成及产业化"项目。"黄香"牌糯米获得"第十届中国国际农产品交易会金奖"，黄香糯米·孝丰大米被省粮食局评为"湖北十大名米"。

春晖集团强力推进企业品牌、产品品牌建设，旗下孝感市伟业春晖米业有限责任公司荣获"全国守合同重信用"企业，被中国粮食行业协会评为"诚信粮油企业""企业信用评级 AAA 级信用企业"和"全国放心粮油进农村进社区示范工程示范加工企业"，湖北飨昀农业发展有限责任公司荣获"省级农业产业化重点龙头企业"，春晖物流股份有限公司被评为"湖北省重点物流企业"。"黄香"商标被认定为湖北省著名商标和孝感市知名商标，"孝丰"商标被认定为孝感市知名商标。

2012年，春晖集团被评为"湖北民营经济最具影响力企业"。2013年，全集团实现经营总额 49.8 亿元，带动农民增收 1.2 亿元，分别比上年增长 24.5% 和 200.1%。董事长谭伦蔚先后荣获"2011 年度中国农村新闻人物"、第八届"全国农村青年致富带头人"和全省十大"种粮大户"、第十二届（2013）

湖北经济年度风云人物等荣誉称号，并当选为第十二届全国人大代表。

春晖集团在其发展进程中，得到省、市、区各级党委、政府的关怀和支持。中共湖北省委书记李鸿忠、省长王国生先后深入春晖集团调研，省委副书记张昌尔多次到春晖集团调研，并主持召开了现场办公会，形成《关于支持湖北春晖集团农民专业合作社发展现场办公会纪要》(〔2011〕第34号)。孝感市政府形成《关于支持湖北春晖集团加强粮食科技产业链建设会议纪要》(〔2012〕74号)，出台《关于支持农业产业化龙头企业发展的实施意见》(孝感政发〔2013〕12号)，孝南区政府设立了湖北春晖优质稻产业园管委会，对入驻园区企业提供全程跟踪服务。

二、历史沿革

春晖集团是民营企业，追溯它的发展历程，就不能不从其董事长谭伦蔚"下海"创业开始。

谭伦蔚，祖籍湖北汉川，1968年出生于山西，毕业后被分配到山西省邮电局工作。1988年，谭伦蔚随父母迁回家乡孝感，先在孝感地区农机学校工作，后调入孝感农机总公司。1992年，谭伦蔚立志不吃太平饭，留职停薪，搏击商海，打造一片新天地。1996年，他彻底脱离了原公司，单飞创业。谭伦蔚的事业起点，是和几个朋友合伙开加油站，以后，承接建筑工程。2002年，注册国贸房地产公司，正式进军房地产业，开始了从个体户的小打小闹向公司制企业经营的转变。这是谭伦蔚个人创业的原始积累阶段。

手中有了"第一桶金"，往哪里作长线投资？2004年，湖北省政府根据国家政策，宣布推进国有粮食企业产权制度改革，全面放开粮食购销市场，实现粮食购销多渠道经营，健全适应社会主义市场经济发展的粮食流通体制。这个改革，为民间资本进入长期由国有企业统起来的粮食流通领域打开了一扇门。国有粮食企业"大锅饭"的管理体制，本来已经不适应市场经济改革的形势，粮食购销市场正式放开，更增加了竞争对手，越来越难以为继。2005年，孝感市孝南区粮食局向谭伦蔚借钱给职工发工资，安置改制员工。2007年，区粮食局招商引资，把国家粮食储备库有偿转让给谭伦蔚经营。从此，谭伦蔚堂堂正正地跻身粮食行业。2007年1月22日，谭伦蔚申请注册孝感市伟业春晖米业有限责任公司，自任法人代表，注册资金10040万元整。2009年5月27日，又申请注册湖北春晖物流股份有限公司，谭伦蔚为法人代表，注册资本4000万元。至此，谭伦蔚的事业今非昔比，已经形成较大规模。

2010年8月，谭伦蔚申请注册湖北春晖物流集团，开辟了事业发展的新阶段。集团成立后，全力推进其企业规模和经营领域的双扩张，成为集粮食种植、收购、储存、加工、贸易和优质稻种子繁育，以及农副产品物流于一体的国家级农业产业化重点龙头企业，同时，继续经营房地产、酒店及物业管理，发展农村金融业务，并涉足新传媒领域。

依据资本结构和组织属性，春晖集团习惯上所说的下辖单位，可划分为核心企业、伙伴企业、专业合作组织和民办非企业组织四类。

核心企业是春晖集团直接投资企业，分别是：湖北春晖物流股份有限公司，孝感市伟业春晖米业有限责任公司，孝感市伟业春晖米业有限责任公司朱湖分公司，孝感市伟业春晖万丰米业有限责任公司，湖北飨畇农业发展有限责任公司，湖北举帆农业发展有限责任公司，湖北春晖种业有限责任公司，孝感市春晖农产品超市有限责任公司，孝感市国贸酒店管理有限责任公司，孝感市国贸房地产开发有限责任公司，孝感市孝南区春晖小额贷款有限责任公司。

伙伴企业是春晖集团与其保持紧密合作关系的企业，分别是：湖北春晖永佳面业有限责任公司，湖北春晖朱湖富饶农副产品有限责任公司，湖北孝感国家粮食储备库，永昌苗木公司，金卉苗木公司。

专业合作组织：湖北龙岗土地股份合作社，湖北春晖农机专业合作社，湖北春晖香稻专业合作社，孝感市春晖果蔬专业合作社。

民办非企业组织：湖北省孝感市春晖农业科学技术研究院，湖北省孝感市春晖职业学校。

三、机构组织

春晖集团主要基于谭伦蔚任法人代表的公司制企业组成，各成员单位独立经营，自负盈亏，集团不设法人代表和独立财务，履行行政管理的职责。因此，该集团的治理结构十分简单，只设董事长一职，由谭伦蔚担任；总经理一职，由李新华担任；副总经理由陈志胜担任；设总经理助理，由余义军担任。

集团内设若干管理部门。综合部：现任主任为熊火明。该部负责三方面业务：一是行政工作，主要是负责公司管理制度的制订、整理；拟写各种文件和文字材料；接待来访；负责公司形象宣传及企业文化建设；管理各类档案资料；负责接收和发送各种文件。二是人事工作，主要是负责制定、执行、监督、完善公司人事行政管理规章制度；制定人力资源发展和培训计划规划，组织规划、规范各部门的组织架构和岗位职责；办理员工招聘、任免、调配、绩效考核、奖惩等。三是农业科研工作，主要是规划集团农业方面的长远发展方向；研究各种不同条件的耕作方法，发现与培育经济作物，研究防治病虫害的有效措施；充分发挥农业生产合作社的优越性。

财务部：现任主任为张古之。主要业务是：负责组织制定并运行财务管理体系；组织全面预算管理工作和会计核算与监督工作；制定实施长短期融资方案，组织资金调度和监管工作；负责组织年度决算工作和财务统计工作，负责组织编制、上报企业年度工作报告，负责提供工作会议的财务资料；参与投资项目的经济效益评价，负责提出财务可行性方案，参与政府科技资助项目的申报。

业务部：现任主任为袁培新。主要业务是：组织制定内销、外销相关管理制度，制定年度销售策略、计划和预算，开展市场及公关活动；关注行业动态，包括客户信息的收集与管理；负责国内外市场的开拓与维护，对销售渠道与网络进行维护、管理；负责对客户订单的跟踪、协调、反馈，负责客户关系维护与管理；负责接受客户投诉，并协调处理。

仓储质检部：现任主任为朱双成。主要业务是：负责建立和完善质量管理体系；组织实施公司质量控制工作，负责公司质量事故的处理；参与由于产品引起的质量异议、退货、索赔等质量事件的处理；负责收集公司产品售后质量服务资料；定期或不定期地进行市场调查、客户抽查，及时撰写质量市场调查分析报告，提出改进意见和建议。

战略发展部：现任主任为王传俊。主要业务是：负责集团投资方式的研究及投资业务的具体操作与实施；负责制定公司的年度投资计划，负责集团本部及下属公司的投资及撤资的策划、运作及管理，拟定公司投资管理制度；定期分析集团各公司经营单位的经营活动，负责集团本部及下属单位的经营考核与管理，并对经营过程中的重大问题进行跟踪分析调研，提出解决方案；跟踪研究国际、国内资本市场，为公司上市作准备。

工程部，现任主任为王炅。主要业务是：负责各工程项目的整体规划、进度与落实执行；负责编制、审查工程总进度计划与分解计划，对计划中存在的问题进行监控，及时纠偏存在的问题；定期根据计划进度要求，完成相关考核，协助现场工程师保障各资源配置到位（人力、设备、材料），对计划落实不力的情况进行预警；负责项目进度控制，审核评估费用、进度计划带来的影响，及时提出调整建议，并提供相应的基础数据及材料。

四、发展特色

（一）发展理念

作为一家年轻的民营企业，如何使本企业在中国特色社会主义伟大事业中，始终保持其昂扬的锐气，稳健地持续发展，造就百年名企，是春晖集团董事长谭伦蔚及其管理团队经常思考的问题。国家发展有道路指引，同理，企

图1-2　2013年1月7日，中共湖北省委书记李鸿忠（右三）在春晖集团土地流转户家中与股民交谈（左一谭伦蔚，右二刘顺田）

业的发展也必须有明确的方向引领。这个明确的方向，是由企业文化所规划出来的。春晖集团提出了一整套完整的互相联系的发展理念。他们以"粮安天下，春晖有责"为本企业核心价值观；以"农业报国，担当责任，奉献社会"为企业使命；以"创新的经营模式、科学的管理方法推动农业现代化、规模化、集约化发展"为企业宗旨；以"打造一流的国际级农业产业化重点龙头企业"为企业愿景；以"创建国内一流的粮食研发、生产、出口和对外技术合作的基地"为企业战略；以"致力开拓创新，追求永续发展"为企业精神；以"优越的自然条件，卓越的管理团队，独特的经营模式，强大的资源整合能力"为核心竞争力；以"拥有共同理想，创造人生价值；诚信、积极、负责是我们必备的品质；为企业、为社会创造最大的效益是我们的生命"为春晖人的定义。春晖集团提出的发展理念，实现了国家、社会、企业、个人利益的有机联结，国家、社会、企业、个人价值观的有机融合，有利于形成引领企业、凝聚员工的强大文化力量。确立企业文化的制高点，彰显了国家级农业产业化重点龙头企业的责任担当和终极关怀。当理念润泽人心，每一个员工确信与企业同构利益共同体，企兴我荣，心心相印，文化的软实力就会变成刚性推动力并源源不竭。

（二）"春晖模式"

"春晖模式"由"龙岗模式"演变而来。春晖集团参与创建湖北龙岗土地股份合作社，是深化农村土地经营机制体制改革的重要探索。这个实践成果，起初被概括为"龙岗模式"。2011年5月10日，湖北全省农村土地经营体制机制创新现场会在孝感市孝南区举行，中共孝南区委、区政府在会上作了题为《探索"龙岗模式" 推动规模经营》的典型发言，提炼"龙岗模式"的内涵是：土地流转股份化，农企联姻产业化，经营管理职业化，生产种植规模化，政府服务全程化。时任省委常委张昌尔作主旨讲话，要把土地股份合作作为全省当前需要着力推进的"三大合作"之一。基于龙岗土地股份合作社的实践，指出土地股份合作是破解龙头企业与农民利益联结机制难题的有效途径，在第二、第三产业比较发达、非农化程度较高、农村劳动力外出较多、农民不愿耕种土地的地区要大胆探索。支持村集体经济组织引导农民以土地承包权入股，组建土地股份合作社，经营权由合作社以市场方式运作，吸引现代规模经营主体统一经营土地。在条件成熟的地方，可直接采取以企带社的办法，由龙头企业的资本与农民的土地承包权入股组建土地股份合作社，构建两者"利益共享、风险共担"的利益联结机制。很明显，"龙岗模式"的内涵渗透在这个阐述之中，得到了肯定并被推广。

在对春晖集团的调查研究和宣传报道中，很快出现了"春晖效应""春晖现象"的新概括，并进一步过渡到"春晖模式"。由"龙岗模式"演变成"春晖模式"，有其合理性和必然性。"龙岗模式"得名于龙岗土地股份合作社，其重点在于土地股份合作。由于土地股份合作社的经营事务已全权委托职业经理人春晖集团董事长谭伦蔚，工作重心自然就转移到春晖集团身上，"龙岗模式"中的经营管理职业化、生产种植规模化，也是全凭春晖集团来实现。这样，在作为调研和宣传的对象中，春晖集团就成为经常出现的角色。以春晖集团的全方位实践来观察，"春晖模式"要比"龙岗模式"丰富、丰满得多，因此，"龙岗模式"就合乎逻辑地演变为"春晖模式"。"春晖模式"的内涵是：农企联姻，专业合作，土地入股，全程链接，四轮驱动，多方共赢。农企联姻指的是春晖集团与村集体和农民之间的合作；专业合作指的是春晖集团建立的专业合作社群；土地入股指的是土地股份合作社；全程链接指的是生产、加工、物流、销售四个环节紧密联系，实现"从田间到超市"全程链接；四轮驱动指的是企业带头、集体支持、农户参与、政府扶持；多方共赢指的是农业发展、农民增收、企业增效。

五、企业党建

2012年3月20日，经中共孝南区委组织部批准，中共湖北春晖物流集团党委成立，它是孝南区非公经济领域第一个基层党委。党委委员7人，下辖党支部5个。党委书记由总经理李新华兼任，配备了专职副书记。根据2013年的汇报材料，春晖集团有党员76人，其中，女党员16人，年龄在35岁以下12人，36~45岁12人，46~54岁26人，55~59岁18人，60岁以上10人。另据2014年6月25日填报的《孝南区非公企业创建"双强六好"党组织申报表》，当年，春晖集团有党员47人，其中，女党员5人，35岁及以下18人，55岁及以上3人，大专及以上学历40人，中专及以下学历7人。

图 1-3　2013 年 3 月 1 日，中共湖北省委副书记、省长王国生（前排中）到春晖集团调研（后排左一为省政府秘书长王祥喜，前排右一为孝感市委书记陶宏，前排左一为谭伦蔚）

在集团党委领导下，2012 年 12 月，春晖集团工会、团委相继成立。

　　春晖集团党委从实际出发，加强党的建设和思想政治工作，把提升党员综合素质摆在重要位置。2013 年，开展把"中国梦"与"春晖梦"结合起来的学习教育活动，增强党员从大局着眼、从当下做起的意识。2014 年，认真开展了党的群众路线教育实践活动，从党员、干部扩展到全集团员工，所开展的"七查七反"活动和召开的党委民主生活会得到了孝南区委的充分肯定。活动期间，集团党委认真听取员工意见，发放征求意见表 150 余份，搜集整理意见及建议 120 余条。2013 年，集团党委荣获孝南区"两新"先进基层党组织称号。2012 年、2013 年，先后有两名党员被评为孝南区"优秀共产党员"。

第二章 核心企业

一、湖北春晖物流股份有限公司

该公司 2009 年 5 月 27 日注册成立，注册资金 4000 万元，法人代表为谭伦蔚，所在地为孝感市孝天路，经营范围为仓储服务。该公司在孝南区三汊镇投资建设春晖现代农产品综合物流园，规划占地 2300 亩，总建筑面积 87.9 万平方米，总投资预计 12 亿元。通过建设信息办公大楼、物流展示园、物流运营调度市场、仓储中心，使其具备运输、仓储、装卸、搬运、加工、配送和信息服务功能，建成后，将成为我国中部地区规模最大、功能最强的农产品流通枢纽和第三方物流平台。2012 年完成了前期准备工作，至 2014 年，已征土地 620 亩，完成土方回填 38 万余方，其用地规划和用地指标仍在审批过程中。

二、孝感市伟业春晖米业有限责任公司

该公司 2007 年 1 月 22 日注册，注册资金 10040 万元，法人代表为谭伦蔚，所在地为孝感市孝天路，经营范围为粮食种植、收购、储备、加工、销售、农机服务。2013 年 5 月 10 日，根据《中华人民共和国公司法》修订章程，该公司由湖北春晖物流股份有限公司、谭伦蔚、章国芳、李浩四方共同出资，各股东以其全部出资额为限对公司债务承担责任，参加或推选代表出席股东会并按照出资比例行使表决权。公司不设董事会，设执行董事一名，执行董事为公司的法定代表人，由股东会选举产生，任期三年，任期届满，可连选连

任。执行董事为谭伦蔚。公司设监事一名，由李浩担任。监事任期每届为三年，任期届满，可连选连任。孝感市伟业春晖米业有限责任公司朱湖分公司，2013年3月1日成立，非独立法人单位，负责人为袁长顺，经营范围同样为粮食种植、收购、储备、加工、销售、农机服务。

三、孝感市伟业春晖万丰米业有限责任公司

该公司2004年12月7日注册，2009年由谭伦蔚收购，2012年4月18日以现名注册，注册资金1500万元，法人代表为李新桥，所在地为孝南区孝天路3号，经营范围为粮食购销、粮食加工、粮油副产品销售。

四、湖北飨昀农业发展有限责任公司

该公司2010年4月12日注册，注册资金4680万元，法人代表为熊友力，所在地为孝南区朱湖四汊集镇民营街，经营范围为果蔬种植、粮食种植、粮食收购、粮食储备、粮食加工、粮油副产品销售、农业科技开发。目前以粮食收购、仓储、销售为主要业务，建立了优质稻加工基地。

五、湖北举帆农业发展有限责任公司

该公司2010年3月22日注册，注册资金2000万元，法人代表为谭伦蔚，所在地为孝感市开发区新铺镇龙店村孝天路旁，经营范围为果蔬、农作物种植，农作物种子研发，粮食收购、初加工、销售。目前以粮食收购、仓储、销售为主要业务。该公司占地110亩，新建8栋库房，总仓容达到1.2亿，投资1000万元，现有员工22人。

六、孝感市国贸房地产开发有限责任公司

该公司2008年4月28日注册，注册资金3670万元，法人代表为谭伦蔚，所在地为孝感市北京路，经营范围为凭资质等级证从事房地产开发；建筑用

水泥墙体材料生产、销售。该公司具有国家房地产开发三级资质，现有员工35人，其中具有中级以上职称的专业人员25人。该公司成立以来，在孝感城区先后开发了建筑面积26016平方米的国贸大厦、建筑面积7826.66平方米的楚剧团综合楼、建筑面积8560.07平方米的新华别府、建筑面积90000平方米的同升小区亲人家园，以及伟业春晖粮食储备库（建筑面积67000平方米）、春晖朱湖米业粮库（建筑面积25200平方米）、春晖农科院（建筑面积33333.3平方米）、温州工业园（建筑面积66666.7平方米）等。2012年，该公司渡过经营的寒冬期，开始复苏，2013年，完成了龙岗新社区和书院街春晖社区两个项目的勘探和设计规划工作。

七、孝感市国贸酒店管理有限责任公司

该公司2009年5月15日注册，注册资金1000万元，法人代表为谭伦蔚，所在地为孝感市北京路58号，经营范围为酒店管理，凭资质证书从事物业管理。该公司坐落于孝感城区繁华路段，拥有各类豪华套房、商务套房、普通套房、特价房180套，可同时接待400人入住。国贸酒店坚持"把客人当亲人，视客人为家人"的经营理念，融"规范化"与"亲情化"为一体，精心打造具有中国文化特色的管理模式和"亲情一家人"服务品牌。2012年国贸酒店客房部取得当年开业、当年赢利的好业绩，全年接待入住人员4000人次，创营业收入316万元，赢利50万元。2013年，国贸酒店通过大厅改造升级、提升服务质量，实现经营收入的增长；国贸物业逐步向科学化、规范化、标准化、专业化发展。2014年，国贸酒店坚持以开拓经营、提升酒店服务质量为重点，狠抓经营管理。全年实现营业收入276.7万元。物业公司狠抓成本核算，加大物业费的征收力度，全年实现各类物业收入50余万元。

八、孝感市春晖农产品超市有限责任公司

该公司2011年5月5日注册，注册资金100万元，法人代表为章国芳，所在地为孝感市北京路58号，经营范围为初级农产品、日用百货批零兼营；预包装食品、乳制品、香烟销售。

九、孝感市孝南区春晖小额贷款有限责任公司

该公司 2012 年 11 月 13 日注册,注册资金 1 亿元,法人代表为谭伦蔚,所在地为孝感市北京路 58 号,经营范围系为农户、微型企业、中小企业提供信贷服务。该公司是孝感市首家主要面向涉农中小企业的小额贷款公司,在突破传统商业银行"低风险、高流动性和稳定效益"信贷理念基础上,推出了具有自身特色的"贷贷相传"系列产品,为抵、质押物不足和担保缺失的企业提供全新的融资服务方式。2013 年,实现经营利润 3000 多万元。

第三章 主营业务

一、种植

(一)基础设施建设

春晖集团开展收储粮食业务,在整个粮食全产业链中只处于中间部分,没有种植,缺少优质粮源保障。2009年,湖北省农业厅领导和孝感市农发行的领导到春晖集团调研,指出春晖集团应向农业种植业、农业产业化的方向发展。2010年,社会上出现了收粮难的新情况,春晖集团进入粮食种植业的问题就提上了日程。

流转土地之初,由于抛荒年深日久,农田水利基础设施失修,加上田块高低不一,大规模机械化种植条件较差,不得不首先进行土地整治,完善灌溉系统。这项工作是逐年分期进行的,得到了国家和省有关部门的大力支持。2012年,完成土地整理1000多亩,开展田、电、水、路等配套设施建设,启动了三汊基地清洁能源项目工程。2013年,国家和省农发办共同投资1400万元,春晖集团自筹100万元,对三汊镇4个村的3000亩流转土地进行高标准整治,

图3-1 优质稻种子繁育基地

2014年6月底完成全部工程建设任务。通过治理，建成了田成方、树成行、路相通、渠相连、旱能抗、渍能排的高产优质稻示范基地。同年，国家和省农发办共同投资109万元的谭伦蔚种粮大户土地治理项目，在朱湖八一农场全部竣工，并顺利通过了省级验收。

（二）粮油作物种植

2012年，湖北省政府重奖全省11个粮食生产先进县市和全省10个种粮大户，谭伦蔚代表春晖集团受到奖励，获得奖品价值10万元的拖拉机一台。根据2014年10月的统计，2012年大悟基地种植水稻、小麦4600亩，朋兴基地种植水稻、小麦2223.13亩，肖港基地种植水稻、小麦1125亩。2013年大悟基地种植水稻、小麦1300亩，朋兴基地种植水稻、小麦8135亩，肖港基地种植水稻、小麦9329.1亩，三汊基地种植水稻、小麦、油菜3760亩。粮油作物种植方式主要是由湖北春晖香稻专业合作社承包，专业合作社再引进种田能手分包种植。农业生产受地理、气候、水源等方面条件的制约，春晖集团的大规模种植并未达到预期，经济效益不明显。2014年底，决定来年各基地要大力引进种田能手，分散承包基地面积，单户承包面积控制在300亩以内，切实改变过去一人独包、大面积抛荒的局面。搞好对引进的种田能手的服务，真正让承包人引得进、留得住、有效益。决定三汊基地2015年对外承包合作面积4000亩，朋兴基地对外合作面积必须达到100%。同时，加大科技推广力度，大力应用新品种、新肥料、新农药，搞好试验示范。

（三）多种经营

一是推进蔬菜基地建设。2014年，在完成一期投资200万元，建成露天蔬菜基地，引进10户贵州合作户种植菜心，收益十分可观的基础上，加快了第二期蔬菜基地建设，完成了喷灌等设施的安装。引进6户浙江合作户种植大棚西瓜，亩平净收入达12万元。全年种植蔬菜547亩、瓜果181亩，以及草莓、芦笋、红薯尖221亩。

二是发展观光农业。启动了三汊河休闲观光农业园项目，以"农"为本，以"孝"为题，以养老为特色，将三汊河观光农业区建成集土地流转机制创新区、现代农业展示区、观光农业休闲区、农村新型社区改革先行区、孝文化传播区和社会养老集聚区为一体的综合发展区。荷花、牡丹两大生产和观赏基地总面积2800亩。其中：改造低洼易涝农田400亩，种植荷花（莲子）220亩；利用山丘岗地发展油牡丹2000亩（出口创汇）、观赏牡丹400亩。2014年3—4月份，春晖集团三汊种植基地300多亩油菜花海吸引了市内外大量游客；5—6月份，220亩红莲相继绽放，引来了大批摄影爱好者观赏拍照，"花经济"效应十分明显。

三是扩大苗木水产生产。据2014年统计，大悟基地发展苗木3800亩，已种植大小苗木800万株，成活率80%以上。三汊基地引进个体老板投资3000万元开发800亩苗木基地，已完成了沟路配套及土地平整，年后即可栽植苗木。朱湖基地7850.5亩土地和水面，发展苗木和水产。

二、粮食收储

（一）参与国企改制

孝感撤地建市之前，有县级孝感市，农业是其优势，历来为国家粮食购销、储运的重点地方所在。20世纪50年代，在今孝南区胜利街建立了朋兴粮管所，1993年更名为四方稍粮库。2002年，开展企业劳动关系改革，经过精减人员、下岗分流，成立了孝感国家粮食储备库。2007年，实行对外招商引资，盘活收储资质和仓储资源。

四方稍地盘不足70亩，并存由粮库演化而来的5家单位。除了孝感国家粮食储备库以外，还有朋兴产业中心、储运公司、米厂和饲料厂，在职的和下岗的职工共500多人。虽然采取了一些改革措施，但体制机制上的问题没有根本解决，经营仍然困难重重，不得不借钱发放在职人员的工资和下岗人员的生活费。粮库负责人通过私人关系，找到谭伦蔚借钱周转。从2005年开始，谭伦蔚分笔给粮食储备库注入资金，供他们清偿债务，安置职工。到2009年，已累计借了1000多万元。2007年，区粮食局对外招商引资，正式与春晖集团洽谈合作。双方达成如下协议：一是用孝感国家粮食储备库的营业执照跟春晖集团合作；二是区粮食局每年3000万斤粮食储备的指标供春晖集团使用；三是粮食流通管理领域的其他政策性资源，协助春晖集团申报获取；四是春晖集团每年向区粮食局交一定数额的管理费；五是四方稍土地对外转让时春晖集团优先摘牌。2009年，区粮食局再次启动劳动关系改革，将四方稍最后一批在岗人员50人全部解除劳动关系，由春晖集团吸纳就业。到2012年，春晖集团出借资金累计达到2100万元，帮助孝南区粮食局完成了500人的劳动关系改革。所吸纳的50人，以前没有医疗保险，没有其他重大灾害险，养老保险金只交60%，他们到春晖集团就业后，集团按规定买了"五险一金"。

孝南区粮食局与春晖集团合作的方案主要是两个方面的内容：一是引进投资人，将孝感国家粮食储备库营业执照和区粮食局的粮食收储指标有偿转让给春晖集团使用，并非将资质变现，一卖了之，孝感国家粮食储备库作为国有粮食企业的身份仍然存在，国有固定资产仍然存在；二是适时将四方稍70亩土地及其地面附着物变现，通过招、拍、挂的形式筹集资金，偿还所欠春晖集团债务，春晖集团可以优先摘牌。前一部分协议已经执行，春晖集团如约每年交区粮食局管理费18万元，停止实际运营的孝感国家粮食储备库成为春晖集团的合作单位；后一部分则至今未能实现，虽然四方稍的土地已经进入孝感市土地储备中心，但一直没有列入招、拍、挂的程序，处于搁浅状态，春晖集团以湖北春晖物流园名义在四方稍经营。所出借的资金迄今无法收回，院区内新建、改建设施也无法确立物权。

孝感国家粮食储备库在院区外还有一家龙店粮站。改革中，区粮食局将龙店粮站直接出售给了谭伦蔚。2007年1月，谭伦蔚注册成立孝感市伟业春晖米业有限责任公司，经营粮食收储业务，正式跻身粮食行业。同孝南区粮食局签订合作协议，建立与孝感国家粮食储备库合作关系以后，企业块头迅速做大，伟业春晖米业有限责任公司当年就获得"省级农业产业化重点龙头企业"称号。

作为民营粮食企业的春晖集团，是国有和国有控股粮食企业的补充；但是，它要收储国家和地方政府的储备粮，仍然必须借用孝感国家粮食储备库的资质。这一部分业务，具有合作的性质。目前的政策安排仍然是，承担中央、地方储备粮经营管理和军粮供应任务的粮食企业，原则上实行国有或国有控股为主的产权制度。能否赋予民营企业收储国家储备粮的资格，给予与国有企业同等的待遇，还寄望于全面深化改革中的政策调整。

孝感国家粮食储备库负责人是李新华。该企业被市、区两级政府列入重点改革对象后，李新华与孝感市伟业春晖米业有限责任公司合作，完成了本企业的阶段性改革任务，他本人同其他再就业的人员一样，被春晖集团吸纳，担任了春晖集团总经理职务。

（二）基础设施建设

根据合作协议，春晖集团接管了四方稍，只有投入资金，改善仓储条件，扩大经营范围，实行新的经营管理机制，才能避免重蹈覆辙。

四方稍老库房建于1958年，由于资金投入不足，库房年久失修，院区杂乱无章。院子里驴子车拉东西，喂猪、喂鸡，臭水横流，石材加工灰尘满天飞。2013年，春晖集团规划发挥铁路专用线资源优势，重点发展散装物流和包装物流，重修了铁路站台，整治了院区环境。同时，拆除一部分旧的车间、仓库、中转库，新建三座中转库。每座中转库面积达3000平方米，设施齐备，投资约700万元。新建四座立筒库，每座立筒库地下部分有十几米深，全部都是钢筋打桩，投资七八百万元。立筒库是发展散装物流的基本设施，粮食进出通过机械传输，省去装编织袋、运粮食包的费用，能够大大节约成本，缩短工作时间。孝感市内云梦有盐矿，应城有膏矿，中转库可以用来发展包装物流，把相关企业的外运包装组织到这里来进行，再通过铁路专用线运出。经过基础设施的大幅度更新改造，四方稍春晖物流园名副其实地成为全省12个农副产品物流节点之一，实现了当年建成，当年投入使用，当年产生效益。为此，春晖集团累计投入2000多万元。

目前，四方稍春晖物流园的经营效益未达理想。原因之一，发展散装物流的设计，具有超前性质。铁路专用线原本是配套战备使用，一般民用尚未启动。即使启动运输，铁路散装运输设备也未跟上，从东北运来粮食，如果继续采用包装运输，成本将会大大高于本地近距离物流。原因之二，近年来，孝感城区飞速扩张，四方稍由边缘地区变为城区中心地带，物流发展受到交通限高的制约，运粮的重载汽车不能通行，仓储业务就一直处于吃不饱的状态。经营一年，什么都做，收入也不到100万元。

春晖集团在仓储业务方面做大做强，在伟业春晖米业有限责任公司所在地龙店，新建仓库3座，库容3000万斤。在举帆农业发展有限责任公司所在地，新建仓库8座，库容1.2亿斤。在飨畇农业发展有限责任公司所在地，新建仓库3座。为了突破四方稍的地理环境局限，规划在孝汉大道一侧征地2300亩，建立示范综合物流园，发展包装物流和散装物流，配套建设电子交易大厅、冷库等设施。2014年，已征土地620余亩，完成土方回填38万余方。

春晖集团流转农民土地经营权开展规模化种植以后，在孝南区三汊镇春晖农科院内建立了智能化谷物烘干车间，第一批烘干塔六组，连同各项配套设施，投资过千万元。在大悟县大新基地，安装烘干塔三组。这两处烘干设施，主要用于春晖集团自身的规模化种植。另外，现已采购六组，即将分别安装在举帆农业发展有限责任公司和飨畇农业发展有限责任公司两处厂区，用于对外大规模收购粮食。

（三）收储业务发展

春晖集团收储粮食，一类是按上级下达计划收储国家和省级储备粮；一类是为保护农民利益，按国家发布的最低保护价收储粮食；再有一类就是春晖集团面向市场自行收储，这一部分收储随行就市。为国家收购储备粮，决定了必须严格把好质量关。春晖集团各仓储单位，收购粮食要把握四道工序。第一道工序，以粮食取样器逐层取样检测；第二道工序，检测人员感官检测，通过看、闻、捏，不符合标准的直接返回；第三道工序，由检测中心进行物理检测，检测水分、粗糙率、沤化、整精米率等各项指标是否达标；第四道工序，根据检测结果开出鉴定单。凭鉴定合格单，粮食收购入库。入库前，还有复检程序——两筛、四吹、一扫，两筛就是两个自动筛去杂，四吹就是四个风扇吹秕谷。一座新仓一条线，最少有两到三个人复检，不间断地观察从自动筛流出的谷物的质量。严格控制质量达标，保证新粮入库合格，还能有效避免把卖粮人手中的陈粮作为新粮收购进来。

作为粮食收储企业，必须保证粮食在自己的手中不变质。春晖集团实行科技储粮。夏天储存，仓温降到摄氏零度，到次年5月不变，保持品质不发生变化。品质好，加工成米颜色好，口感好，销量就好。仓温调控采取定值测温的办法，用机械控风降温、降湿，收储稻谷的水分始终控制在国家规定的13.5，甚至13以内。仓温调控，达到相对稳定状态。

收储国家、省级储备粮，收购费用每吨5元，管理费每吨每年90元，三年为一个周期。托市收购是国家指导价。粮食市场放开后，价格势必发生波动。

一旦粮价持续走低，就会出现农民卖粮难。如果这种局面持续下去，农民就会大面积抛荒，这就势必影响到国家粮食安全，毕竟 13 亿多人口，吃饭是大事情。因此，国家出台由粮食部门托市收购的政策。以最低保护价收购进来的粮食，如果不能以相同的价格销售出去，这就势必发生购销倒挂，粮食企业出现亏损，这还不算其他管理费用。国家粮食储备是战略储备，要求三年一轮换。市场价格高企，由于轮换期不到不能轮换、不能卖，轮换期到了，可能适逢粮价走低，粮食保存有期限，到了周期不能不卖。这也要产生购销倒挂。三年一轮换，国家政策是一公斤补两角钱的差价。另外，国家规定千分之二的最低损耗。保管费一个月一公斤八分钱。国家对于粮食轮换有风险保证金政策，风险保证金由省粮食储备公司管理，只有省公司有权使用。这笔款项，事实上也存在及时足额发放的问题。如果不能及时足额发放，收购粮食资金不足，就需要贷款，从而增加了利息支出。

为提高经济效益，春晖集团在完成上级下达收储任务之外，挖掘自身仓容潜力，发挥储备科技优势，大力发展代储业务，为同行提供仓储服务。同时，大力发展加工、销售业务，大进大出，快进快出，加速周转。

2013 年，春晖集团收储粮食创历史新高，共存粮 105489 吨，实现了中央、省、市、区四级梯度储备。粮食储备品种实现新突破，承担了中储粮孝感库 15000 吨玉米的临时储存任务。经过将近两个月的高强度的工作，圆满地完成了玉米的全部接收调拨任务，实现了集团粮食储备品种由单一向多元化方向发展。2014 年，各收购网点坚持早开门，晚关门，集中人力、物力打好粮食收购攻坚战，粮食收购稳中有增，全年共收购各类粮食 51320 吨，其中小麦 15904 吨，稻谷 29498 吨，珍珠糯 5918 吨。

三、加工贸易

（一）原粮贸易

政策性收购，给企业带来的利益比较有限，春晖集团在做好政策性收储的同时，大力发展自主收储销售业务。2014 年，仅举帆公司进出粮食就有一个亿，自主经营小麦盈利 400 万元。他们大力发展代储业务，帮粮食加工客户把粮食收起来，除糙、烘干、除尘、保管，从中得到一部分利润。同时，与武汉益康集团、通威饲料、新希望等企业，发展长期销售合作关系，并分批组织业务人员到各地米厂、面粉厂、饲料厂进行业务洽谈。全年共销售小麦 7116 吨，中籼稻 6788 吨，糯稻 1044 吨，玉米 2889 吨。

（二）加工贸易

孝感是优质稻产区。春晖集团的加工贸易，主要是米面加工销售。大米加工业务在万丰米业公司、春晖米业朱湖分公司进行，面粉加工在永佳面业公司进行。

春晖集团投资 2000 多万元，在朱湖新建厂房 2400 平方米、产品库 800 平方米，新装日产 300 吨大米精加工成套流水生产线，可年产优质大米 10 万吨，使集团整体日加工大米能力得到大幅提升。新装的成套设备大量采用数字化、智能化、网络化、自动化集成技术，只需三人操作即可，显著提升生产效率和产品质量，降低了人工成本，从而增强了市场竞争力。

为提高市场竞争力，春晖集团加强资源整合，将原来多个产品整合为"朱湖"、"黄香"两个品牌，依托孝感中华孝文化名城优势，注入孝文化元素，精心策划、美化包装，加大宣传推介力度，强力推进产品品牌创建，取得明显成效。"黄香"牌糯米获得"第十届中国国际农产品交易会金奖"，黄香糯米·孝丰大米被湖北省粮食局评为"湖北十大名米"。2014 年，朱湖米厂加工各类原粮 1000 万斤，实现销售 1600 万元。

永佳面业生产能力日产 50 吨。面粉加工，把小麦破碎以后，经过各道工序，分离皮、渣、心、尾，磨一次分一次。经过加工设备，自动分出一粉、二粉、三粉，总出粉率控制在 70% 左右。永佳面业加工的小麦，并不完全来自春晖集团，主要是当地小麦的品质达不到要求。永佳面粉的固定销区主要是孝感市区、所辖县区，武汉也有部分销售。由于面粉的精度限制，在市场上处于中等偏下的水平，主要是大众性消费。目前，受进口粮食冲击，销量下降。2014 年与 2013 年相比，每个月减量三分之一。为了保销售，保市场，虽然没利润，生产仍照常进行，一般处在微利或保本状况，有时还会亏本。

2012 年，春晖集团开拓新型营销方式，成功申报和入选全国首批农业物联网项目，在原有春晖农副产品超市基础上，新增后湖、宇济、福星城三家店；

图 3-2　大米加工车间

进行了社区支持农业试点,开发网上时代农超电子查询和交易平台,在武汉建立 30 家社区直供店,与孝商集团、乾坤购物超市、北京京楚兴源商贸中心公司、孝武超市等 20 多家客户签订了购销合同,打破了长期主要在市内、省内销售的局限。

2013 年,春晖集团粮食经营首次实现大跨越。直营超市规模扩大,在武汉三镇设立了楚农超等 18 家直营超市,与孝武超市、武商量贩、中商平价等 50 多家客户签订购销合同;跟进了湖北职院、孝感农校、应城一中等 7 所大中院校食堂大米的供应;开发了全洲商务酒店、宇济商务会所等近 30 家大中型酒店采购业务,网上直营成功搭建了春晖农产品超市自主经营网站和建设银行善融商务平台,开发了春晖食品专营店的天猫商城,上线两个月就实现销售收入 10 多万元。

2014 年,农超公司又加大销售力度,不断拓宽销售渠道,成效明显。湖北放心粮油连锁店新签合作门店 14 家,继续对 7 所大中专院校食堂大米的供应进行跟踪,新开发 30 余家大型客户,全年实现销售额 850 万元。完成了与湖北荆楚粮油股份有限责任公司孝南配送中心、应城配送中心和汉川等各县市州配送中心一张网的成功对接。

第四章 土地流转

一、长期租赁

所谓土地流转,指的是农民对其所承包土地的经营权的有偿转让。2005年1月7日,国家农业部第二次常务会议审议通过的《中华人民共和国农村土地承包经营权流转管理办法》,规定承包方依法采取转包、出租、入股方式将农村土地承包经营权部分或者全部流转的,承包方与发包方的承包关系不变,双方享有的权利和承担的义务不变。这就是说,土地依法流转后,该土地的承包权仍然在承包方手中,流转出去的只是该土地的经营权,农村土地属于集体所有的性质也没有变。土地流转是改革开放以来继土地承包到户、实行双层经营以来的又一变化。

中国新时期的改革开放从农村起步。普遍实行家庭联产承包责任制,集体土地承包给一家一家农户,这是生产关系的深刻变革。大包干解脱了大集体对于农民的约束,激发了广大农民的生产热情,也增加了他们务工就业、发家致富的路径选择。随着国家工业化进程的深入快速推进,出现农村剩余劳动力向城市的规模化转移。城市化和工业化的客观需要,城乡失衡、工农差距的客观现实,促进了农村人口、技术人才向城市的集聚。这种变化,极大地冲击了以农村土地家庭联产承包为基础的体制机制,逐步出现乡村的衰落和土地的抛荒。农为国之本,有粮天下安。国家高度重视农业、农村和农民问题的解决,不断加大财政投入,推进社会主义新农村建设,通过流转土地经营权实行规模性种植,便在广大农村应运而生。这是转变农业发展方式,深化农村土地经营体制机制改革的产物，是客观实践所带来的结果。

2000年，湖北大冶市农民侯安杰开始流转土地种粮，先后在大冶市及毗邻的阳新县8个乡镇35个村流转了1.8万农户的土地，最多时突破两万亩，2008年荣获"全国农村优秀人才"、"全国劳动模范"、"全国粮食生产大户标兵"的荣誉称号，2010年有幸走进北京中南海参加《政府工作报告（征求意见稿）》的讨论，成为轰动一方的风云人物。侯安杰的经验，成为春晖集团发展规模农业的有益参考。

在这个大背景下，春晖集团既已迈入粮食行业，大力发展了收储和加工贸易，作为农业产业化龙头企业，要加快本身的发展，涉足土地流转，实行规模化、标准化种植，就是势所必至不得不为的事情。

春晖集团作为一家民营企业，要把分散的农民的土地经营权流转到手，不依靠政府的力量是无法办到的。2009年，孝南区三汊镇被确定为湖北省88个新农村建设整体推进试点镇之一。三汊镇地处孝感市城郊结合部，转移农村劳动力数量大，地方经济比较繁荣，镇委、镇政府抓住建设省级新农村试点镇的契机，制定了重点推进"二线二区二园一中心5个先行村"的新农村建设规划，准备引进龙头企业，有组织地实行土地流转，建设万亩香稻种植示范基地。在这一点上，三汊镇镇委、镇政府领导与春晖集团高层形成了高度交集，心想到了一起。

三汊镇农村有耕地4.3万余亩。据三汊镇龙岗村、埠镇村、同昶村、东桥村、彭桥村、石墩村、洪山村和漫桥村的统计，这8个村有农户2876户，总人口11401人。其中，外出打工3948人，占34.6%；60岁以上老人和儿童5008人，占43.9%；55岁左右的劳动力只有1511人。细分开来，这里的农民与土地的关系呈现四种类型：第一类是种责任田户。这类家庭劳动力少，完全靠种田解决温饱问题，他们的耕地面积约占被调查总面积的10%；第二类是种口粮田户。老人在家种少量田，维持其粮食的自给自足，子女则常年外出打工，这部分农户所承包的土地约占总面积的60%；第三类是种田大户。他们捡抛荒田种、代人种，每户种几十亩田，所耕种的土地约占总面积的23%；第四类是抛荒户，约占总面积的7%。上述统计是根据农户是否种田的情况得出的，并不能如实说明全部农田种了多少，抛荒了多少。三汊镇初步统计，全镇农民每年主动放弃耕种或自主流转的已有上万亩，完全凭种责任田谋生的农户不足 20%。龙岗村、埠镇村、同昶村、东桥村、彭桥村地处交通要道两侧，是政府官员下乡检查农村工作的必经之地。三汊镇委、镇政府对这一带的土地抛荒尤其头疼，有时不免要请人临时把抛荒的田地翻耕一遍，以救急应付上级来人检查。

从农村劳动力的分布来说，留守于乡间的，老弱妇孺居多，或无外出打工的一技之长，或因家庭负担、身体欠佳等特殊原因不能外出。所谓"70年代（的人）不种田、80年代（的人）不会种田、90年代（的人）不谈田"的现象，也越来越普遍。"谁来种田"的问题日渐变成现实，必须以新思路、新办法来破解。

农户之间自发的土地流转，其交易价格在两户之间私下达成。大规模集中式的土地流转，很难沿用这种一对一交易的模式。三汊镇委、镇政府发挥了地方政府的组织和主导作用，主要通过村组干部宣传土地流转的多重好处，宣传政府的土地承包政策法规，解除农民的思想顾虑，鼓励农民流转土地。

这些宣传，目的是要让广大农民知晓：第一，土地流转不是让农民失地，流转的只是土地经营权，承包权还在农民自己手中，实行土地流转有利于把土地这个"命根子"变成"钱袋子"；第二，专业化、规模化种田是发展趋势，农村种田人的客观情况已经是：五六十岁的慢慢没有体力种田，三四十岁的在外打工没有精力种田，二十多岁的不懂农事不会种田；第三，实施土地流转，以土地经营权换稳定收入，不用支付种子、化肥、农药、机耕、用电、用水等费用，国家粮食补贴（粮食直补、良种补贴、农资综合直补等）可以继续享受，有能力的打打工，收入只会增加不会减少。

孝南区、三汊镇两级经管部门，会同春晖集团，经过反复研究，按照经济效益、生态效益、社会效益相统一，眼前利益与长远利益两兼顾的原则，综合考虑农户土地的等级和耕种收益、春晖集团的建设投入和种植结构、流转期限、物价变化等因素，商定了双方可以接受的流转方式、流转价格、流转期限和结算方式等事宜。

流转方式为租赁。农户将土地登记到村，由村集中租赁给春晖集团旗下伟业春晖米业有限责任公司。流转价格为每亩每年400元，国家各项补贴在内。为了保证土地流转金不缩水，实行"实物定价，货币结算"的方法。2010年，国家各项补贴每亩97元，中籼稻每斤0.95元，确定每亩土地流转金扣除国家补贴款，折合中籼稻310斤。后来，决定以310斤中籼稻为定数，乘以当年国家中等三级稻谷进仓价，国家各项直补继续按规定直接到户不变。流转期限为二轮延包剩余期限19年，即到2028年12月31日。结算方式为实物折款，一年分两次兑现，第一次于4月底以前兑现60%，第二次于10月底以前兑现40%，由公司拨付到村，村造册兑现到农户。同时，约定村集体将项目区所有排灌设备移交春晖米业公司管理、使用和维修。对不愿参与流转的农户，实行土地置换，或者在土地整理后，等量划块耕种，实行订单农业，统一品种、统一耕种、统一管理、统一收购。过去因弓口不一，习惯亩大于标准亩，由经管站统一进行土地测量、绘图，重新丈量后增加的面积，按系数分解到农户，土地流转金仍按标准亩数量结算。

2010年4月，三汊镇龙岗村等8个村与春晖米业公司签订了土地整体流转合同，三汊镇经管站对所有合同鉴证盖章，按时兑现第一笔土地流转租赁费200万元。这次孝南区第一批有组织的大规模土地流转，面积为1759.45亩，折合标准亩约2700亩，其中龙岗村870.45亩，埠镇村226.15亩，同昶村494.2亩，东桥村117.25亩，彭桥村51.4亩，涉及690多个农户。春晖集团在流转的土地上，着手建设万亩香稻种植示范基地。

作为工商企业的春晖集团下乡种田，三汊镇一次性大面积流转土地，是一件大事，政府机构、新闻媒体、科研单位都很关注。孝感市政府和孝南区政府为促使土地流转的改革得到成功，先后在伟业春晖米业公司召开现场办公会，研究支持意见，帮助解决实际问题；孝南区成立由区直相关部门和三汊镇党委、政府组成的土地流转工作领导小组，加强协调指导，提供全方位服务，为依法依规引导土地合理流转，确保农村稳定，做了大量基础性工作。省、市新闻媒体对这次大规模土地流转和万亩香稻种植示范基地建设，给予充分的宣传报道，扩大了春晖集团的社会影响力。调研团队除了充分肯定这次大规模土地流转的积极作用以外，也提出了实现政府、企业、农民"三赢"应当完善和解决的若干问题。例如，土地流转合同有待进一步规范。村委会不具备流转主体资格，依法不能享受流转权利并承担流转义务。村委会直接作为土地承包经营权的转出方，将风险转移到了村委会，应当按照土地承包经营权流转管理办法的规定，由承包方出具书面委托书，然后由村委会代理承包方流转。在土地流转协议中，应标明流转土地的地理位置及四至，以避免造成隐患。还应当明确退出流转机制，规定合同到期后新增农业生产基础设施、土地整理改变四至等特殊情况的处置和补偿办法。

至于春晖集团大规模流转土地建设万亩香稻种植示范基地,对本地原有的种田大户产生"挤出"效应的问题,这是客观存在的。但是,这种"挤出"是市场规律造成的,并不是行政干预的结果。原有的种田大户,购买了农机的,可以参加到春晖农机专业合作社里来;那些捡田种的大户,由于本来就没有付出或只付很少的流转金,不能持续下去是迟早的事。

省委副书记张昌尔认为大悟老区为新中国成立作了贡献,要求春晖集团在大悟建设基地。2012年底,春晖集团正式进入大悟。第一年种水稻1250亩。2013年3000～4000亩种一季小麦、一季花生,2000亩种一季小麦、一季水稻。由大新镇沈城村扩大到周边8个村,一部分在三里城镇。

春晖集团的土地流转,于2013年达到峰值,为12.89万亩。不过,这只是协议流转的全部数值。从地方政府到村,再到单一农户,协议的落实需要一个过程。实际完成流转的土地面积及其地域分布,据春晖集团年度工作报告及有关资料,2010年流转土地为2700亩。2011年,流转土地(含2010年数字)为5839亩。2012年,新增土地流转面积共计13883亩。至此,累计流转土地总面积19722亩,其中孝南区三汊镇新增1336亩,朋兴乡新增1211亩,肖港镇新增1136亩;大悟县大新镇新增10200亩,地域涉及两个县、区,覆盖5个乡镇(场)20多个村。2013年,新增土地流转面积共计9209亩,其中孝南区三汊镇新增592亩,肖港镇新增117亩,大悟县大新镇新增7200亩、三里城镇新增1300亩。上述面积不含朱湖八一基地合作经营面积。春晖集团提供了一份统计表,现照录如下:

表4-1 春晖集团土地流转面积明细表

2014年10月 单位:亩

流出方	2011年	2012年	2013年	合计	承包时间
沈城村		1200		1200	2012.3.18—2028.12.30
向阳村		1500		1500	2012.10.1—2028.12.30
九岗村		1500		1500	2012.10.1—2028.12.30
江山村		400		400	2012.10.1—2028.12.30
桃园村		600		600	2012.10.1—2028.12.30
上河村		600		600	2012.10.1—2028.12.30

续表

流出方	2011年	2012年	2013年	合计	承包时间
十墩村		1200		1200	2012.10.1—2028.12.30
窑塘村		800		800	2012.10.1—2028.12.20
窑河村		600		600	2012.10.1—2028.12.30
蒋湾村			500	500	2013.3.27—2028.12.31
四庙村			800	800	2013.3.27—2028.12.31
小计		8400	1300	9700	
朋兴村		173	820	993	2012.4.18—2028.12.30
					2013.3.27—2028.12.31
星光村		550	480	1030	2012.4.18—2028.12.30
					2013.3.27—2028.12.31
华光村		145	880	945	2012.4.18—2018.12.30
					2013.3.27—2028.12.31
保光村			950	950	2013.3.27—2028.12.31
周港村			1060	1060	2013.3.27—2028.12.31
晏砦村			1250	1250	2013.3.27—2028.12.31
沈新村			970	970	2013.3.27—2028.12.31
五红村		170	770	940	2012.4.18—2028.12.30
					2013.3.27—2028.21.21
长风村		209	830	1039	2012.4.18—2028.12.30
					2013.3.27—2028.12.31
建光村		760.13	205	965.13	2012.4.18—2028.12.31
					2013.3.27—2028.12.31
和平一村		108		108	2012.4.18—2028.12.30
和平二村		108		108	2012.4.18—2028.12.30
小计		2223.13	8135	10358.13	
唐庙村		700		700	2012.4.1—2028.12.31
陶庙村		115	28.8	143.8	2012.4.1—2028.12.31
					2013.4.1—2028.12.31
肖港村			780	780	2013.3.27—2028.12.31
汪梁村			920	920	2013.3.27—2028.12.31
永华村			1040	1040	2013.3.27—2028.12.31
金神村			960	960	2013.3.27—2028.12.31
曹庙村			1260	1260	2013.3.27—2028.12.31
方堰村			1080	1080	2013.3.27—2028.12.31
向冲村			930	930	2013.3.27—2018.12.31

续表

流出方	2011年	2012年	2013年	合计	承包时间
艾胡村			1280	1280	2013.3.27—2028.12.31
农爱村		48	58.64	106.64	2012.4.1—2028.12.31
					2013.4.1—2028.12.31
农二村		180		180	2012.4.1—2028.12.31
五龙村		39.2	720	792.2	2012.4.1—2028.12.31
					2013.3.27—2028.12.31
晨光村		43		43	2012.5.1—2017.5.1
黄河村			154.58	154.58	2013.4.1—2028.12.31
农一村			116.99	116.99	2013.4.1—2028.12.31
合计		1125.2	9329.1	10454.21	
龙岗村			3225.61	3225.61	2013.4.1—2028.12.31
同昶村			1297.74	1297.74	2013.4.1—2028.12.31
东桥村			347.4	347.4	2013.4.1—2028.12.31
彭桥村			44.05	44.05	2013.4.1—2028.12.31
埠镇村			471.77	471.77	2013.4.1—2028.12.31
一心一村			22	22	2013.4.1—2028.12.31
洪山村			244.13	244.13	2013.4.1—2028.12.31
漫桥村			16.8	16.8	2013.4.1—2028.12.31
新建村			29.88	29.88	2013.4.1—2028.12.31
小计			6128.46	6128.46	
八一农场	7895.5			7895.5	2011.4.12—2020.4.12
小计	7895.5			7895.5	
合计	7895.5	11748.33	24982.47	44536.3	

对比春晖集团年度工作报告和有关资料，本统计表不能吻合。春晖集团参与土地流转始于2010年，2011年继续扩大，本统计表缺2010年，2011年也没有村的流转数字记载。表中原注明大悟5个村土地入股、出租，据实地调查，该基地范围内尚未正式建成土地股份合作社，相反，龙岗土地股份合作社的入股土地，仍被记作出租。

二、季节性托管

所谓季节性托管，就是委托方和受托方之间，并不签订农民土地经营权常年转让的协议，委托方仅以口头协议的方式，让渡土地冬季耕种的权利与受托方。据春晖集团2014年度工作报告，当年该集团季节性托管耕地有4.1万亩。

春晖集团的季节性托管，主要在大悟县。大悟是山区县，粮食种植成本比较高，加上青壮年农民外出打工逐渐增多，留守农民中自发形成了每年种一季水稻就抛荒的做法，形成大量冬闲田。这种情况，也不独发生于大悟，而是具有一定的普遍性。由于粮食种植的比较效益低，在乡劳动人手不足，自然条件恶化等等原因，一些地方的农民，种田满足于保障自家日常食用即可，并不追求多种多收，在土地上获得更多效益。因此，不少地方出现连片季节性抛荒。乡村公路两边的闲田比比皆是，十分扎眼。

这对于确保每年粮食生产达到上级规定的面积是很不利的。县、乡两级政府，想出各种办法，督促当地农民保证种植面积，有的采用免费提供种子和化肥的办法，刺激农民种地，努力减少冬季抛荒，但效果并不理想。每年秋播季节，省、市农业主管部门，都要组织检查组下乡督查。有的地方为了应付检查，不得不临时雇佣机耕队，先把检查组经过的路段两边的闲田翻耕一遍。

大悟县是省委领导的联系点，县委、县政府对于冬季抛荒问题十分重视，秋播一定要保证完成目标任务。春晖集团进入大悟，县委、县政府就利用春晖集团农机作业的优势，委托春晖集团把大悟的冬闲田地耕种起来。政府继续免费提供种子、化肥，春晖集团自种自收，麦收以后，把农田翻整一遍还给农户，不需向农户支付租赁费。农民的所得，就是免去支付每亩100多元的土地机耕费用。

这个办法，由于是地方政府主导的，实行起来比较顺利，被认为是"一家打墙三家好"：农民得了实惠，政府完成了任务，春晖集团也得了利益，这一件事使三方都得到了益处。

三、合作经营

春晖集团同孝感驻军开展了合作生产经营。中国人民解放军某部朱湖后勤基地，有土地（含水面）7900多亩，经多次协商，2011年4月12日，双方签订合作生产经营合同，同年11月18日又签订补充协议。根据军方有关规定，双方于 2013 年 4 月 12 日重新签订合作生产经营合同及补充协议。

根据重新签订的合同约定，甲方以农副业基地 7931.5 亩及水电设施，同春晖集团合作经营。其中，可耕土地 5017 亩、道路沟渠 787 亩，暂不与春晖集团合作的土地包括农副业基地房屋和周边林地 127 亩、道路沟渠公摊面积 397 亩、长期合同 1376.5 亩及本合同期内从耕地中减除的鱼塘塘堤等可耕土地 230 亩，长期合同到期所收回的土地，是否合作经营再行约定。

其合作方式是，部队农副业基地与春晖集团共同商定生产规划、生产项目、生产管理，经部队农副业基地上报批准。合同生效期间，甲方负责管理房产、树木等固定资产，监督合同执行，春晖集团在合同范围内自主经营，自负盈亏，优先安排基地现有职工，并负责管理，优先聘用原有员工到合作生产经营基地工作。春晖集团在基地上种植非高大非长年生的苗圃，规模不超过 1800 亩。春晖集团向甲方一次性付清 2011 年 4 月 12 日至 2016 年 4 月 11 日的生产收益金，各项税费由春晖集团自行承担。

第五章 股份合作

一、先期酝酿

春晖集团在大规模土地流转的基础上,参与建立湖北龙岗土地股份合作社,是创新土地经营体制机制,促进现代农业发展和新农村建设的重要举措,在全省产生了良好的示范作用,对于推动全省农业发展方式转变具有积极意义。

在孝南区三汊镇龙岗村实行农村土地经营管理机制创新试点,建立土地股份合作社,这是省经管部门在实地调研后提出,并经省农业厅研究同意的。2010年9月,省经管局组成联合考察组考察了江苏省苏州市和上海市松江区的农村土地经营机制改革情况,发现两地实行组建土地股份合作社的办法,将农户土地承包经营权视同所有权入股,入股后的土地经营权实行市场化运作,发展现代农业,所获收益按股分配。截至当时,苏州昆山市组建土地股份合作社124个,入股土地面积达21.26万亩,占现有耕地面积的91%。这种新的土地经营机制,破除了千家万户小规模经营的格局,有利于解放和发展农村生产力,促进现代农业发展和新农村建设。据此,考察组建议在本省开展集体资金、资产、资源改股试点,将所有权、承包权折股,量化到人,组建新型集体经济组织,将经营权统一集中到集体手中。实行"农村改社,以企带村"的办法,在产业化龙头企业所辐射或带动的地方,组织农民以其土地承包经营权入股到村,组建土地股份合作社,合作社以土地经营权再入股到龙头企

图 5-1　2011 年 9 月 15 日，时任湖北省委常委张昌尔在春晖集团座谈（右一为市委书记黄关春，左一为市长陶宏，左二为省委副秘书长、省委农办主任刘田喜）

业，建立风险共担、利益共享的新机制。入股土地的经营由龙头企业统一组织，可以直接经营，也可以发包给有经营能力的种养大户。

2010 年 9 月 14 日，省经管局局长杨孔平到孝南区三汊镇调研土地产权制度改革，由于本地农业产业化龙头企业孝感市伟业春晖米业有限责任公司已与三汊镇 8 个村签订了土地流转合同，开始建设万亩香稻生产示范基地，形成了良好的开端。通过与镇、村干部和农民代表座谈，听取伟业春晖米业公司负责人的情况介绍，杨孔平现场提出在三汊镇办试点的想法。几天后，省农业厅有关负责人到伟业春晖米业公司就土地流转和发展现代农业问题进行调研，进一步了解情况。经省农业厅研究决定，全省农村土地经营管理改革试点就放在三汊镇龙岗村。这个改革试点的内容和任务，就是建立全省第一家土地股份合作社，为全省深化土地经营体制机制改革探索一条新路。它的由来和确立，一开始就显现了政府主导的特点，并持续于湖北龙岗土地股份合作社建立的整个过程之中。

改革试点之所以选定在三汊镇龙岗村，是由于它具有相对优越的条件。三汊在历史上是一个埠头，河道汇入府河而下武汉，新市区现位于汉孝大道附近，龙岗村紧邻三汊镇新市区，交通便利。全村由阙家湾、李家祠堂、刘家墩子、邱家湾、胡湾5个自然湾组成，11个村民小组，543户，2230人，其中，劳动力1007人。全村二轮承包土地面积1811.39亩，人平耕地不足一亩，879名青壮年农民常年在外打工。龙岗村党支部书记兼村委会主任刘顺田，年逾六旬，2002年起担任村支部书记，他的家庭收入主要来自工商经营。刘顺田视野开阔，接受新生事物及管理能力强，在村中有威信。龙岗村"两委"班子也比较得力。

孝南区经管局局长黄文高是湖北龙岗土地股份合作社的主要设计者之一。黄文高长期在地方政府经管部门工作，熟悉政策，精于业务，勤于思考，常有文字见诸报端。早在2009年7月1日，他就内部印行了《农村土地流转理论研讨与实践探索》一书，反映出他为指导镇、村开展土地股份合作积累了理论储备。在这本书中，他列举并比较了农村土地流转的主要方式，有转包、转让、租赁、反租倒包、互换、入股、抵押，认为入股是最适合土地规模经营和农业产业化经营的流转方式之一。这种方式，就是土地承包户将自己的部分或全部土地的承包经营权量化为股权，凭股权入股组成股份公司或合作社，从事规模化的农业生产经营。入股后，原土地承包关系不变，原承包方继续享受土地承包合同规定的权利并履行相应义务，受让方履行土地流转合同约定的条款，股民按股分红。他研究外地开展农村土地股份合作的做法和经验，归纳出具体操作方法的共同点：即农民以土地股权加入合作社，实行先租后合，土地由合作社统一经营管理，不再由农民分散经营；有的既入土地股，又入经营股（包括资金、技术等）；有的农民可直接参与合作社的经营，领取工资性收入，也可以不参与合作社的经营，但可以领取打工收入。对于收益分配，他归纳了三种不同模式：盈利分红、收益不保底的普通股形式；收益保底、盈利不分红的优先股形式；既给收益保底又给盈利分红的混合股形式。这第三种形式可简要表示为"底金+分红+劳务收入"，底金即土地租金，或称优先保障金，合作社不论盈亏如何，都须将底金兑付给农民；分红是合作社的盈余按土地股和经营股进行分配；劳务收入是不直接参与合作社经营的农民享有优先打工权，并取得的打工收入。孝南区三汊镇龙岗村土地经营机制创新试点方案，在很大程度上得益于这些理论思考和案例总结。

2010年9月28日，孝南区经管局拟定《龙岗村土地经营机制创新试点调研提纲》，分别向农户、村镇干部和企业负责人做调查。调查提纲内容如下：

(1) 你种一亩田的生产成本（包括项目及费用）到底是多少？毛收入和纯收入又是多少？一年种几季作物？（2）你认为春晖米业的土地流转费（每年每亩310斤中籼稻）是偏低还是偏高？（3）你在土地流转前后的打工收入是增加了还是减少了？（4）你对土地流转入股分红有什么要求和期望值？（5）你能否将自家的土地全部流转给春晖米业公司？（6）你村在外打工的人员有多少？其中，男、女各多少？每年人平打工收入是多少？打工人员在哪个年龄区间？（7）你村在春晖米业就地打工的人员有多少？其中男、女各多少？每年人平打工收入是多少？打工人员年龄结构如何（40岁以下、49～60岁、60岁以上各有多少）？（8）你对土地因弓口不一或土地平整等原因增减的面积，以组为单位同进同出这种方法有无意见？（9）你对成立土地股份合作社有什么想法？（10）春晖米业已承接的流转土地是多少？尚未承接的流转土地是多少？什么时候能够承接万亩流转土地？（11）春晖米业主要种植什么作物？经营流转土地的成本与效益如何？（12）春晖米业对农民流转的土地实行保底分红有什么看法？（13）春晖米业是否愿意扩大土地经营规模，将龙岗村的土地全部流转过来？（14）龙岗村土地股份合作社采取怎样的方式流转入股到春晖米业？春晖米业对流转的土地又怎样保底？怎样分红？

10月10日，孝南区经管局提出《龙岗村土地经营机制创新试点的调查与思考》。首先是进一步摸清了龙岗村的基本情况，全村543户，有经营权证登记的513户，2230人，其中，劳动力1007人，占总人口45.2%。全村常年在外打工879人，年龄都在18岁至60岁之间，占全村总人口的39.4%，占全村劳动力的87.3%。在家务农228人，占全村人口的10.2%，在家务农人员中，男性农民106人，女性农民122人；30岁至50岁农民8人，50岁至60岁农民17人，60岁以上农民203人；高中及高中以上文化程度的6人，初中及初中以下文化程度的222人。二轮承包面积1811.39亩（计税面积也是1811.39亩），户平耕地3.34亩（按经营权证登记户数均算为3.53亩），人平耕地0.96亩（按村民总数均算为0.81亩）。因弓口大小不一，全村实有土地面积（标准亩）3000亩左右。试点前，龙岗村农民采取委托方式租赁流转到春晖米业公司的土地面积870.45亩，涉及农户418户。

关于创新试点的总体构想，提出借助龙头企业伟业春晖米业公司的辐射带动作用，实行"农村改社、以企带社"，建设香稻基地，发展规模经营，将村民变股民，农民变股东，形成"公司+合作社+农户"的经营机制和"底金+分红+打工收入"的利益机制，促进企业、合作社和农民共生共荣。具体操作办法是分两步走：第一步，在保留农民土地承包权的前提下，成立龙岗村土地股份合作社，按照依法、自愿、有偿的要求，将农民的土地经营权流转入股到合作社，合作社对农民实行保底分红。第二步，合作社再将土地整体流转入股到春晖米业公司，由春晖米业公司统一规划，自主经营，春晖米业公司对合作社实行保底分红。每年每亩保底租金为310斤中籼稻（按当年国家粮食指导价格折现兑现给农户），流转后的前三年为过渡期，每年每亩固定分红50元，以后根据经济效益按股分红。春晖米业公司将保底分红资金兑现到合作社后，合作社再按章程规定兑现到流转入股的农户。

  初步方案对几个关键问题设想了几个解决办法：(1)关于流转面积确定问题。农户流转到土地股份合作社的土地面积，原则上以二轮延包面积为依据进行登记，不重新丈量。土地股份合作社流转到春晖米业公司的土地面积，据实丈量测算，因弓口不一、土地整理及其他原因增加或减少的土地面积，以村民小组为单位，按照同增同减、同进同退的办法分摊到每个农户，或直接收归村组集体所有。(2)关于土地量化配股问题。一是农户流转入股到土地股份合作社的土地量化配股问题，按农户流转土地面积占土地股份合作社土地流转总面积的份额折算成股份配股，或按农户流转到土地股份合作社的土地面积的绝对值折成股份配股；二是土地股份合作社流转入股到春晖米业公司的土地量化配股问题，拟将万丰米业公司、龙店粮库和四个村的流转土地捆在一起，进行资产评估后，成立一个新的股份公司，按照合作社流转土地资产占新股份公司总资产的份额进行配股。今后其他村土地流转入股也按此方法配股。(3)关于集中连片土地中的"插花田"问题，按照依法、自愿、有偿的要求，不搞一刀切，不强制农民流转。对春晖米业公司项目规划范围内的土地，原则上集中连片，统一流转，不能出现"插花田"，以便于土地整理和统一耕作。对确有困难不愿流转而土地又在项目规划区以内的农户，在做好深入细致思想工作的基础上，采取土地置换的办法，将种植条件较好的农田拿出来，单独划片给农民耕种。(4)关于促进土地流转入股的激励问题。一是设置优先股，不论盈亏，均付保底租金，农民旱涝保收；二是盈利分红，春晖米业公司拿出一定比例的利润，用于农民入股土地的分红，让农民得实惠；三是返聘农民工，春晖集团将优先返聘困难户和"全流户"的农民到企业就地就近打工，增加农民的打工收入；四是倾斜低保，扩大试点村低保覆盖面，对符合条件的农民实行应保尽保。

孝南区经管局的调查，是在龙岗村已经向春晖集团流转土地的现实中进行的。由于已经进行的土地流转是以春晖集团与村委会签订大单的形式完成的，进村而未入户，农民反映存在一些问题需要解决：

第一，保底租金数额低于农民预期。有的农户反映，土地流转收入明显低于自己种田的收入。龙岗村农民吴德安同区经管局的调研人员算账：吴德安69岁，身体健康，全家14口人，儿、媳、孙常年外出，他和老伴在家种4.8亩田，一般情况种两季，种植早稻留作口粮，种糯稻出售。吴德安今年糯稻丰收，平均亩产约1000斤，糯稻销售均价为每斤1.50元，亩平毛收入1500元，亩平生产成本在400元左右（其中种子6斤约50元，复合肥1袋约86元，碳铵80斤约50元，尿素20斤约20元，钾肥15斤约30元，农药100元，水费60元），亩平纯收入可达到1100元左右。如果摊上劳力费用550元（其中栽秧2个工、田间管理和耕作整理4.5个工、打药1.5个工、收割3个工，共计11个工，每个工时50元），每亩可盈利550元。春晖米业公司也算了一笔账：每亩种田成本在920元左右（其中种子54元、育秧和插秧66元、机械耕整和机收各70元、田间管理281元、追肥59元、农业保险11元），亩平纯收入可达到580元，除去每亩300元的流转费后还可盈利280元。这都是有特定目的的算账，农户都想把自己种田的收入说得高一点，抬高土地流转金的要价；企业则把收入打得紧些，把支出打得宽松些，压低盈利，以稳住土地流转金支出总量。在调查中，经管局的同志也了解到，让农民花每亩300元去租种别人的田，都觉得不划算，让企业再提高租金标准，企业目前也难以接受。调研者认为，如果考虑农民流出土地后可腾出时间外出打工，农民的总体收入应该是增加的，但不是每个老年人都能外出获取打工收入。企业也应当随着经济效益的增长，逐步提高分红比例，不能死守租金底线。

第二，土地股份合作社本身缺乏收入来源。合作社将土地全部流转到春晖米业公司后，没有自留地，没有直接经营收入。春晖米业公司将保底分红资金交给了合作社，合作社又将其全额分发到了每个流转户，合作社只是起了一个"二传手"的作用，根本没有任何收入来源。严格地讲，土地股份合作社应该是一个独立的市场主体和经济实体,应该有自己稳定的经营收入,这样,才能为土地流转双方提供服务,才能维持合作社的日常运转,才能有效保护农民的权益。否则,合作社将会成为一个"空壳",导致无人理事。

第三,少数农户仍然不愿流转土地。在走访调查中,有20%的农户不愿意流转土地,其原因是对土地流转入股心存疑虑,集中表现为"怕失地、怕失业、怕失利",给置换调田工作增加了难度。这些人当中,老年人无法到外面打工,害怕失地失业;捡田户除种自家田以外,还捡别人田种,不给或少给租金,纯收入较高;种口粮田户愿意流转部分出去,但要留下口粮田,不花钱买口粮。

关于解决土地股份合作社的运转经费问题,初步方案设想一是允许合作社从流转土地红利中提取一定比例的资金用于日常运转;二是合作社自留一定比例的土地直接经营,建立稳固的收入来源;三是积极向上争取农民专业合作社项目资金加以扶持。

在实地调研的基础上,孝南区经管局正式起草了《三汊镇龙岗村农村土地经营机制创新试点工作方案》。全文如下:

大规模优化配置以土地为核心的农业资源,推进现代农业发展和新农村建设,必须进行改革创新,探索建设与社会主义市场经济相适应的新的农村土地经营机制。经镇委、镇政府研究确定在龙岗村开展"农村改社、以企带社"为基本内容的农村土地经营机制试点工作。现借鉴外地经验,结合三汊实际,制定试点工作方案如下。

一、指导思想和基本原则

以邓小平理论和"三个代表"重要思想为指导,认真贯彻落实党的十七大精神,深入学习实践科学发展观,坚持从实际出发,统筹城乡发展,兼顾各方利益,探索建立与现代农业发展要求和社会主义市场经济体制相适应的农村土地经营机制,实现适度规模经营,发展现代农业,巩固集体经济,增加农民收入,全面推进社会主义新农村建设和城乡一体化步伐。试点工作应遵循以下原则:

(一)"三权"分离原则。农村集体土地的所有权不变,由改制后成立的土地股份合作社行使。农户的土地承包权不变,以股份方式占有,享有保底、分红等权利。农户的土地经营权集中到土地股份合作社。

（二）市场运作原则。对集中起来的土地，土地股份合作社采取市场运作的方法，寻求理想合作伙伴，整体发包给龙头企业等有农业经营能力的规模经营主体，做大做强主导产业。

（三）互利共赢原则。土地股份合作社要代表股民的意愿和利益，与承包的龙头企业对等协商、互谅互让、互利互惠，使农民、集体、企业、国家都能受益，实现多方共赢。

（四）依法办事原则。在《宪法》和《物权法》的框架内认真执行相关法律法规和政策，以依法、自愿为基础，坚持公开、公正、公平，严明工作纪律，规范工作程序，阳光操作，稳步推进。

（五）民主协商原则。坚持走群众路线，尊重民意，集中民智，民主制定操作方案和土地股份合作社章程，民主决定合作社重大事项，建立合作社资产运营和收益分配的民主决策、民主管理、民主监督等机制。

（六）以人为本原则。以维护集体经济组织及其成员的土地权益为重点，正确处理国家、集体、个人三者利益关系，统筹兼顾不同群体的正当利益，尤其要注重弱势群体的利益，及时化解矛盾和纠纷。

二、试点内容和工作步骤

农村土地经营机制创新试点工作的基本内容可概括为"农村改社、以企带社"，即选择春晖米业所辐射或带动较大的龙岗村进行试点，村里组建土地股份合作社，农民以土地承包权入股到合作社，按股获取保底及分红收益；经营权由合作社实行市场化运作，通过对等协商，整体流转到春晖米业；春晖米业按协议取得龙岗土地股份合作社的土地经营权后，统一规划，自主开发，建设香稻基地，发展规模经营，形成"公司＋合作社＋农户"的经营机制和"底金＋分红＋打工收入"的利益机制，促进企业、合作社和农民共生共荣。

龙岗村土地经营机制创新试点工作从2010年9月20日开始，至2010年12月31日结束，具体工作分为七个阶段：

（一）组织准备阶段（9月20日—9月30日）。成立试点工作领导小组（另行文），组建试点工作专班并驻村开展前期工作；广泛调查研究，征求各方意见，制定切实可行的试点工作方案，印制相关统计表格。结合农村实际，制定好每一阶段的具体实施方案。

（二）宣传发动阶段（10月1日—10月15日）。印发宣传材料，营造良好的舆论氛围；分别召开领导小组成员会、村"两委"会、村民大会、村民小组会等，层层宣传发动，统一思想，形成共识；做好少数农户的思想工作，维护试点工作大局，确保试点工作顺利推进。

（三）权属登记阶段（10月16日—11月5日）。工作专班进村入户，核实土地，分类登记。全面查清村集体机动地、"四荒地"和农户耕地面积、承包地面积和非承包地面积、计税面积和非计税面积、旱地面积和水田面积等，确保权属明确、面积清楚。

（四）流转配股阶段（11月6日—11月20日）。在做好深入细致思想工作的基础上，确保90%以上的农户土地流转入股到土地股份合作社，流转期限为2011年至2028年，由流转农户和土地股份合作社签订全省统一监制的规范土地流转合同。对确有困难不愿流转的农户，可采取土地置换办法，单独划片种植，确保流转土地集中连片，没有"插花田"。对已流转的农户按农户土地占土地股份合作社流转总面积的份额折股或按土地面积折股。流转面积和股权份额都应当张榜公布，接受农民监督。流转面积以二轮延包面积为依据进行登记，不重新丈量。

（五）组建土地股份合作社和建章立制阶段（11月21日—12月5日）。以村"两委"为基础，吸纳股东代表，经民主选举，在村一级建立新型集体经济组织机构——土地股份合作社，合作社内建立股东大会、董事会、监事会，每届任期均为3年，可以连选连任。土地股份合作社的权力机构是股东大会，所有重大事项都必须经股东大会审议，并经三分之二股东同意方可通过。董事会是合作社日常机构，由5～7人组成，设董事长1人，副董事长和董事若干人，其候选人采取民主推荐和组织提名相结合的办法产生，获得股东三分之二以上赞成票数方可当选。董事长是土地股份合作社的法定代表人。监事会是合作社的专门监督机构，由3～5人组成，其中必须有2名以上普通股东代表，其成员不得与董事会成员交叉，不得是土地股份合作社的财务人员，其选举产生方式与董事会相同。土地股份合作社经镇政府审核、区人民政府审批成立后，应及时报区经管局和工商分局登记、注册、备案，并向全体股东颁发股权证书。土地股份合作社成立后，要根据《土地股份合作社章程》及有关法律法规，建立健全内部监督和管理制度，重点是土地经营权管理和财务监督管理制度。董事会必须定期向全体股东报告合作社运营情况，合作社对外流转土地都要经过股东大会讨论通过，合作社收益必须依据章程按股分配。土地股份合作社要以财政部、农业部有关农村经济合作组织财会制度为基础并借鉴股份制企业财会制度，建立健全内部财会制度。合作社的财务应实行委托"双代管"制度，年度财务预决算和收益分配方案必须经股东大会审议通过，并报乡镇经管站备案。

（六）企社合作阶段（12月6日—12月20日）。土地股份合作社按市场规律将土地整体流转到春晖米业，签订全省统一监制的规范土地流转合同。在协商一致的基础上土地股份合作社与春晖米业建立互利互惠的利益连接机制。春晖米业按照国家产业政策和合同议定事项，对流转进来的土地统一规划、自主开发、做大做强主导产业，实现与合作社共存共荣。流转面积据实测算，因弓口不一和土地整理等原因增加或减少的面积，原则上由村集体或组集体收回后流转入股到土地合作社。

（七）整理档案和检查验收阶段（12月21日—12月31日）。对每个阶段的文字、影像等资料进行整理、归类、登记造册并妥善保管，在此基础上搞好自查整改工作，缺什么补什么，确保一次性通过省、市检查验收，并为召开全省现场会做好准备。

三、保障措施

（一）建立奖补制度。对龙岗村土地流转入股到土地股份合作社的农户，由镇政府给予每亩50元的一次性奖补，引导农民积极参与土地流转。

（二）建立扶持制度。涉农部门要结合自身实际，制订切实可行的扶持办法，为土地流转提供系列化优惠服务。一是科技扶持。实行农业科技人员业主联系制度，把春晖米业作为当前农技推广的重点，为业主在新品种引进、试验示范、防虫治病、机械作业、标准化生产等方面提供技术支持。二是项目扶持。整合农业综合开发、中低产田改造、标准化农田建设、特色农产品基地建设和土地整理等农业项目资金，集中投向春晖米业，改善农业生产条件。三是建设用地扶持。春晖米业直接用于种养生产、管理和服务的非永久性固定建筑物，如简易工棚和晒场、仓库等，按有关规定办理相应的农业临时用地手续，免收相关费用。四是信贷扶持。允许春晖米业以流入的土地承包经营权抵押贷款，用于改善生产条件，发展主导产业。

（三）逐步建立保障制度。一是建立健全各项保险制度。积极探索建立以农民缴费为主、政府补贴为辅、村集体组织给予补助的农村养老保险制度，全面推行农民新型合作医疗保险、失业保险和最低生活保障制度，扩大范围，提高标准，逐步从农保向低保、社保转变，与城市保障体系接轨。二是优先保障"全流户"和"贫困户"。对土地全部流出的农户和贫困户，由人力资源和社会保障、民政和工商等部门优先纳入医保、低保等社会保障范围，并给予失地农民待遇，在经商税费、小额贷款等方面给予减免照顾。三是加大土地流出户劳动力的转岗就业培训力度。充分利用"阳光培训工程"等项目资金，对流出户的农民进行多形式、多项目的专业技能培训，向社会广泛推介就业岗位，提高农民转岗就业和稳定就业的能力。同时，春晖米业应当优先返聘土地流出户的农民到自己经营的企业就近就地打工，增加农民收入，带领当地农民致富。通过以上保障措施，增强农民流出土地的"安全感"，稳定农民心理预期。

四、组织领导（略）

10月15日，孝南区区长杨军安主持召开区政府第28次常务会议，听取区经管局关于孝南区三汊镇龙岗村农村土地经营机制创新试点工作的情况汇报。孝南区经管局负责人汇报了试点工作的主要内容、工作程序和需要解决的问题，提交《孝南区三汊镇龙岗村农村土地经营机制创新试点工作方案》、《孝南区三汊镇龙岗村农村土地经营机制创新试点工作领导小组组成方案》和《孝南区三汊镇龙岗村农村土地经营机制创新试点工作操作细则》等文件草案，供会议研究决定。

在口头汇报中，重点说明了如下几个问题：关于试点工作组的组成，建议除建立区、镇、村三级抽调人员共同组成孝南区三汊镇龙岗村土地经营机制创新试点工作队以外，应请省、市经管部门成立"试点工作联络组"，以省经管局局长杨孔平任组长，市经管局局长周炎东、省经管局副局长万志一任副组长。关于流转面积核定，建议以二轮延包面积为依据，不重新丈量。合作社流转到春晖米业公司的面积，以小组为单位据实测算，因弓口不一和土地管理等原因增加的面积，按照同进同出、同增同减的办法，或分摊到户，或收归村组集体。关于合作社与春晖米业公司的关系，合作社将土地整体流转给春晖米业公司，每年每亩保底租金为 310 斤中籼稻。春晖米业公司应承诺三年后对合作社实行利润返还，每三年返还税后利润的 30%（仅限龙岗村流转土地的利润）给合作社，或由双方协商，每三年调高一定比例的租金。关于土地流转范围，建议不论龙岗村土地是否在春晖米业公司规划范围内，原则上都要整体流转给合作社，不能只流转规划区的土地，争取流转面积达到 90% 以上。对春晖米业公司暂不需要的流转土地，合作社可以自主经营。对春晖米业公司规划范围内不愿流转农户的"插花田"，可以采取置换调田的办法，单独划出一片种植条件较好的土地给农户种植。关于合作社的日常运转问题，认为合作社应该是一个独立的市场主体和经济实体，应与村委会分开，单独设立账户。建议合作社成立后的前期费用由三汊镇政府给予以奖代补，流转面积达到 70%，补助 1 万元，每增加 10 个百分点，再奖补 1 万元。以后从春晖米业公司返还利润中提取一定比例的资金用于日常运转，还可以预留一部分土地直接经营或对外发包，建立合作社稳定的经济收入来源。关于农民就业和社会保障问题，认为春晖米业公司应承担一定的社会责任，建议该公司三年内帮助解决 30% 流转农户（一户一人）的就业问题，可以返聘到本企业打工，也可以安排到春晖集团内部的加工、仓储、房地产开发等其他企业打工。对土地全部流出的农户和贫困户，由劳动和社会保障、民政和工商部门优先纳入保障范围，并给予失地农民待遇，在经商税费、小额贷款等方面给予减免照顾。

  区政府常务会议肯定了做好三汊镇龙岗村土地经营机制创新试点工作的意义，对于试点方案和口头汇报所涉及的一些问题，提出明确意见。会议要求要以保护农民利益为前提，流转面积计算以二轮承包时为准；对按标准亩流转多出的土地面积，由村集体或组进行丈量核定，并按丈量核定的面积进行土地收益的二次分配。要确定利润分配比例，建立正常的增长机制，周密细致地签订与春晖米业公司合作条款，合作条款要有法律政策做依据。会议决定由区财政局拿出 10 万元作为试点工作经费和对农户的奖励金，不足部分由三汊镇负责。会议原则同意《孝南区三汊镇农村土地经营机制创新试点工作方案》，决定由区政府转发。关于组建孝南区三汊镇龙岗村土地经营机制创新试点工作领导小组人员确定问题，待区委常委会研究决定。

  10 月 19 日，受区委书记仇平贵委托，区委副书记、区长杨军安主持召开区委常委会议，在听取了区经管局负责人关于三汊镇龙岗村农村土地经营机制创新试点工作情况汇报以后，会议认为在三汊镇龙岗村开展农村土地经营机制创新试点工作，是事关全省创新农村土地经营机制的重大举措和有益探索。对于优化配置农村土地资源，提高农村土地使用效率，促进农村土地集约化、规模化、产业化经营，发展现代高产高效农业，实现企业、合作社和农民多方共赢，壮大集体经济实力，增加农民收入，全面推进社会主义新农村和城乡一体化步伐，都具有十分重要的意义。会议要求按照省里部署安排，认真做好龙岗村试点的组织准备、宣传发动、权属登记、流转配股、建社立制、企社合作等工作，有序推进、确保稳定。

会议决定：成立由区委副书记朱少平任组长，区委常委、副区长肖亮及副区长高宏发任副组长的孝南区三汊镇龙岗村农村土地经营机制创新试点工作领导小组，加强对此项工作的领导；组建由区委常委、副区长肖亮任组长，三汊镇党委书记、镇长李明任常务副组长，区委办公室纪检组长刘军海、区政府办公室副主任周炎春、区经管局局长黄文高任副组长的孝南区三汊镇龙岗村农村土地经营机制创新试点工作队，扎实推进此项工作。

10月19日，孝南区人民政府批转了《三汊镇龙岗村农村土地经营机制创新试点工作方案》；区委办公室、区政府办公室发出《关于成立孝南区三汊镇龙岗村农村土地经营机制创新试点工作领导小组的通知》、《关于组建孝南区三汊镇龙岗村农村土地经营机制创新试点工作队的通知》。建立湖北龙岗土地股份合作社的工作，正式全面启动。

二、湖北龙岗土地股份合作社的成立

2010年10月20日上午，在三汊镇政府会议室举行了孝南区三汊镇龙岗村农村土地经营机制创新试点工作队队员和三汊镇试点工作领导小组成员单位负责人培训会议，40余人参加。会议由三汊镇党委书记、镇长、工作队常务副队长李明主持。会上，宣读了《关于成立孝南区三汊镇龙岗村农村土地经营机制创新试点工作领导小组的通知》《关于组建孝南区三汊镇龙岗村农村土地经营机制创新试点工作队的通知》《孝南区人民政府关于批转三汊镇龙岗村农村土地经营机制创新试点工作方案的通知》和《孝南区三汊镇农村

图 5-2　2011 年 1 月 19 日，湖北龙岗土地股份合作社举行成立揭牌仪式

土地经营机制创新试点工作方案操作细则》。在工作队队长肖亮、常务副队长李明分别讲话以后，孝南区经管局局长、工作队副队长黄文高做了业务培训讲座。黄文高结合试点工作方案和操作细则，重点讲解了试点工作总体构想、试点工作的基本程序、试点工作的重要意义、试点工作的 6 项硬任务、8 个难点问题及其解决办法，以及做好试点工作的 4 条要求。下午，召开龙岗村干部和全体工作队员座谈会，进一步统一思想，明确进村入户的工作方法。

根据《孝南区三汊镇龙岗村农村土地经营机制创新试点工作操作细则》，三汊镇相应成立了试点工作领导小组，由镇委书记、镇长李明任组长，镇党委委员、副镇长黄金堂和新农办主任魏胜强任副组长。龙岗村试点工作领导小组由村支部书记刘顺田任组长。

培训结束后，10 月 21 日上午，试点工作队进入龙岗村，召开全队会议，安排了近段工作。工作队下分 5 个工作组，阚家湾工作组组长为三汊镇党委委员、副镇长黄金堂，副组长为龙岗村党支部书记刘顺田，成员为陈作义、黄辉、吴云华、周水清；李家祠堂工作组组长为三汊镇副科级干事、新农办主任魏胜强，副组长为龙岗村支部副书记李洪华，成员为高志华、周秀红、李洪生、李云成、李五平；大李家祠堂工作组组长为魏胜强，副组长为龙岗村支部副书记周登铁，成员为高志华、李辉、李学清、李辟清；刘家墩子工作组组长为陈广，副组长为龙岗村委会副主任李洪银，成员为谭晶、朱闻霞、刘福春、刘敬品；邱家湾胡湾工作组组长为黄金堂，副组长为龙岗村委会副主任刘菊林，成员为陈作义、岳义国、胡孝芳、邱敬立。

10月21日晚间，工作组分别在李家祠堂、刘家墩子、邱家湾、胡湾召集农户座谈。次日上午，召开龙岗村党员大会，宣读《孝南区三汊镇龙岗村农村土地经营机制创新试点工作操作细则》，区经管局局长黄文高做重点讲解，村党支部书记刘顺田做工作动员讲话。按照土地经营机制创新方案操作细则，各工作组分别进入自然湾开展工作。

为营造宣传发动氛围，工作队印制了20多条宣传横幅，在村委会和各自然湾悬挂，内容有：抓好土地流转，促进规模经营；促进土地流转，发展现代农业；建立土地股份合作社，壮大集体经济实力；建立社企合作关系，促进农民共同富裕；创新土地经营机制，实现多方共生共荣；扩大土地规模经营，建设香稻生产示范基地；建立股份合作机制，不断增加农民收入；优先返聘农民打工，带领当地农民致富；优化配置土地资源，提高土地利用效率；实行股份化流转，发展规模化农业；走股份合作之路，扬现代农业之帆；引进龙头企业，促进规模经营，发展现代农业；创新土地流转模式，发展现代规模农业；发展统一经营，实现二次飞跃；农企对接创建土地经营新机制，企社合作谱写现代农业新篇章，等等。

工作组进驻后，即进行调查摸底，对于思想不通的农户，准备用"一对一"的办法入户工作。原定的宣传发动阶段（10月1日—10月15日）和权属登记阶段（10月16日—11月5日）实际上合并进行。通过入户调查，汇总完成《农村土地权属登记表》《农村集体土地基本情况登记表》《土地流转入股配股登记表》《土地股权登记表》和《插花田置换登记表》。

10月26日，孝南区经管局在省政府土地流转建议提案调研办理现场会上作了汇报，除汇报全区面上的情况以外，重点汇报了三汊镇春晖米业万亩土地流转和龙岗村土地经营机制创新试点的情况。

11月12日，孝南区经管局提出《龙岗村土地经营机制创新试点工作中存在的问题及对策》。此时，原计划应当转入流转配股阶段，但实际进度不如预期，试点工作尚未进入实质性运作，工作深入推进难度大。经管局的汇报认为前期工作步履艰难，近期工作柳暗花明，后期工作不容乐观，提出目前急需解决以下几个突出问题：

第一，关于香稻价低卖难的问题。今年，农民响应政府打造万亩香稻基地和春晖米业公司"四统一"的号召，纷纷种上了香稻，当时承诺按优质稻价格收购香稻，但至今没有落实。一是香稻价低。目前，市场上珍珠稻每斤2元，糯稻每斤1.65元，优质晚稻1.38元，而春晖米业公司确定的香稻收购价为每斤1.20元，不如糯稻和晚稻价格，香稻难有发展前景。二是香稻卖难。据调查，三汊镇香稻基地约有50余万斤香稻等着春晖米业公司或政府"买单"。这个问题已经成为头号"拦路虎"，如果得不到妥善解决，万亩香稻基地建设和龙岗村试点工作将难以向前推动。建议春晖米业公司要尽量让利于农，或由政府给予补贴，适当提高香稻收购价格，尽快将群众手中的香稻收购进来，稳定群众的思想情绪。

第二，关于保底租金低于农民预期的问题。一是保底租金与农民自己种田的收入相差较大。二是粮价上涨导致租金偏低。由于今年粮价上涨幅度较大，而计算保底租金的中籼稻的国家指导价又没有涨，与糯稻、晚稻价格相比，反差较大，折款过低，不及农民自己种田的收入，群众不愿流转土地。三是邻近乡镇同类土地租金达到了400～500元，相比之下保底租金也显得偏低。为解决租金低的问题，工作组提出按每亩310斤中籼稻的国家指导价保底，以当年农民习惯种植的糯稻市场均价（或物价指数）为准结算保底租金，春晖米业公司表示难以接受。春晖米业公司要求按每年每亩310斤中籼稻的国家指导价结算保底租金，但承诺可每年每亩补贴50元，以解决租金偏低的问题。另外，春晖米业公司试点前与龙岗村农民签订的869亩土地流转合同（300元/亩），只按200元/亩兑现到了农户，剩余租金10月底付清的承诺尚未兑现，群众对此有意见。建议将土地面积丈量准确后，春晖米业公司迅速兑现剩余租金。

第三，关于建立"租金+分红"的利益机制问题。春晖米业公司提出每年每亩补偿50元，作为解决租金和分红两个问题的长期性措施，这不符合创新试点的初衷。工作组建议春晖米业公司应拿出一部分优质资产，与合作社的土地资产捆在一起，组建一个新的股份公司，形成股份合作关系，实行保底分红，建立"租金+分红+打工收入"的长效利益机制，真正做到农民、合作社与企业共生共荣。后来，落实了这个建议，土地股份合作社的结构相应发生了改变。

第四，关于流转土地附着物及冬种冬播的补偿问题。一是部分流转土地上附着物的补偿问题。龙岗村有四户农民近五亩流转土地上种植了正处于收益期的果树，农民要求按每棵 200 元（每亩 25 棵左右）进行补偿后再流转，春晖公司表示不能接受。建议此类土地暂不纳入流转范围。二是流转土地冬种冬播的补偿问题。据调查，龙岗村有近 50% 的田块已经播种。对于农户已播种的田块，是给予一定的经济补偿后再流转，还是由农户收割之后再流转，工作队员不能给予群众明确的答复。经与春晖米业公司协商，凡在春晖米业公司项目规划区以内的土地，已经播种的，由春晖公司给予种子、化肥等生产成本补偿后，迅速移交春晖公司实施土地整理；凡在春晖米业公司项目区规划外的土地，播不播种自行负责。三是未耕种土地的补偿问题。当初群众响应政府号召，积极配合土地经营机制创新试点工作，在自己准备流转的土地上没有冬播，这类土地大约有 300 亩左右。群众土地荒芜的经济损失由谁来补偿，工作队难以答复。建议将土地流转的起点适当提前。

第五，关于流转面积难落实的问题。据调查，龙岗村愿意流转土地的农户占三分之一，不愿流转的农户占三分之一，还有三分之一的农户在等待观望。这与先前的摸底调查结论有较大落差。特别是今年粮价上涨幅度大，种田收入高，而流转租金偏低，农民惜地不流转的思想有所抬头，原先打算流转土地的农户现在也发生了动摇，龙岗村土地整体流转或流转比例达到 80%～90% 的目标难以实现。经与春晖米业公司协商，建议分两步走：第一步，对于春晖米业公司项目规划区以内的土地（包括龙岗村和其他 7 个村的土地），要做好耐心细致的群众思想工作，迅速流转移交到春晖米业公司，确保不耽误土地整理；第二步，对于春晖米业公司项目规划区以外的土地（仅限龙岗村），只要愿意流转，春晖公司全部接受，可以现在流转移交，也可以等到明年农民收割后再流转移交。

第六，关于土地股份合作社的日常运转问题。合作社应该是一个独立的市场主体和经济实体，但由于保底租金和补贴都兑现给了农户，合作社只是起到了一个"二传手"的作用，成为一个中间环节，特别是合作社和春晖米业公司建立股份合作关系的预案也没有达成协议，合作社自身没有经费来源，无法正常运转，势必无人理事。建议与春晖米业公司沟通协商，合作社成立后的前三年，春晖米业公司从经营利润定额返还 3～5 万元，用于合作社的前期协调工作经费，以后从春晖米业公司盈利返还中提取一定比例的资金用于日常运转，还可以预留一部分土地直接经营或对外发包，建立合作社稳定的经济收入来源。

第七，社会保障滞后与农民就业的问题。一是社会保障问题。土地流转后的农户，对社会保障期望值较高，疑虑较多。建议民政部门落实农村低保政策，增加低保指标，对龙岗村农户实行应保尽保。同时，扩大农村合作医疗保险的范围和标准，积极向上争取新农保试点。二是农民就业问题。春晖米业公司应承担一定的社会责任，分期分批优先安排 30% 流转农户（100 人左右）到本企业打工，或到春晖集团所属的加工、仓储、房地产开发等其他企业打工，妥善解决"全流户"农民无事可做、流转失业的问题，带领当地农民致富。春晖米业公司认为，应根据流转面积多少、实际用工需要、农民年龄状况和身体状况等因素来综合确定打工人数，如有青壮年劳力，可以考虑安排到集团内部的建筑企业打工，不能硬性定指标。

第八，关于调整工作方案的问题。一是工作方案规定丈量后增加的面积收归村组集体所有，难以实施。根据多数群众的意见，建议丈量土地后增加的面积，以小组为单位实行同增同减、同进同退，平摊到户，给农民吃下一颗"定心丸"。二是工作方案规定合作社与春晖米业公司的关系是流转关系，不妥。如果是流转关系，就没有必要成立土地股份合作社，因为多一个管理层级就多一份费用了，多一个中间环节就消减了群众的应得利益，不符合现代管理的要求，群众也分享不到企业发展带来的实惠。建议分两步走，前三年建立流转关系，除保底租金外，每年每亩固定补贴 50 元（视同分红），从第四年开始建立股份合作关系，依法依规保底分红。

第九，关于支持企业发展的问题。允许春晖米业公司以流入的土地承包经营权抵押贷款，同时在项目投资、购机补贴、技术指导等方面予以倾斜支持，用于改善生产条件，发展主导产业。同时，允许春晖米业公司在发展主导产业的同时，按照宜山则山、宜林则林、宜水则水的要求，发展生态休闲、旅游观光农业。只有企业能够生存和发展，有了经济效益，农民的利益才能有保障。

11 月 4 日，孝南区委副书记朱少平和区委常委、副区长肖亮到区经管局听取龙岗村土地经营机制创新试点工作情况汇报，针对试点工作中存在的突出问题提出原则性处理意见。当天晚上，三汊镇党委书记兼镇长李明、区经管局局长黄文高和伟业春晖米业公司董事长谭伦蔚进行沟通协商，在多数问题上达成了一致意见。

第一，关于香稻收购问题。春晖米业公司同意今年按每斤 1.3 元收购香稻，收购地点设在春晖农科院，即日开秤，应收尽收。

第二，关于流转租金的问题，春晖米业公司仍然要求按每亩每年 310 斤中籼稻的国家指导价结算保底租金，但承诺每年每亩补贴 50 元，以解决租金偏低的问题。

第三，关于土地播种的问题。商定凡在春晖米业公司项目规划区以内的土地，已经播种的，由春晖米业公司给予种子、化肥等生产成本补贴后，迅速交由春晖米业公司实施土地整理。凡在春晖米业公司项目规划区以外的土地，播不播种春晖米业公司概不负责。

第四，关于流转面积的问题。对于春晖米业公司项目规划区以内的土地（包括龙岗村和其他 7 个村的土地），要迅速流转移交到春晖米业公司，确保不耽误土地整理；对于春晖米业公司项目规划区以外的土地（仅限龙岗村），只要农户愿意流转，春晖米业公司全部接收，可以等到明年收割后再流转移交。

第五，其他问题。一是当年剩余租金没有兑现的问题。这个问题责任不在春晖米业公司，需要等待土地面积丈量准确后再计算；二是干部思想不统一的问题。三汊镇党委、政府正在做村组干部的工作，目前情况有所好转；三是土地丈量问题。根据绝大多数群众的要求，原则上以小组为单位重新丈量，按照同增同减、同进同退的办法，平摊到户。

这次协商，仍有 3 个问题没有得到根本解决。一是租金偏低的问题，二是租金保底之后的分红问题。三是土地股份合作社的运转经费问题。

经进一步征求包括村组干部在内各方面的意见，11 月 20 日，孝南区经管局提出《关于调整〈孝南区三汊镇龙岗村土地经营机制创新试点工作方案〉的意见》，作出 6 个方面的重要调整：

一是关于工作阶段和工作时间的调整。省略原方案中的"企社合作"阶段，将"流转配股"阶段分拆为"绘图测地"、"核资配股"两个阶段，工作时间由 2010 年 12 月 31 日止延长到 2011 年 4 月 25 日止；二是关于测量土地后新增面积权属的调整。原方案规定新增面积收归村集体或组集体所有，现根据多数群众意见，对新增加的面积，按照同增同减、同进同退的原则，或收归村集体或组集体所有，或平摊到农户，由群众自主决定；三是关于合作社组建方式的调整。现决定由村集体机动地和农户承包地折资入股，春晖集团旗下春晖农机合作社以农机具折资入股，双方共同组建土地股份合作社。合作社既不是龙岗村的，也不是春晖米业公司的，而是由农民和春晖米业公司共同合作组建的，双方地位平等，没有主次之分。这样就将合作社建成独立的市场主体和经营实体，成为农企对接、以企带社、以社带民的桥梁和纽带，也可避免原方案中合作社是个"空壳"的弊端；四是关于流转入股土地范围的调整。原方案确定以龙岗村为范围，现调整为以龙岗村为主体，相邻的东桥、彭桥、同昶3个村参与，扩大试点工作范围，增加合作社流转入股土地的规模；五是关于保底返还机制的调整。现调整为"保底租金+X"，保底租金从每亩每年310斤中籼稻提高到每亩每年360斤中籼稻，由农民自主选择兑现实物或现金；X为入股分红收入，只能大于或等于零，不能成为负数。合作社每年从经营利润中提取"三金两费"（公积金、公益金、风险金和管理费、折旧费）后的剩余利润全部用于按股权同比例分红，其中春晖米业公司分红49%，村集体和农民分红51%；六是合作社资产生产经营办法的调整。原方案农民土地入股后，合作社将土地流转到春晖米业公司，由该公司经营，现调整为合作社负责土地和农机具的生产经营。合作社的生产经营实行理事会领导下的经理负责制，理事会聘任春晖米业公司董事长谭伦蔚具体负责入股土地、农机具等资产的日常生产经营管理，实行承包经营。谭伦蔚具有春晖米业公司法人代表和合作社副理事长的双重身份。

这次调整的重要意义在于：一是扩大了试点工作范围，由单一的龙岗村扩大到以龙岗村为主，包括东桥、彭桥、同昶3个村部分农户参加；二是改变了股份合作社的结构，原设计方案中股份合作社社员限于龙岗村村民，现改变为农企合组股份土地合作社；三是优化了利益分配机制，原设计方案初案为每亩310斤中籼稻，后改为增加每亩50元补贴，现改为360斤中籼稻（按当年价折合现金），再加年度分红。这些调整，为成功组建龙岗土地股份合作社扫除了主要障碍。

12月26日下午，孝南区经管局、三汊镇、春晖米业公司三方在三汊镇春晖农科院会议室举行会商，区经管局局长黄文高、副局长陈作义；三汊镇党委副书记、常务副镇长易昕能，镇党委委员、副镇长黄金堂，镇党委委员、新农办主任魏胜强；春晖米业公司董事长谭伦蔚、生产技术负责人王文、总经理助理潘菊清参加，与会者就关于土地股份合作社的几个问题最后达成共识。

关于前期流转土地的测量问题，鉴于龙岗村前期流转给春晖米业公司的土地，实测面积不够准确，现决定重新测量，测多少是多少，春晖米业公司据实认账并兑付租金。整体面积重测确定后，再根据弓口大小确定各组的实际面积。关于新增流转土地的测量问题，鉴于农民承包田是好坏搭配、远近搭配、水旱搭配，应该整体流转，不能选好弃坏。因此，对于新增的流转土地，包括"插花田"、长期抛荒田、易旱岗地、易涝洼地、机械不能进入和不能作业的田地、连片20亩以下的土地等，原则上都要重新测量，全部移交到合作社，由春晖米业公司经营。对于"插花田"太多的湾组，可以先同湾组协商，采取置换的办法，尽量将流转土地集中连片以后，再测量移交到春晖米业公司。关于合作社的流转土地范围问题，从扩大合作社的土地规模和今后的长远发展考虑，同昶村、东桥村、彭桥村的现有流转土地入股到合作社，与龙岗村流转入股土地同等看待，这个问题报区委、区领导同意后再实施。关于合作社的"三会"人选问题。按照入股土地较多、政治觉悟较高、文化素质较强的原则，采取组织提名和社员（股民）推荐相结合的办法，合理分配和确定"三会"的人选，具体名单由各单位确定。社员（股民）代表大会的代表人选，按照社员（股民）总数的5%确定，共计52人，其中，龙岗村代表15人、同昶村代表6人、东桥村代表3人、彭桥村代表3人、春晖米业公司代表25人。理事会的人选，理事会成员9人，其中，理事长1人，由龙岗村干部担任；副理事长1人，由春晖米业公司董事长担任；理事7人，分别由龙岗村两名干部，同昶村、东桥村、彭桥村各一名干部，龙岗村流转户和春晖米业公司各一名代表担任。监事会的人选，监事长1人，由龙岗村干部担任；监事2人，由龙岗村一名干部和春晖米业公司一名代表担任。关于土地征用补偿费问题，春晖米业公司计划征用龙岗村土地30亩，征地范围应避开祖坟。土地征用补偿费按《土地法》的有关规定执行。对于地面附着物，包括青苗、林木、水井、坟地、房屋等，由春晖米业公司、三汊镇和龙岗村三方代表实地核查登记后，再参照市场价和拆迁补偿的有关规定，测算具体赔偿方案，由春晖米业公司确认后据实赔偿。三汊镇应指派一名干部，做好春晖米业公司施工现场的协调工作。这次三方协商，标志着龙岗土地股份合作社的筹建工作进入收官阶段。

2011年1月5日，孝南区经管局批复了《湖北龙岗土地股份合作社组建方案》，把此前历次协商达成的共识，以方案的形式固定下来，形成土地股份合作社正式成立的根本依据。

该方案内容有7项，转录如下：

一、组建合作社的目的。一是盘活农村土地，优化土地资源配置，探索土地经营的新机制；二是促进土地规模化、专业化、产业化经营，探索现代农业发展的新模式；三是为龙头企业建基地，为广大农民增利益，探索以企带社、以社带民、社企合作、三方共盈的新途径。

二、组建合作社的原则。一是农企对接，合作建社，以企带社、以社带民的原则。二是入社自愿，退社自由的原则。三是地位平等，民主管理的原则。四是租金保底，盈余分红的原则。

三、合作社入股方式。由村集体、承包经营农户和春晖米业公司三方共同组建。村集体以机动地经营权、农民以承包地经营权、春晖米业公司以农机具折股组建。村集体、农户和合作社签订《农村土地经营权流转入股合同》；春晖米业公司与合作社签订《农机具折资入股合同》。三方共同组建的合作社为独立的市场主体和经济实体，统一经营入股到合作社的全部资产，经营期限截至到2028年12月31日。期满后如无重大政策变化，合作社可以优先续签入股合同。

四、合作社的股份配置。合作社总资产为1062.02万元，设总股份为7460股，平均每股资产为1423.62元。一是村集体和农民土地经营权的股份配置。龙岗村、同昶村、彭桥村、东桥村村集体和农民流转入股土地3804.60亩，每亩土地折为1股，每亩评估资产为1423.62元，合计评估资产为541.63万元，合计股份为3804.60股，占总股份的51%。二是春晖米业公司农机具的股份配置。入股农机具216台套，资产520.389万元，折股3655.39股，占总股份的49%。

五、合作社的组织机构。合作社应成立社员（股民）代表大会、理事会和监事会，采取组织提名和社员（股民）推荐相结合的办法产生，任期五年，可连选连任。

1. 社员（股民）代表大会。合作社共有社员（股民）669人，建议社员（股民）代表由龙岗村、同昶村、彭桥村、东桥村干部、流转土地大户代表和春晖米业公司代表组成，共计52人，占社员（股民）总数的7.77%。其中，龙岗村流转土地农户474户，推选代表15人（其中：李家祠堂流转土地农户207户，推选代表5人；邱胡湾流转土地农户70户，推选代表2人；阙家湾流转土地农户98户，推选代表2人；刘家墩子流转土地农户99户，推选代表6人）。同昶村流转土地农户100户，推选代表8人。东桥村流转土地农户51户，推选代表3人。彭桥村流转土地农户18户，推选代表1人。春晖米业公司入股农机具216台套，推选代表25人。社员（股民）代表大会有社员（股民）大会选举产生，主要负责理事会、监事会成员的选举和罢免、合作社重大事项的决定等。社员（股民）代表大会可按章程规定行使社员（股民）大会的部分职权或全部职权，是法定的合作社最高权力机构。

2. 理事会。理事会成员9人，设理事长1人，建议由龙岗村支部书记刘顺田担任；副理事长1人，建议由春晖米业公司董事长谭伦蔚担任；理事7人，建议由龙岗村2名干部、同昶村1名干部、东桥村1名干部、彭桥村1名干部、龙岗村1名流转农户和春晖米业公司1名代表担任。理事会主要负责合作社的日常事务及市场经营管理工作，是合作社的执行机构，理事长是合作社的法人代表。

3. 监事会。监事会成员3人，设监事长1人，由龙岗村干部担任；监事2人，由龙岗村1名干部和春晖米业公司1名代表担任。监事会主要代表全体社员（股民）对合作社的财务和业务执行情况进行监督，并监督和检查理事会的工作，是合作社的监察机构。

六、合作社经营管理。按照土地承包权归农民、经营权归合作社、使用权归经营业主的思路，制定合作社的生产经营运作办法。合作社不直接经营土地、农机具等资产，二是实行理事会领导下的经理负责制，经理是雇员，不是法人代表，必须对理事会负责。理事会拟聘请春晖米业公司董事长谭伦蔚任合作社经理，经理代表理事会全权负责合作社的日常生产经营管理，具体职责包括三个方面：一是负责土地和农机具等资产的经营管理；二是负责各项生产成本的投入、村集体和农民保底租金的支付、合作社"三金二费"的提取和红利分配等;三是负责对重大生产经营活动、项目投资、土地整理、发展规划、收益分配等提出具体意见,交理事会集体决策,或由社员(股民)代表大会讨论决定。

七、合作社收益分配。合作社的收益应当包括土地种植业收益和农机具服务业收益等,采取"租金保底、盈余分红"即"360(保底租金)+X(盈余分红)"的办法进行分配,X是盈余分红收入,不能成为负数,只能大于或等于零。一是支付保底租金。即支付村集体、农户的流转土地租金,不论盈亏,按每亩每年360斤中籼稻结算,由农民自主选择兑现实物或现金(现金按当年国家收购价计算)。二是合理提取"三金二费",即公积金、公益金、风险金、农机具折旧费和管理费,具体比例由社员(股民)代表大会确定。三是盈余分红。即剩余利润按股权同比例分成,即村集体与农民占51%,春晖米业公司占49%。今后随着春晖米业公司经济效益的提升,经过协商,可采取以工补农的方式,拿出一部分加工业利润用于村集体和农民的土地股份分红。

根据以上方案,龙岗村及同昶村、东桥村、彭桥村自愿将土地经营权流转入股到合作社的农户,填写了湖北龙岗土地股份合作社社员(股民)及股权登记表,被推选成为合作社社员(股民)代表的填写了湖北龙岗土地股份合作社社员(股民)代表名单,酝酿提出了理事会、监事会成员候选人名单。湖北龙岗土地股份合作社股权结构见下表:

表5-2 湖北龙岗土地股份合作社社员股权登记汇总表

股权人		社员户数	入股资产	数量(亩、台套)	亩平折股(股)	亩平折资(元)	出资总额(万元)	总股份(股)	占总股份%
龙岗村	1组农民	48	土地	358.36	1.00	1423.62	51.02	358.36	4.80%
	2组农民	45	土地	275.86	1.00	1423.62	39.27	275.86	3.70%
	3组农民	36	土地	222.85	1.00	1423.62	31.73	222.85	2.99%
	4组农民	52	土地	298.55	1.00	1423.62	42.50	298.55	4.00%
	5组农民	34	土地	177.42	1.00	1423.62	25.26	177.42	2.38%
	6组农民	58	土地	244.05	1.00	1423.62	34.74	244.05	3.27%
	7组农民	40	土地	130.88	1.00	1423.62	18.63	130.88	1.75%
	8组农民	46	土地	208.84	1.00	1423.62	29.73	208.84	2.80%

续表

股权人		社员户数	入股资产	数量（亩、台套）	亩平折股（股）	亩平折资（元）	出资总额（万元）	总股份（股）	占总股份%
龙岗村	9组农民	53	土地	489.40	1.00	1423.62	69.67	489.40	6.56%
	10组农民	46	土地	470.37	1.00	1423.62	66.96	470.37	6.31%
	11组农民	16	土地	87.78	1.00	1423.62	12.50	87.78	1.18%
	龙岗村小计	474	土地	2964.36	1.00	1423.62	422.01	2964.36	39.74%
同昶村	农民	100	土地	494.82	1.00	1423.62	70.44	494.82	6.63%
	集体	1	土地	192.12	1.00	1423.62	27.35	192.12	2.58%
东桥村	农民	51	土地	117.25	1.00	1423.62	16.69	117.25	1.57%
彭桥村	农民	18	土地	36.05	1.00	1423.62	5.13	36.05	0.48%
土地入股资产合计		644		3804.60	1.00	1423.62	541.63	3804.60	51.00%
春晖米业公司		25	农机具	216			520.39	3655.39	49.00%
合计		669					1062.02	7460.00	100.00%

这个股权配置后来在对外宣传中口径有所变化。入股登记以习惯亩为准，因为弓口不一的缘故，习惯亩大于标准亩。对外宣传时即以重新丈量后土地流转实测面积为准，共有标准亩6004.6亩。龙岗村基本是整村土地流转，流转入股土地最多，达近4000亩，占全村耕地面积的81.3%，参加流转的农户474户，占全村承包户数的92.4%。龙岗村土地全部流转的农户342户，占全村承包户数的66.67%。同昶、东桥、彭桥3个村的土地是局部流转，其中，同昶村流转入股土地1638.86亩，参加流转的入股农户100户；东桥村流转入股土地279.73亩，参加流转的入股农户51户；彭桥村流转入股土地86.01亩，参加流转的入股农户18户。按每亩折1股计算，折合股份6004.6股，折合资产约541.63万元（亩平折资902.02元），占总股份的51%。春晖米业公司农机具216台套，折合资产520.39万元，折合股份5769.13股，占总股份的49%。

2011年1月8日，孝南区经管局提出《湖北龙岗土地股份合作社揭牌工作方案》，确定于1月19日上午，在三汊镇春晖农科院举行湖北龙岗土地股份合作社揭牌仪式。

组建湖北龙岗土地股份合作社,在全省农村土地产权制度改革中算是"吃第一只螃蟹"。为了保证搞好示范,打响头一炮,省、市有关部门加强了对工作重点、难点问题的调研,及时提出指导意见,帮助解决困难。原拟建立由省、市经管部门建立试点工作联络组,以便加强指导,这个设想未能落实。在开展试点期间,省、市农业主管部门一直保持高度关注,多次到现场了解情况。2010年11月18日,省农业厅厅长祝金水率队直接到龙岗村和春晖米业公司座谈,亲自掌握第一手情况。孝感市委、市政府,孝南区委、区政府把做好土地经营机制创新试点工作,摆在工作日程的重要位置。12月10日,省、市、区三级有关部门召开了三汊镇龙岗村土地经营机制创新试点工作协调会,协调解决试点工作中遇到的难题,共同克服最后一道障碍。

2011年1月19日上午,湖北龙岗土地股份合作社揭牌仪式如期在春晖农科院场区内举行。省经管局、省农业厅经管处、农业产业化处有关负责人,孝感市政府有关领导、市直有关部门负责人,区委、区人大、区政府、区政协领导、区直有关单位负责人、全区18个乡、镇、场、街和开发区的主要负责人,以及合作社理事会、监事会成员和社员代表,共约150人出席。区委副书记朱少平主持揭牌仪式。区委书记仇平贵宣布湖北龙岗土地股份合作社正式成立。合作社理事长刘顺田代表合作社致欢迎词。

省农业厅经管处处长张清林致贺词,指出在积极发展农民专业合作社的同时,大力发展农村土地股份合作社,促进农业生产资源和经营要素的优化配置,推动农业生产的专业化、标准化,实现小农户与大市场的有效对接,是当前十分重要而紧迫的任务,也是长远发展的根本性措施。湖北龙岗土地股份合作社的成立,既遵循了《农民专业合作社法》的基本精神,又结合了当地农村发展的实际,从制度设计上做到三方共赢,无疑是当前解决有地无人种、有人无地种,解决减轻农民劳动强度、提高土地生产率,解决实行规模经营、发展现代农业等重大问题的有益探索。

孝南区委书记仇平贵讲话,肯定湖北龙岗土地股份合作社的成立,是孝南区继实行家庭联产承包责任制之后,农村土地问题的又一次重大改革和突破。他希望湖北龙岗土地股份合作社再接再厉,奋力开拓,努力把土地股份合作社做大做强,确保入股农民增收,入股企业增效,为全区大规模土地流转提供更多更好的经验。

揭牌仪式宣布了湖北龙岗土地股份合作社的成立。但是，合作社揭牌与合作社成立是两个不同的事项，后者的内容要丰富得多。合作社揭牌之前，并未召开社员大会或社员代表大会，董事会、监事会、社员代表的人选是通过协商酝酿提名，经社员群众签名同意而产生的。两种签字表表样如下：

湖北龙岗土地股份合作社社员（股民）大会
推选社员（股民）代表签字表

按照入股资产较多、政治觉悟较高、创业精神较强的原则，采取组织提名和社员（股民）推荐相结合的办法。合理分配和确定社员（股民）代表人选，共计52人，具体名单如下：

1. 龙岗村社员（股民）代表15人：其中，刘家墩子刘顺田、刘敬芳、刘柏桥、刘福春；李家祠堂李红华、李洪银、李学全、李辟青、李云成、李洪生；阙家湾周登铁、吴汉桥、吴良祥；邱胡湾刘菊林、胡金洲。

2. 同昶村社员（股民）代表8人：何真炳、何学文、何四毛、何金桥、周海清、周登元、杨忠秋、周尚银。

3. 东桥村社员（股民）代表3人：王腾方、黄木平、王安贵。

4. 彭桥村社员（股民）代表1人：黄立辉。

5. 春晖米业公司社员（股民）代表25人：谭伦蔚、詹清卯、李新桥、翟雪峰、张爱国、匡清华、王云芳、钟小明、穆彦德、郑国芳、胡传中、邵成林、王福明、吴想成、章腊清、詹西毛、余迪登、余迪艳、杨华平、刘木国、喻维四、喻维义、包银道、陈小峰、钟再生。

以上代表请全体社员（股民）推选并签字认可，同意的打"√"，不同意的打"×"，弃权的打"0"。

湖北龙岗土地股份合作社社员（股民）代表大会
推选理事会和监事会成员签字表

按照组织提名与社员（股民）代表推荐相结合的办法，确定龙岗土地股份合作社理事会成员和理事长、副理事长，以及监事会成员和监事长。建议理事会成员9人，设理事长1人，副理事长1人，理事7人；监事会成员3人，设监事长1人，监事2人。具体人选如下：

一、理事会

理 事 长　刘顺田　龙岗村支部书记、村委会主任

副理事长　谭伦蔚　春晖米业公司董事长

理　　事　李洪华　龙岗村支部副书记

理　　事　周登铁　龙岗村支部副书记

理　　事　何四毛　同昶村支部书记

理　　事　黄立辉　彭桥村支部书记、村委会主任

理　　事　王腾方　东桥村委会副主任

理　　事　吴汉桥　龙岗村流转农户

理　　事　詹清卯　春晖农机专业合作社常务副理事长

二、监事会

监 事 长　李洪银　龙岗村委会副主任

监　　事　刘菊林　龙岗村委会副主任

监　　事　李新桥　春晖农机专业合作社副理事长

以上人选请社员（股民）代表大会代表推选并签字认可，同意的打"√"，不同意的打"×"，弃权的打"0"。

经上述签字形式的选举，产生湖北龙岗土地股份合作社领导机构：理事长刘顺田（龙岗村支部书记、村委会主任），副理事长谭伦蔚（春晖米业公司董事长），理事李洪华（龙岗村支部副书记）、周登铁（龙岗村支部副书记）、何四毛（同昶村支部书记）、黄立辉（彭桥村支部书记、村委会主任）、王腾方（东桥村委会副主任）、吴汉桥（龙岗村流转农户）、詹清卯（春晖农机专业合作社常务副理事长）；监事长为李洪银（龙岗村委会副主任），监事刘菊林（龙岗村委会副主任）、李新桥（春晖农机专业合作社副理事长）。

揭牌以后，各村前期流转土地实测面积分户登记，各村新增流转面积实测登记，社员推选代表签字，代表推选理事会、监事会成员签字，全体社员的股份测算与配置，流转土地社员与合作社签订土地入股合同，农机具社员与合作社签订入股合同，社员股权证书的发放、合作社与职业经理签订承包合同，土地与农机具的移交，合作社财务及其他管理制度的制定等等，这一系列后续工作，在4月25日之前陆续得以完成。孝南区三汊镇龙岗村土地经营机

制创新试点工作亦到此宣告结束。

湖北龙岗土地股份合作社经各有关方面共同努力正式成立了。它是农村改革发展中的新鲜事物，有些问题当时还不能得到解决：一是土地股份合作社是介于农民专业合作社和股份制公司之间的一种新型的合作组织，受到现行法规政策的限制，工商部门暂不受理注册登记，只能在经管部门办理登记手续。因此，它还不是合法的独立经济实体。二是土地股权的退转问题。按照农民专业合作社法的规定，农民可以入社自愿，退社自由，而股份制公司规定，股权可以转让，但不能随意退股。因此，合作社的土地股权在合同有效期内能否退转难以确定。三是农民土地承包经营权流转的法律地位问题，现行农村土地承包法并未将承包经营权拆分为承包权和经营权，进而以法律的形式明确农民在保有承包权的同时，可以分离流转所承包土地的经营权。四是土地股份合作社资产的拍卖偿债问题。按照股份制公司的有关规定，合作社一旦破产，所有资产均可用于拍卖抵债。但按农村土地承包法的规定，农民的土地是不能用于拍卖抵债的，这就使土地股份合作社失去经济组织惯用的退出机制。

三、土地股份合作社的制度安排

湖北龙岗土地股份合作社的成立，一开始就肩负着典型塑造的责任。在孝南区经管局指导、帮助下，制定了一整套办社制度，既用于规范该合作社的运行，也为推广复制提供基本样本。章程是管总的制度，湖北龙岗土地股份合作社章程如下：

湖北龙岗土地股份合作社章程
第一章 总 则

第一条 名称：湖北龙岗土地股份合作社（以下简称本合作社）。

第二条 地址：孝南区三汊镇春晖农科院。

第三条 本社宗旨：创新农村土地经营机制，盘活农村土地资产，促进规模经营，发展现代农业，增加农民收入，壮大龙头企业，实现多方共赢，维护农村稳定。

第四条　本合作社严格遵守国家法律、法规和政策，依法接受管理部门的监督检查。

第二章　经济性质、经营范围和期限

第五条　本合作社采取"龙头企业＋合作社＋农户"的经营模式，是以村集体机动地经营权、农民承包地经营权和龙头企业春晖米业公司农机具入股组建的农民合作经济组织，实行"民投资、民管理、民受益"和"利益共享、风险共担、民主管理、保底分红"，经济性质为集体所有制（股份合作制）。

第三章　社员（股民）和股权设置

第九条　承认本章程，按本章程规定，将土地承包经营权入股及农机具资产入股的村集体、农民和春晖米业公司代表均为本合作社的社员（股民）。

第十条　本合作社股权以土地承包经营权和农机具折资为依据设置，总资产为1062.02万元，总股份为7460股，平均每股资产为1423.62元。其中，村集体和农民流转土地3804.60亩，每亩折1股（亩平折资为1423.62元），共计资产541.63万元，股份3804.6股，占总股份的51%。春晖米业公司农机具折资产520.39万元，股份3655.39股，占总股份的49%。股权在确权发证承包期内可以继承；经本合作社和村委会同意可以依法转让。资产入股时，发给由本合作社理事长签字的股权证书。

第四章　社员（股民）权利和义务

第十一条　社员（股民）享有下列权利：

1. 有权参加本社的社员（股民）会议，并享有选举权和被选举权；

2. 有权按资产入股份额享受保底租金和红利分配；

3. 有权对本社土地使用用途及经营活动提出意见和建议；

4. 有权对本社工作人员违纪行为向上反映或举报。

第十二条　社员（股民）应履行下列义务：

1. 遵守本社章程；

2. 支持本社土地流转、开发、储备和管理；

3. 社员（股民）入社自愿，退社自由，但退出土地必须统一规划，服从统一调整。

4. 以土地承包经营权出资的村集体和社员（股民）退社以及合作社清算或者破产时，其土地承包经营权不得用于清偿债务或者作为偿还债务后的剩余财产进行分配,应由该村集体和社员(股民)收回,其应分摊的偿债份额按比例以其作价出资的土地承包经营权的等额货币为限对本社承担责任。

第五章 组织机构和职权

第十三条 建立社员(股民)代表大会制度。推选入股资产较多、政策觉悟较高、创业精神较强的社员(股民)为代表。社员(股民)代表大会是本社的最高权力机构。

社员(股民)代表大会每年至少召开一次。遇有特殊情况或半数社员(股民)代表提议,可以召开临时社员(股民)代表大会。社员(股民)代表大会必须有三分之二的代表出席方可举行,经半数以上到会代表同意方为有效,在选举和表决时实行一户(人)一票。社员(股民)代表大会行使以下职权:

1. 通过和修改章程;
2. 选举或罢免理事会、监事会人员;
3. 听取理事会、监事会的工作报告;
4. 审议和批准本合作社发展规划、财务分配方案。

第十四条 理事会。理事会是本合作社社员(股民)代表大会的常设机构。理事会由9人组成,理事由社员(股民)代表推荐,经社员(股民)代表大会选举产生,每届任期5年,可连选连任。理事长由社员(股民)代表大会选举产生。理事长为本合作社的法定代表人。

理事会在社员(股民)代表大会闭会期间行使下列职权:

1. 执行社员(股民)代表大会决议;
2. 聘任、解聘本合作社所属部门的专职、兼职负责人;
3. 负责召集社员(股民)代表大会,并报告工作;
4. 制定本合作社发展计划和投资方案、年度分配方案,并实施社员(股民)代表大会批准的各类方案;
5. 制定本合作社的管理制度。

理事会议每半年至少召开一次,由理事长召集。理事会决议、决定须经半数以上通过方为有效。理事会实行一人一票。

第十五条 监事会。监事会是本合作社的监察机构。监事会由3人组成,设监事长一人,由社员(股民)代表大会选举产生。

执行监事每届任期5年,可以连选连任。监事会成员不得由理事和财务负责人兼任。

执行监事行使下列职权：

1. 检查本合作社财务，并在社员（股民）代表大会上公布结果；

2. 当理事会损害本合作社利益时，要求予以纠正；

3. 列席理事会议。

第十六条 本合作社实行理事会领导下的经理负责制，设经理1名，具体负责合作社的日常生产经营管理，对理事会负责。

第六章 财务制度和收益分配

第十七条 本合作社按农业部、财政部有关农村经济合作经济组织财会制度为基础并借鉴股份制企业财会制度，建立健全财会制度。

第十八条 本合作社的收益主要来源于土地种植收入和农机具对外作业收入等。本合作社的可分配收益，是指当年的各项收入，减去各项费用、成本后的净收益。各项费用、成本的核算按财务制度，年初进行预算、年末进行决算，经社员（股民）代表大会表决通过后实施。

第十九条 考虑到目前农民风险意识不强等因素，为维护农民利益，调动农民股份合作的积极性，本合作社实行保底租金和盈余分红相结合的分配办法，由理事会提出并经社员（股民）代表大会三分之二代表同意通过后实施。

1. 保底租金。入股土地每亩每年保底租金为360斤中籼稻，由农民自主选择以实物或现金（按国家指导价折现）结算兑现。

2. 盈余分红。支付保底租金后的剩余利润，在提取一定比例的公积金、公益金、风险金、管理费、折旧费后，按资产股权同比例分配，其中，春晖米业公司分红49%，村集体和农民分红51%。

第二十条 本合作社红利分配每年一次，在每年终结算后兑现，社员（股民）凭《股权证》领取。

第七章 附 则

第二十一条 本章程如与国家法律、法规相抵触时，按国家法律、法规执行。

第二十二条 本章程未尽事宜或遇有不可抗力事项，由理事会提议，经社员（股民）代表大会讨论通过后决定。

第二十三条 本章程经第一届社员（股民）代表大会通过后生效，由理事会负责解释。本章程涉及扩股及股权变动等事项，经社员（股民）代表大会讨论通过后予以调整。

2011 年 1 月 16 日

该章程附有理事会、监事会成员签字。实际上它的生效，并不是经社员（股东）代表大会三分之二以上赞成通过，而是以合作社在上级部门见证下揭牌对外正式宣布成立为契机的。以该章程为根据，制定了与之相配套的一系列具体制度。11 项具体制度转录如下：

湖北龙岗土地股份合作社议事制度

为了维护社员的合法权益，使合作社向着健康、稳定、协调的方向发展，实行科学管理、民主决策、提高经济效益，根据合作社《章程》，特制定本制度。

一、本合作社的最高权力机构是社员代表大会。社员代表大会由理事会负责召集。凡制定和修改章程、选举和罢免理事、2000 元以上的财务开支、盈利返还、合作社终止后的财产处理等重大事宜，必须召开社员代表大会，经三分之二以上社员代表出席会议，半数以上社员代表表决通过，方可交理事会执行，表决实行一人一票制。

二、社员代表大会每年至少召开 1～2 次，遇特殊情况，可临时召开，如生产经营的重大事件等，由二分之一以上社员代表提议，理事会二分之一以上理事通过，可由理事长或副理事长召集监事成员（代表）大会，以决定重要事项。

三、理事会是本合作社最高权力的执行机构，负责日常生产经营工作，由理事长负责召集。凡制定内部管理制度、选举和罢免理事长、副理事长、设立办事或分支机构、聘用工作人员等重要事项，必须召开理事会，经三分之二以上理事出席会议，并由出席会议的三分之二以上的理事表决通过，方可生效。

湖北龙岗土地股份合作社财务管理制度

为了加强和规范龙岗土地股份合作社的财务管理，维护社员合法权益，根据有关法律、法规和《龙岗土地股份合作社章程》的规定要求，结合实际，特制定本财务管理制度。

一、财务管理体制和财会人员

1. 合作社设会计一名、出纳一名。

2. 财务人员应当具备必要的专业知识，忠于职守，坚持原则。

3. 财务人员需调整和或离职的，必须经社员（代表）大会通过，经镇经管站审计后，及时办理交接手续。

二、资金管理

1. 合作社资金管理包括现金、银行存款、有价证券的管理。

2. 现金管理实行备用金制度，合作社根据自身的实际情况，确定备用金数额，但最多不得超过□元。

3. 严禁公款私存，严禁借用、挪用合作社资金。

三、财务收支管理

1. 所有收入必须纳入合作社财务管理。主要包括：

（1）经营盈利收入；

（2）社员缴纳的股金；

（3）政府扶持资金；

（4）银行贷款；

（5）本社提取的公积金、公益金和风险金；

（6）接受的社会捐赠；

（7）其他资金。

2. 参加社会公益捐赠、救济本社社员灾情，数额较小的由理事会研究决定，数额较大的，经社员（代表）大会讨论决定。

3. 严格票据管理。合作社必须购领专用票据，并严格执行票据的购领、使用、缴销制度。各项资金收入必须由财务人员开具符合规定的票据，严禁白条收费或收钱不开票等违纪违法行为。

4. 合作社开支的原始凭证必须是符合要求的合法票据，即具备四要素：凭证名称，填制凭证日期，填制凭证单位名称或填制人姓名，经办人的签名和盖章，接受凭证单位名称和经济业务的内容、数量、单价和金额。白条、要素不齐全、被涂改的单据，不准报销入账。

5. 严格审批制度和审批程序。合作社财务开支实行限额审批制度，实行合作社理事长"一支笔"审批。具体审批权限是：

（1）经集体研究的事项，在限额开支之内，由理事长审批；

（2）未经研究决定的开支，200元以内由理事长审批，400元以上经民主理财小组集体审核后，由理事长审批。

6. 合作社管理人员工资报酬，根据本社经济状况，并按岗位责任目标管理考核情况决定，计入成本。

7. 社员因公出差，参照本地国家工作人员出差的报销标准执行。

四、财务报表和财务档案

1. 合作社的财务报表分为月报和年度报表。月报包括科目余额表和收支明细表等，年报包括资产负债、收益分配表和财务状态变动表。

2. 合作社的财务档案包括各种经济合同和承包合同或协议，各项财务计划和收益分配方案，各种会计凭证、会计财务账簿和会计报表、会计人员交接清单、会计档案销毁单等。

3. 财务档案保管期限为：各种会计报表保存20年；各种凭证、账簿、财务收支计划、会计人员交接清单、各种承包合同、经济合同等重要资料长期保存。

五、民主理财和财务公开

1. 合作社的重大经济事项，包括财务收支、财务预决算、兴办公益事业、变卖固定资产、重大经济问题等，均须通过社员（代表）大会讨论通过。

2. 合作社要建立由懂财务、善管理、作风正派、坚持原则的社员组成民主理财小组，并经社员代表大会讨论通过。

3. 合作社民主理财小组的主要职权为预算审议权、会计账目审查权、违纪纠正权、财务问题解决权和不合理开支的否决权。具体职责是：

（1）代表社员意愿，对财务进行监督；

（2）对年度财务收支计划、决算情况进行审议，向社员代表大会报告财务管理情况；

（3）督促财务人员定期公布账目，并收集和反馈社员意见；

（4）定期召开理财会议，如遇重大事项可随时召开会议和开展活动。民主理财小组要刻制使用"民主理财审核专用章"，并由组长指定专人管理。对本社的收支原始单据要定期逐笔进行审核盖章。

4. 理事会须每季度向社员公布一次财务收支情况。每年末向社员代表大会公布本年度经监事会审核的资产负债表、损益表、财务状况变动表，同时，将新年度的财务收支计划交社员代表大会讨论，经大会审查批准后执行。

湖北龙岗土地股份合作社预算管理制度

一、每年年初，必须根据本年度的工作计划和收支增减因素，以"量入为出、收支平衡和略有结余"的原则，编制本年度股份合作社收支预算草案，并按程序进行审批：

（一）股份合作社理事会编制年度收支预算草案。

（二）财务监督小组对年度收支预算草案进行初审，并出具审核意见，再由股份合作社理事会审批。

（三）股份合作社预算必须经股东代表大会审议通过。

二、必须严格执行审议通过的《单位年度收支预算》，按照收支平衡的原则，合理安排各项资金，不得在无资金保证的前提下超预算安排支出。

三、预算外追加的支出，在资金保证的前提下，不得超过当年预算收入的10%。特殊情况须经股东代表大会讨论通过。

湖北龙岗土地股份合作社货币资金管理制度

一、必须按照以下程序办理货币资金支付业务：

（一）支付申请。单位或个人用款时，应当提前向审批人提交货币资金支付申请，注明款项的用途、金额、预算项目、支付方式等内容，相关的支出要求附有效经济合同或相关证明。

（二）支付审批。审批人根据其职责、权限和相应程序对支付申请进行审批。对不符合规定的货币资金支付申请，审批人应当拒绝批准，并向当事人作出解释。

（三）复核支付。报账（出纳）员应当对批准后的支付申请的批准范围、权限、审批手续及相关单证、金额计算、支付方式、支付金额等进行复核，复核无误后可办理货币资金的支付手续。报账（出纳）员应将已支付现金的原始凭证或需要通过银行转账而开具的支票（转账单）交会计进行复核。会计对复核无误的在支票加盖财务专用章给予支付，复核有误的退还报账（出纳）员，并说明理由，报账（出纳）员再将原始凭证退还当事人。

（四）出纳记账。报账（出纳）员根据复核无误的支付凭证，及时登记银行存款日记账。

二、现金管理规定。

（一）实行备用金制度。单位按需留有一定数额的备用金（原则上按单位日常3～5天零星开支核定），由报账（出纳）员负责保管，用作正常经费开支，待发生实际支出后，报账（出纳）员持有关报销手续完备的凭证向会计报销，补足备用金。

（二）必须根据国家《现金管理条例》的规定，结合本单位的实际情况，确定本单位现金的开支范围：结算起点以下的日常小额报销费用可由报账（出纳）员备用金支付，其他不属于现金开支范围的经济业务应当通过银行办理转账结算。工作人员每月的工资报酬可通过银行（或信用社）代支的办法，减少现金的提取和支付，提高工作效率。

（三）现金收入应于当日送存开户银行（或信用社），现金支付不得从本单位的现金收入中直接支付，即不得"坐支"现金。

（四）必须严格执行"六不准"：不准以活期存折替代银行存款账户进行公款结算；不准公款私存；不准谎报用途套取现金；不准用银行账户代其他单位和个人存入或支取现金；不准设置小金库；不准白条抵库。

三、必须在银行（或信用社）开立独立的股份合作社银行账户，办理现金收付和日常转账等结算业务。在开户银行（或信用社）预留印鉴时，至少应预留单位财务专用章、单位主管财经负责人和报账（出纳）员印章等三个印鉴。财务专用章要由会计机构保管，个人名章必须由本人保管，严禁一人保管支付款项所需的全部印章。会计机构对财务用章的保管和使用要在制定的业务操作规范和管理制度内明确。

四、应当严格遵守银行结算纪律，不准签发没有资金保证的票据或远期支票，套取银行信用；不准签发、取得和转让没有真实交易和债权债务的票据，套取银行和他人资金；不准无理拒绝付款，任意占用他人资金；不准违反规定开立和使用银行账户。

五、报账（出纳）员每月应及时把全部收支业务登记银行存款日记账，并将有关的原始凭证整理好后送交会计机构办理报账手续，月末核对银行存款余额，账面余额与银行对账单不一致时，应当说明情况并提供依据，编制银行余额调节表。会计机构每月末要与报账(出纳)员核对账务,做到账表、账账、账实相符,报账(出纳)员要定期与银行、信用社或其他金融机构核对账目,发现不符,应及时查明原因,以报告形式向上级和本单位领导及会计机构反映,作出处理。

六、资金的收付、制单由报账(出纳)员负责,复核由会计负责;会计不得代替报账(出纳)员填制支票,严禁会计将空白支票加盖印鉴后交给报账(出纳)员。

七、支票等银行票据由报账(出纳)员负责保管。但报账(出纳)员从银行购买支票等银行票据后,应当与会计办理登记手续。对误填作废的票据,应由会计办理注销手续,并加盖"作废"印记。

八、票据管理规定。

(一)单位空白发票和收款收据由会计保管,并由报账(出纳)员负责领取、保管和使用。有关票据使用完后,必须与会计办理核销手续,才能签领新的票据;会计要做好票据的领用、核销和库存登记手续。

(二)办理收款业务所使用的收据,使用统一格式的印有连续编号的收款收据(委托有关单位印刷)。

湖北龙岗土地股份合作社开支审批制度

一、开支要实行严格的审批制度。日常开支分为小额500元以下(含500元)、中额500元至5000元(含5000元)、大额5000元至100000元(含100000元)、特大额100000元以上的标准。

(一)小额500元以下(含500元)。开支由经理审批;

(二)中额500元至5000元(含5000元)。开支由经理初审,理事长复审,实行双签;

(三)大额5000元至100000元(含100000元)。开支必须由理事会讨论同意,并实行理事长、村"两委"成员联签;

(四)特大额100000元以上。开支和工程建设投资项目,应纳入年初预算开支计划,并经理事会审定后,报股东代表大会讨论通过,理事长联签。

审批人在审批经集体讨论决定的项目开支时,要注明"某年某月经理事会、股东代表大会讨论决定"等有关说明,以便日后与有关"会议纪要(记录)"

核对。

必须把全部有权审批财务开支的人员及其权限、签名式样报送会计备案。

二、股份合作社的业务费用开支上限为当年实际收缴收入的8%（不包括征地款收入和转让留用地收益）。业务费用的开支必须具备经手人、证明人和审批人的签名，并同时注明开支内容和审批意见。

三、股份合作社理事会成员及其他管理人员的报酬，由村"两委"根据街道的有关规定提出具体方案，再交由股东代表大会讨论决定，并纳入股份合作社章程。

四、原始凭证审核管理

（一）财务开支应取得合法的原始凭证，并具备完备的审批手续。原始凭证应有经办人员签名。购买实物的原始凭证，由经办人员在凭证上签名后，按照规定交由实物使用人或保管人办理验收手续，实物使用人或保管人在凭证上签名后，财务会计人员在办理好相关的审批手续后才能予以报销。达到特定金额的开支项目，付款时要附上表决情况或会议记录。上级有关部门批准的经济业务，应当将有关批准文件作为原始凭证附件。如果批准文件需要单独归档的，应当在原始凭证上注明批准机关名称、日期和原件另存于文件字号及附着复印件。工程项目的开支，除取得施工单位开具的正式发票外，还必须附有合同、预算、竣工验收和结算等文件，5万元以上的还必须附有招标、投标、中标等文件。

（二）单位内部工作人员的报酬、补贴（助）和代表会议误工费等的发放，应采用"签收表"的形式作为支出凭证。

（三）难以取得合法原始凭证的费用支出，方可使用现金支出单。现金支出单要注明使用事由，除了经手人、审批人外，还必须有证明人签名。不得滥用现金支出单。

（四）发现原始凭证有错误的，应当由开出单位重开或者更正，并在更正处应当加盖开出单位的公章或更正校对章。

湖北龙岗土地股份合作社固定资产管理制度

一、房屋、建筑物、机器、设备、工具、器具、办公用具和农业机械资料，凡使用年限在1年以上，单位价值在500元以上的应列为固定资产。部分主要生产工具和设备，单位价值虽低于规定标准，但使用年限在 1 年以上的，也应列为固定资产。

二、必须指定专人负责固定资产的日常管理，并对购置、使用（租赁）、处置等情况登记固定资产台账。

三、固定资产（含货物）的购置，批量价值在 15 万元以上，单项价值在 5 万元以上的要进行招标采购。

购置固定资产时，应当按照财务开支审批制度规定的权限办理审批手续，严禁越权审批。并由固定资产管理员和固定资产使用部门对新购置的固定资产进行验收，共同签署验收报告，填制固定资产交接单，登记固定资产台账。

四、使用部门应当对固定资产进行定期检查、维修和保养，及时消除安全隐患，降低固定资产故障率和使用风险。

五、固定资产管理员和使用部门应当会同会计定期对固定资产进行盘点、清理，做到账实相符，年度结束前必须进行一次全面的盘点和清理。

六、固定资产的处置

（一）盘盈的固定资产，按同类设备的市价减除折旧后计入其他收入。

（二）对使用期满正常报废的固定资产，应由固定资产管理员填制固定资产报废单，由使用部门签署意见，经单位负责人审批后进行报废清理。

（三）对未使用或不需用的固定资产，由固定资产管理员提出处置申请，经单位负责人审批后处置。

（四）对盘亏或毁损的固定资产，由使用部门查明原因，经单位负责人审批，按其原价扣除累计折旧、变价收入、过失人及保险公司赔款后，计入其他支出。

（五）对拟出售或投资转出的固定资产，由固定资产管理员填制固定资产清理单，经单位负责人审批后出售或转作投资。

（六）固定资产处置价款要及时、足额收取，及时入账。

七、建立重大固定资产处置、出租或出借的审批制度。审批权限参照开支审批制度。固定资产的出租、出借，应由固定资产管理员会同使用部门拟定方案，经单位负责人审批后办理相关手续，签订出租、出借合同。

合同应明确固定资产出租、出借期间的修缮保养、税赋缴纳、租金及运杂费的收付、归还期限等。

八、内部调拨固定资产，应填制固定资产内部调拨单，调入部门、调出部门、固定资产管理员和单位负责人签字后，方可办理固定资产移交手续。

湖北龙岗土地股份合作社债权债务管理制度

一、资金除经股东代表大会决定外，不得外借给企业或个人。借支只限于本单位人员业务需要、旅差外出的备用金。金额在 5000 元以下，由理事长审批；金额在 5000 元以上的，由理事会集体审批。

二、单位或个人经批准借用集体资金，必须出具"借据"。借据要列明借用资金的用途、资金的占用费（即利息，本单位人员因业务需要暂时借用并在当月内返纳的除外）、归还日期、借款经手人签名（单位借用的要盖公章）、借款日期、违约责任、担保人或担保物等，并履行本条规定的审批手续，在公布栏公布，接受群众监督。单位或个人借用集体资金出具的"借据"，必须登记入账并附在记账凭证之后；收回借款时，各单位应当另开收据，不得退还原"借据"。

三、股份合作社账实行权责发生制，对各项收益按合同金额纳入应收款管理。财务人员每年年末要与相关单位进行对账并确认，发现金额不相符的必须马上查明原因。报账（出纳）员要做好应收款的催收工作，特别是追收历年欠款，防止集体资产流失。对确实无法收回的款项，经批准核销后，由会计机构计入其他支出。

四、应收款项如要确认为呆坏账，必须认真清查、核实，实事求是，并经如下的审批程序确认、处理。

（一）单位财务人员将确实无法收回的款项逐笔核实，以报告形式报呈有关部门，内容包括账款发生的时间、业务内容、经手人、金额、追收款项情况记录和形成呆坏账的原因及符合呆坏账确认的依据，单项金额 10 万元以下的经理事会研究审核后，通过财务监督小组审核同意核销；单项金额 10 万元以上的，还必须附有申请法律部门对欠款判定的结论资料，经理事会研究审核后，通过财务监督小组审核同意核销，或可由股东代表会议讨论同意核销。所有核销处理的应收款呆坏账经上述审批程序确认后报呈镇经管站审备案。

（二）经上述审批程序确认后，单位才能以批准报告作核销依据进行账务处理。同时，将已经核销的呆坏账另册登记备查，并继续组织人员积极追收，指定专人负责，责任到人。要防止利用冲销呆坏账机会对可以收回的款项或不符合财务制度的开支转作呆坏账进行处理。每年的呆坏账处理情况，应作为财务公开的内容及时向村民公布。

五、如确有需要借入款项的，应当实行集体讨论决策和审批，并保留完整的书面记录。

六、严禁为企业或个人作借贷还款担保。

七、对各种应收款项和暂存款项应及时进行清理并按规定办理结算，不得长期挂账。会计有义务提示及督促债权到期的追收和债务处理的应对意见，并监督其执行。

湖北龙岗土地股份合作社合同管理制度

一、集体经营性项目，如工程项目、土地出租、土地转让、农地投包、合资合作或承包经营等，必须签订相关合同，以合同为依据保障集体经济收益、保证集体资产完整。租赁合同、承包合同必须使用统一规定的格式。集体所有土地的发包，必须使用统一规定的农业承包合同并在办理好签订手续后，送镇经管站鉴证，其中农业承包合同须明确若提前收回土地的补偿标准。

二、签订的经济合同（包括土地的征用、附着物补偿、农产品购销、建设工程项目、农地承包、资产物业租赁、往来借款、保险等）必须严格管理，合同正本原则上要提交一份给会计作为收付款项的依据，并作为会计资料的重要组成部分，合同要与会计凭证一起整理归档保存。合同在执行过程中的变更或需要对原合同作出修改补充或要求签订补充合同的，须同时提交一份交会计入账。如果合同原件要专项存放在档案室的，必须提供一套合同复印件并知照会计人员在会计原始凭证上注明原合同名称、日期和原件另存于文件字号。未有提交合同的有关经济业务的付款，财务人员有权拒绝支付。合同原件如需外借，必须办理借用登记及归还签收等手续。

湖北龙岗土地合作社财务人员管理制度

一、股份合作社可委托会计机构进行会计核算工作。单位财务人员可不另设会计岗位，只设报账（兼出纳）员，负责本单位的出纳和报账工作。

二、财务人员要坚持四项基本原则，认真贯彻执行党和国家的经济政策、法令、制度，遵守财经纪律；忠于职守，廉洁奉公，全心全意为人民服务；努力学习，积极钻研业务，不断提高自己的政治、业务素质，做好本职工作；敢于坚持原则，反对侵犯集体经济和农民利益的行为，同违反财经纪律的行为作斗争。

三、财务人员必须持证上岗，并接受镇经管站的管理、培训和考核。股份合作社理事会成员的配偶和直系亲属不得任股份合作社的财务人员。

四、财务人员要保持相对稳定，无正当理由，任何单位和个人都不得随意调换。财务人员调动或离职时，必须按规定办理交接手续，编制交接清单，移交人、接交人、监交人要签字盖章，镇经管站验印存档。在未办清交接手续以前，财务人员不得离职。

五、股份合作社要支持财务人员履行工作职责，保证财务人员行使其工作权利。任何人不得打击报复财务人员。对于坚持原则，忠于职守，廉洁奉公并取得显著成绩的财务人员要给予表彰和奖励；对不负责任，造成损失或违反财经纪律和财务制度的财务人员要进行批评、教育和处罚。

六、财务人员有权参与本单位各项财务计划的编制；有权对本单位有关资金的筹集、使用和财产保管等方面的工作提出建议和进行检查监督；有权向上级和村委会报告股份社财务收支情况，反映财务管理管理方面的问题；有权不办理违反财务制度的收支；对认为是违反财务制度的收支，应立即制止和纠正。否则，财务人员负有一定的责任。

湖北龙岗土地股份合作社财务公开及内部财务监督制度

一、必须在每月20日前将上月的财务情况，按照有关文件的要求公布，接受群众监督。

二、理事长及经理应保障财务人员依法履行职责，监督本单位的财务管理，不得授意、指使、强令财务人员违法违规办理会计事项。

三、会计员不得兼管现金收支；报账（出纳）员不得兼管稽查、会计档案保管，以及收入、支出、费用、债权债务账目的登记。

四、财务人员发现会计账簿记录与实物、款项及有关资料不相符，如按有关会计制度规定有权自行处理的，应及时处理；无权处理的，立即向负责人报告，请求查明原因并作出处理。

五、建立和健全本单位内部监督制度，充分发挥监督小组的民主理财作用。监督小组每月10日前审核上月的单据，审核完毕填写"理财报告书"。监督小组的具体职责和要求：

（一）审核、检查预算的编制、执行和财务报告的真实性、准确性、完整性。

（二）会计核算是否符合国家统一的会计制度的规定和本规定。

（三）审核、检查各项收入和支出的范围和标准。

（四）纠正违反财务规章制度的行为。

（五）审查财务公开的各项内容。

（六）对符合区政府关于规范查阅账目相关规定要求，经理事会同意，可受股东委托查阅账目。

（七）征求并反映股民对本单位财务公开的意见和建议，不断完善和提高财务公开的质量。

（八）监督股份合作社对股民提出的意见和建议及时进行整改并作出答复。

（九）监督小组成员对工作必须认真负责，不得无正当理由不履行职责，从而影响股份合作社正常运作；不得无故缺席每月的活动；不得对监督工作弄虚作假，从而造成合作股份社管理混乱。对无故缺席每月活动两次或有以上行为者，经理事会提议，可由代表大会罢免其职务并另行选举。

湖北龙岗土地股份合作社会计档案管理制度

一、对会计凭证、会计账簿、财务报告和其他会计资料应建立档案、妥善保管。会计档案建档要求、保管期限、销毁办法等，应依照财政部和国家档案局发布的《会计档案管理办法》的规定进行。

二、每年形成的会计档案，由会计按照归档的要求，负责整理立卷。当年的会计资料，在会计年度终了后，由会计及时（半年内）归档处理。当年形成的会计档案，次年由会计负责保管，第三年起由会计编造清册移交村档案室管理。如股份社与会计机构解除代理合同或代理合同期满的，会计机构必须在30日内移交会计档案。

三、村档案室接收保管的会计档案，原则上应保持原卷册的封装，个别需要拆封重新整理的，应会同原会计或会计机构相关负责人共同拆封整理。

四、建立调阅会计档案制度。本单位人员查阅会计档案，要经理事会同意。

外单位人员查阅要有单位介绍信及合作社的批准。对调阅者要做好登记。调阅者不得把会计档案携带外出,确须复印,须经理事长同意。档案原件原则上不得借出;如有特殊需要,须报镇经管站和理事会批准,但不得拆装原卷册,并限期归还。

五、对保管期满的会计档案必须经镇经管站审批后,方可进行处理。对需要销毁的会计档案,要填写"会计档案销毁清册"。销毁时,由股份合作社指定专人监督销毁,并在销毁清册上签名或盖章。

六、财务人员移交要开列有关清单,连同以前年度的有关财务资料、档案移交给接收人。理事长监督交接,移交人、接收人及理事长三方签认移交书,移交书归档永久保存。

以上各项制度,互相配套,比较完善。但是,从中也不难看出这些制度与镇经管站制定的村集体经济管理制度之间的源流联系,实际上是脱胎于镇经管站现行的管理制度,与村集体、农户和企业三方共建股份合作社的新情况,并不完全相符,有的规定难免就成为具文。在聘任春晖米业公司负责人为股份合作社理事会副理事长、职业经理人的条件下,春晖米业公司承担了支付流转土地的保底租金、年度分红不能为负数等全部经营风险,其经营管理必定主要着眼于春晖集团的有利发展和利益的最大化,从而突破上述制度的约束。

四、土地股份合作社的运转成效

组建土地股份合作社的工作组刚撤出,就迎来湖北全省农村土地经营体制机制创新现场会的召开。2011年5月10日上午,全体与会代表分别参观考察了春晖农科院现场和土地整理与规模经营现场。在春晖农科院,与会代表参观考察了龙岗土地股份合作社办公室和宣传展板,春晖农机专业合作社农机具和宣传展板,春晖农科院现代农业监控中心,智能谷物烘干厂和智能温室育秧厂。在土地整理与规模经营现场,参观考察了大田种植现场、早中稻机插现场,还参观了春晖农产品超市。参加这次现场会的有省领导,省直、市州县农业部门的官员,还有全省种粮大户的代表。龙岗土地股份合作社的创立和春晖集团的农业产业化实践,得到与会者的高度评价,普遍认为建立土地股份合作社，可以解决一家一户生产经营规模小、抵御自然灾害能力差、收益低的问题，同时，可为龙头企业建基地提供空间，实现土地规模经营，促进现代农业发展，促进农民增收。

中共湖北省委常委张昌尔高度肯定孝南区土地流转的"龙岗模式"在全省推广的价值，认为是土地流转多重模式中具有核心竞争力的一种，代表了土地流转制度创新的方向。他指出："龙岗模式"的核心就是制度创新。首先，它创新了生产经营机制，通过"龙头企业＋合作社＋农户"方式实现了规模经营、产业化经营，提高了土地产出率，提高了农民组织化程度，也提高了农业社会化服务水平。其次，创新了农民利益保障机制。在龙岗土地股份合作社中，入股农民可以得到四份收入，即国家惠农政策补贴、入股土地的保底租金、盈余按股分红和打工收入。随着春晖集团经济效益的提高，盈余按股分红的份额有望逐步扩大，从而进一步增加入股农民的收入。

2011年9月，中央农村工作领导小组副组长、中央农村工作领导工作小组办公室主任陈锡文也作出了高度评价。他说：春晖集团通过土地股份合作制，通过农机专业合作社，生产的产品标准化了，质量好了，收益也高了。对我们这样一个在相当长时间内小规模经营的农户数量还比较多的国家，这是一条不可不走、不得不走的路。

2012年1月4日，湖北龙岗土地股份合作社举行首次年底分红仪式。中央电视台、人民网、新华网湖北频道、《湖北日报》、湖北电视台、荆楚网、《农村新报》等10余家新闻媒体的记者齐聚春晖农科院内，见证首次分红。经核算，2011年，湖北龙岗土地股份合作社实现粮食总产719万斤，单产1200斤，较上年每亩增产50斤，实现经营收入781.68万元，分红金额48.27万元。按股份结构，春晖集团分红23.65万元，入股农民共分红24.62万元，每股分红41元，每亩租金折合385.2元，加上惠农直补资金，亩均收入541.61元。村民返聘进入合作社打工的劳动收入不在其中。龙岗土地股份合作社历年保底租金与入股土地分红列表如下：

表5-3　湖北龙岗土地股份合作社历年保底租金与入股分红表

年度	每亩保底租金（元）	每股分红（元）
2011	385.20	41.00

续表

2012	450.00	45.00
2013	485.00	50.50
2014	496.80	56.30

由于建社充分尊重了农民的意愿，所以，入社农民对合作社运转的办法和业绩大都表示满意，特别是保底租金和入股红利，每年都有小幅增长，实现了承包土地经营权的资本化并保值增值。农民周义喜在揭牌大会上就说：他家四口人，种六七亩田，参加合作社以后，不用自己种一年也有2000多斤中籼稻的收成，多少不一还能分点红，子女安心出去打工，自己根据情况再找点事做，收入比以往会只增不少。办合作社是一件大好事，希望合作社赚钱多，农民分红多。周义喜家的责任田，靠近河边，稍稍涨水就要淹，每年排涝抗旱都要花钱，入了社完全不用操心，坐在家里旱涝保收，体现了对于农民的优越性。

湖北龙岗土地股份合作社的运营，实际上由春晖米业公司完成，日常经营事项谭伦蔚作主，他是公司法人代表，要负全部经济营责任。在年终核算中，刘顺田作为合作社的理事长参加。从春晖集团方面来说，参加龙岗土地股份合作社，探索农村土地经营体制机制改革道路，得到了国家有关部门、省、市、区各级领导的重视，赢得政治荣誉，扩大了社会影响，促进了集团各项业务的发展。相比于纯粹进行长期租赁，春晖集团为此每年增加投入20多万元。政府官员从稳定农民增收预期出发，曾经希望春晖集团将旗下万丰米业公司和粮食储备库的资产入股到土地股份合作社，这部分资产涉及粮食深加工和流通，增值空间大，盈利条件更好一些，春晖集团没有采纳。

第六章 专业合作

一、农机专业合作

（一）湖北春晖农机专业合作社的酝酿成立

湖北春晖农机专业合作社注册于2011年4月18日，法人代表为谭伦蔚，注册资金为311.3万元，办公地点在孝感市孝南区三汊镇龙岗村，业务范围为农业生产、农田耕整及相关技术服务。

转变农业发展方式，实现农业现代化，客观上需要实现农业的机械化、专业化、合作化。这既是生产力方面的变革，又是生产关系方面的变革。湖北省在扶持农民专业合作社发展上做了大量工作。2007年，中共湖北省委、省政府出台了《关于支持和促进农民专业合作社发展的意见》（鄂发〔2007〕12号）；省人大常委会出台了《湖北省实施〈中华人民共和国农民专业合作社法〉办法》；2008年、2009年，省委、省政府两次召开促进农民专业合作社发展现场会；2005年，省编办批准成立湖北省农村专业合作经济组织指导办公室；从2006年起，省财政厅每年专列农民专业合作社示范经费；从2009年起，在全省范围开展农民专业合作社推进工程、示范工程、人才培训工程、农超对接工程、品牌培育工程等"五大工程"建设，有力地推动了全省农民专业合作社的发展。截至2009年底，全省农民专业合作社已由2003年的150个发展到6903个，同比增长46倍。这是湖北春晖农机专业合作社注册成立的宏观背景。

图 6-1 农机专业合作社社员大会现场

湖北春晖农机专业合作社的酝酿成立，还有其本身的强烈需求。谭伦蔚跻身粮食行业，粮食加工需要稳定的优质粮源。好谷出好米，好麦出好面，好米、好面才能赢得消费者的青睐，扩大市场占有率，提高企业的经济效益。春晖集团的米面企业，布局在孝南区三汊镇范围内。三汊镇地处孝感市城郊，境内地势平坦，土地肥沃，适宜于种植优质水稻。孝感市素有米酒之乡的美称，优质糯稻是酿造米酒的基本原料，需求量大。谭伦蔚盯住这一市场需求，同三汊镇党委、政府合作，签订一张12000亩土地流转的大单，建立万亩香稻生产基地。

2010年春，谭伦蔚将三汊镇12000亩土地的经营权流转到手。春耕在即，如何把秧苗按时插下去，是摆在他面前的头等问题。谭伦蔚本人从事房地产开发起家，然后进入粮食行业，对运用机械进行大面积种田并无经验，他需要找到合适的机耕队伍，先把这一季秧苗插下去，再做长远打算。

谭伦蔚"下海"前，在孝感市农机系统工作。他想到了"娘家"，请市农机局的领导推荐农机大户，市农机局向他推荐了云梦丰民农机专业合作社理事长詹清卯。詹清卯是云梦县隔蒲潭镇人，原先是聘用制农机管理员。2000年，乡镇农机站、水利站、林业站等机构改革，他自购两台大型拖拉机，率先开办个体经营的农机作业服务站。以后，逐渐添置新农机，发展到拥有8套大型农机具，总资产折合现金100多万元。当时，云梦县农机作业服务站才只有两套农机具。2007年9月,詹清卯发起成立孝感市第一家农机专业合作社——云梦丰民农机专业合作社,旗下社员有80人,固定资产达到860多万元。以后,连续几年被评为全国农机合作社示范社。

谭伦蔚亲自登门邀请詹清卯,请他出面负责三汊镇12000亩土地的第一轮耕种。这样大面积的机耕作业,在孝感市内是一件大事,很引人关注。安陆市农机局愿意拿25万元扶持本市的合丰合作社接下这单业务,孝昌县农机局支持本县胡克勤合作社出面竞争。4月间,一个下雨的夜晚,由孝感市农业局牵头,谭伦蔚参加,几家农机合作社的负责人在孝感市内维多利亚茶楼见面。谭伦蔚一一了解意向,安陆的说可以接2000亩,孝昌的也只接2000亩,孝南的同样是2000亩,都不敢多搞。最后问到詹清卯,詹说要搞就12000亩都由他一个人单独搞,如果要是分散着搞,他不愿意撕破脸皮和别的农机合作社挣地盘。

为什么要独家承担呢?在詹清卯看来,三汊镇土地流转刚刚起步,耕地尚未整理,地块高低不平、大小不一,机耕道很不完善,分开几家,把好搞的土地一搞,把坏的丢了,会遗留一摊子麻烦事,难免事后互相扯皮。谭伦蔚也考虑到了这个问题。在这次商量之前,他就要詹清卯提出一个耕种12000亩的方案,什么时候耕完,用多少稻种育秧,什么时候开始插秧。接到詹清卯的方案,谭伦蔚请专家看过,认同这个方案的可行性。

孝感市农机局的领导也倾向于支持詹清卯承接春晖集团的第一轮种植任务,为此,专门找到云梦县农机局长,建议他们向县领导汇报一下,请县政府予以重视,给点扶持,让詹清卯把这个任务接下来。这样,丰民合作社赚了钱,有利于自身发展,云梦的农机服务出了县,也是荣誉。县农机局长认为在孝南区的地盘上接事,驳同行的面子,不好弄,詹清卯能接就扶持,接不了也就算了。

谭伦蔚权衡利弊,决定把2010年的种植业务交给詹清卯,预定种植水稻5000亩。詹清卯带领丰民农机专业合作社的人员进场,立即着手组织露天育秧,仅稻种就花费一大笔钱,按时育出的秧苗占地100多亩。机耕、机插,都很顺利。到6月12日,所承包的全部业务包括整田、耕田、育秧、插秧,全部结束了。由于是初步实施土地流转,而且流转合同是同镇政府签订的,并未直接同农户见面,一部分农民心存疑虑,没有按时将承包的土地经营权流转出来。结果,育成的秧苗糟蹋了不少。

谭伦蔚与詹清卯的合作,原先只考虑到插完秧苗这一步。其间,谭伦蔚多次与詹清卯接触,加深了了解,就有意把詹清卯留下来,继续合作。詹清卯看到春晖集团这个平台很好,地盘也大,也就同意留下来一起发展。于是,双方进一步具体商量组建春晖农机专业合作社的事情。

春晖农机专业合作社由谭伦蔚、詹清卯等9人共同发起,经孝感市工商局登记注册。2011年1月19日,召开全体社员大会正式宣布农机专业合作社的成立。谭伦蔚任合作社理事长,詹清卯任副理事长,李新桥、李克难、章腊清、王云芳、钟小明、翟雪峰、穆彦德为理事。

春晖农机专业合作社下辖安陆、云梦、朱湖三个分社。起初,有社员102人,不久,扩大到153人。其中,云梦县农机手70人,三汊镇农机手30人,春晖公司员工10人,还有一些成员来自其他各处。全社拥有各类农业机械327台(套),其中,大中型拖拉机95台,半喂入式联合收割机20台,乘坐式插秧机16台,水稻、油菜精量直播机10台,配套农机具180具,农田水利建设工程机械6台;并建有占地80亩的农机场院、1200平方米的办公大楼、400平方米的农机修理中心,以及农机停放库棚、燃油储备点、员工宿舍等配套设施,固定总资产达到4000万元,是当时全省规模最大的农机专业合作社。另据2013年12月湖北春晖农机专业合作社财务报表,全社93名带机入股社员共有各类机械288台(套),仅此一项,折合出资总额共1280万元。

图6-2 省政府重奖粮食生产功臣,谭伦蔚(右)领奖

表 6-1　湖北春晖农机专业合作社社员机械入股股权登记表

股权人	入股机械（台）	机械折资（元）	出资总额（万元）	股份（股）	占总股份 %
宋华民	3	461000	46.10	46.10	3.60
刘已国	3	461000	46.10	46.10	3.60
李克难	2	320000	32.00	32.00	2.50
胡清安	1	160000	16.00	16.00	1.25
罗后建	2	300000	30.00	30.00	2.34
江光元	2	300000	30.00	30.00	2.34
胡春里	2	300000	30.00	30.00	2.34
周亚芹	2	300000	30.00	30.00	2.34
李保立	1	150000	15.00	15.00	1.17
卢少松	1	150000	15.00	15.00	1.17
鲁光凯	1	150000	15.00	15.00	1.17
郑华文	1	70000	7.00	7.00	0.55
徐燕语	1	70000	7.00	7.00	0.55
徐先成	1	70000	7.00	7.00	0.55
胡小文	1	70000	7.00	7.00	0.55
余迪艳	1	70000	7.00	7.00	0.55
喻子还	1	70000	7.00	7.00	0.55
徐国田	1	70000	7.00	7.00	0.55
张火强	1	70000	7.00	7.00	0.55
黄佑庆	1	70000	7.00	7.00	0.55
李生彬	1	70000	7.00	7.00	0.55
徐火强	1	70000	7.00	7.00	0.55
詹明乐	1	141000	14.10	14.10	1.10
褚保民	1	141000	14.10	14.10	1.10
徐华平	1	141000	14.10	14.10	1.10
张中强	1	141000	14.10	14.10	1.10
詹登喜	1	141000	14.10	14.10	1.10
汪桂发	1	141000	14.10	14.10	1.10
袁天全	1	141000	14.10	14.10	1.10
殷家国	1	60000	6.00	6.00	0.47
郑式林	1	60000	6.00	6.00	0.47
聂树民	1	60000	6.00	6.00	0.47
石三元	1	60000	6.00	6.00	0.47
吴进平	1	60000	6.00	6.00	0.47

续表

股权人	入股机械（台）	机械折资（元）	出资总额（万元）	股份（股）	占总股份 %
陈学哲	1	60000	6.00	6.00	0.47
简修灼	1	60000	6.00	6.00	0.47
徐双军	1	60000	6.00	6.00	0.47
朱金华	1	60000	6.00	6.00	0.47
李长江	1	60000	6.00	6.00	0.47
鲁光凯	1	60000	6.00	6.00	0.47
肖国平	1	60000	6.00	6.00	0.47
聂红伟	1	60000	6.00	6.00	0.47
龙春云	1	60000	6.00	6.00	0.47
肖小平	1	60000	6.00	6.00	0.47
徐清斌	1	60000	6.00	6.00	0.47
翟雪峰	1	60000	6.00	6.00	0.47
王云芳	1	60000	6.00	6.00	0.47
钟小明	1	60000	6.00	6.00	0.47
穆彦德	1	60000	6.00	6.00	0.47
刘劲松	1	60000	6.00	6.00	0.47
李洪波	1	60000	6.00	6.00	0.47
简亚明	1	66000	6.60	6.60	0.52
吴水林	1	66000	6.60	6.60	0.52
龙小洲	1	66000	6.60	6.60	0.52
肖亚洲	1	66000	6.60	6.60	0.52
章腊清	1	66000	6.60	6.60	0.52
余义军	1	66000	6.60	6.60	0.52
石望权	1	66000	6.60	6.60	0.52
李金权	1	66000	6.60	6.60	0.52
李助雄	1	66000	6.60	6.60	0.52
詹西毛	1	66000	6.60	6.60	0.52
伍南田	1	66000	6.60	6.60	0.52
高金平	1	66000	6.60	6.60	0.52
沈光建	1	66000	6.60	6.60	0.52
余迪登	1	66000	6.60	6.60	0.52
余付华	1	66000	6.60	6.60	0.52
汪家泰	1	66000	6.60	6.60	0.52
龙新舟	1	66000	6.60	6.60	0.52

续表

股权人	入股机械（台）	机械折资（元）	出资总额（万元）	股份（股）	占总股份 %
何玉厚	1	66000	6.60	6.60	0.52
吴华平	1	66000	6.60	6.60	0.52
熊强敏	1	66000	6.60	6.60	0.52
陈金星	1	66000	6.60	6.60	0.52
余幼峰	1	66000	6.60	6.60	0.52
郑冬芳	1	66000	6.60	6.60	0.52
李义勇	1	66000	6.60	6.60	0.52
舒章银	1	66000	6.60	6.60	0.52
肖树明	1	66000	6.60	6.60	0.52
王福明	1	66000	6.60	6.60	0.52
郑国芳	1	66000	6.60	6.60	0.52
胡红举	1	66000	6.60	6.60	0.52
李运林	1	66000	6.60	6.60	0.52
赵小强	1	66000	6.60	6.60	0.52
黄金安	1	66000	6.60	6.60	0.52
徐冬清	1	66000	6.60	6.60	0.52
潘红勇	1	66000	6.60	6.60	0.52
陈春华	1	66000	6.60	6.60	0.52
匡清华	1	66000	6.60	6.60	0.52
张爱国	1	66000	6.60	6.60	0.52
陈俊游	1	66000	6.60	6.60	0.52
宋华明	1	66000	6.60	6.60	0.52
徐焕清	1	66000	6.60	6.60	0.52
詹清卯	19	918000	91.80	91.80	7.17
谭伦蔚	169	3113000	311.30	311.30	24.32
合 计	288	12800000	1280.00	1.00	100.00

表 6-2　湖北春晖农机专业合作社社员带机入股明细表

姓 名	机械类型	数量（台）	作价金额（元）
谭伦蔚	水田激光平整仪	1	80000
	东方红喷雾加浓炮	1	150000
	久保田 588 收割机	5	1250000
	东方红 802 推土机	2	282000

续表

姓 名	机械类型	数量（台）	作价金额（元）
	智能太阳能杀虫灯	150	540000
	凯马汽车	2	3113000
詹清卯	久保田588收割机	3	450000
	福田604拖拉机	3	150000
	福田玉米收割机	1	50000
	育秧流水线	3	77000
	东洋步进式插秧机	2	30000
	黄鹤牌油菜直播机	5	150000
	秸秆还田机	2	11000
宋华明	洋马2号收割机	2	320000
	东方红802推土机	1	141000
刘已国	洋马2号收割机	2	320000
	东方红802推土机	1	141000
李克难	洋马2号收割机	2	320000
胡清安	洋马2号收割机	1	160000
罗后建	久保田588收割机	2	300000
江光元	久保田588收割机	2	300000
胡春理	久保田588收割机	2	300000
周亚芹	久保田588收割机	2	300000
李保立	久保田588收割机	1	150000
卢少松	久保田588收割机	1	150000
鲁光凯	久保田588收割机	1	150000
郑华文	上海拖拉机	1	70000
徐燕语	上海拖拉机	1	70000
徐先成	上海拖拉机	1	70000
胡小文	上海拖拉机	1	70000
余迪艳	上海拖拉机	1	70000
喻子还	上海拖拉机	1	70000
徐国田	上海拖拉机	1	70000
张火强	上海拖拉机	1	70000
黄佑庆	上海拖拉机	1	70000
李生彬	上海拖拉机	1	70000
徐火强	上海拖拉机	1	70000
詹明乐	东方红推土机	1	141000
褚保民	东方红推土机	1	141000

续表

姓　名	机械类型	数量（台）	作价金额（元）
徐华平	东方红推土机	1	141000
张中强	东方红推土机	1	141000
詹登喜	东方红推土机	1	141000
汪桂发	东方红推土机	1	141000
袁天全	东方红推土机	1	141000
殷家国	东方红拖拉机	1	60000
郑式林	东方红拖拉机	1	60000
聂树明	东方红拖拉机	1	60000
石三元	东方红拖拉机	1	60000
吴进平	东方红拖拉机	1	60000
陈学哲	东方红拖拉机	1	60000
简修灼	东方红拖拉机	1	60000
徐双军	东方红拖拉机	1	60000
朱金华	东方红拖拉机	1	60000
李长江	东方红拖拉机	1	60000
鲁光凯	东方红拖拉机	1	60000
肖国平	东方红拖拉机	1	60000
聂红伟	东方红拖拉机	1	60000
龙春云	东方红拖拉机	1	60000
肖小平	东方红拖拉机	1	60000
徐清斌	东方红拖拉机	1	60000
翟雪峰	东方红拖拉机	1	60000
王云芳	东方红拖拉机	1	60000
钟小明	东方红拖拉机	1	60000
穆彦德	东方红拖拉机	1	60000
刘劲松	东方红拖拉机	1	60000
李洪波	东方红拖拉机	1	60000
简亚明	欧豹554拖拉机	1	66000
吴水林	欧豹554拖拉机	1	66000
龙小洲	欧豹554拖拉机	1	66000
肖亚洲	欧豹554拖拉机	1	66000
章腊清	欧豹554拖拉机	1	66000
余义军	欧豹554拖拉机	1	66000
石望权	欧豹554拖拉机	1	66000
李金权	欧豹554拖拉机	1	66000

续表

姓 名	机械类型	数量（台）	作价金额（元）
李助雄	欧豹554拖拉机	1	66000
詹西毛	欧豹554拖拉机	1	66000
伍南田	欧豹554拖拉机	1	66000
高金平	欧豹554拖拉机	1	66000
沈光建	欧豹554拖拉机	1	66000
余迪登	欧豹554拖拉机	1	66000
余付华	欧豹554拖拉机	1	66000
汪家泰	欧豹554拖拉机	1	66000
龙新舟	欧豹554拖拉机	1	66000
何玉厚	欧豹554拖拉机	1	66000
吴华平	欧豹554拖拉机	1	66000
熊强敏	欧豹554拖拉机	1	66000
陈金星	欧豹554拖拉机	1	66000
余幼峰	欧豹554拖拉机	1	66000
郑冬芳	欧豹554拖拉机	1	66000
李义勇	欧豹554拖拉机	1	66000
舒章银	欧豹554拖拉机	1	66000
肖树明	欧豹554拖拉机	1	66000
王福明	欧豹554拖拉机	1	66000
郑国芳	欧豹554拖拉机	1	66000
胡红举	欧豹554拖拉机	1	66000
李运林	欧豹554拖拉机	1	66000
赵小强	欧豹554拖拉机	1	66000
黄金安	欧豹554拖拉机	1	66000
徐冬清	欧豹554拖拉机	1	66000
潘红勇	欧豹554拖拉机	1	66000
陈春华	欧豹554拖拉机	1	66000
匡清华	欧豹554拖拉机	1	66000
张爱国	欧豹554拖拉机	1	66000
陈俊游	欧豹554拖拉机	1	66000
宋华明	欧豹554拖拉机	1	66000
徐焕清	欧豹554拖拉机	1	66000
合　计		288	12800000

以上两表，资料取自湖北春晖农机专业合作社2013年度会计报表。

湖北春晖农机专业合作社的社员，实际上分成两个部分进行管理。作为春晖农机专业合作社入股社员93人，参加合作社的统一核算，其他60人未列入入股社员，实行按劳（分自带机具、不带机具两种）取酬，做多少，结算多少。这60人与合作社的关系，自然就不像入股社员那样紧密。

（二）湖北春晖农机专业合作社的制度设计

国有国法，社有社章。湖北春晖农机专业合作社的制度设计，主要是以《中华人民共和国农民专业合作社法》为依据，根据本组织的实际，制定出《湖北春晖农机专业合作社章程》，根据《章程》组织合作社内的生产和分配。

《章程》文本如下：

湖北春晖农机专业合作社章程
第一章　总则

第一条　为规范本组织活动行为，保护成员的合法权益，增加成员收入，促进本组织发展，依照《中华人民共和国农民专业合作社法》等有关法律、法规和政策，制定本章程。

第二条　本组织由谭伦蔚等9人发起，于2010年4月23日召开设立大会成立。本组织定名为"湖北春晖农机专业合作社"，出资形式为实物出资（含农机具），法定代表人谭伦蔚，本组织地址在孝感市孝南区新铺镇龙店村孝天路边。

第三条　本组织按照"民办、民管、民受益"的原则，以服务成员、谋求全体成员的共同利益为宗旨，实行自主经营，民主管理，单机核算，盈余返还。成员地位平等，加入自愿，退出自由，利益共享，风险共担。

第四条　本组织以从事农业生产、农作物种植、土地耕整以及相关技术服务的农民为主体。

第五条　本组织成员以其账户内记载的出资额和公积金份额为限对本组织承担责任。

第六条　本组织遵守国家的法律，法规，接受孝南区农机主管部门的指导和协调，开展生产经营活动。

第二章 成员

第七条 本组织成员分为个人成员和团体成员,凡从事与本组织生产作业服务项目相同的农民或相关事业的个人,年满十八周岁,具有完全民事行为能力,承认并遵守本章程者,可以申请作为本组织个人成员;从事相关事业的组织可以申请作为本组织团体成员。从事相关事业的非农民身份成员不得超过成员总数的百分之二十。

第八条 欲加入本组织者,须履行以下程序:

(一)提交书面申请,承认章程规定的股金或者缴纳会费;

(二)经本组织理事会审核并讨论通过。

第九条 本组织成员享有下列权利:

(一)参加成员大会(或成员代表大会,下同),享有表决权、选举权和被选举权,按照章程规定对本组织实行民主管理;

(二)享有本组织提供的各种经济、技术和信息服务,及利用本组织设施的权利;

(三)享有本组织内购买物资和销售产品的权利;

(四)享有本组织共同成果的受益和分配权;

(五)有权对本组织的工作提出质询、批评和建议,进行监督;

(六)有权建议召开成员(代表)大会;

(七)享有参加本组织股金分红和按作业服务量返还利润的权利;

(八)自由提出退出申请,依照本章程规定退出本组织。

第十条 本组织成员应承担下列义务:

(一)遵守本组织章程和各项规章制度,执行成员(代表)大会和理事会的决定;

(二)维护本组织利益,保护本组织的共有财产,爱护本组织的设施;

(三)积极参加本组织活动,支持理事会、监事会(执行监事)履行职责;

(四)接受本组织技术指导,按照规定的质量标准从事生产和服务,履行签订的合同,发扬互助协作精神,共同发展本组织生产;

(五)按规定交纳会费或股金;

(六)按规定承担亏损。

第十一条 个人成员退出本组织须在财务年度终了的三个月前向理事长

或者理事会提出书面申请,团体成员退出本组织须在财务年度终了的六个月前提出,经理事会或成员(代表)大会讨论可以退出。其成员资格于该财务年度结束时终止。

第十二条　成员退出后,其入股股金和公积金份额于年终决算后两个月内退还。对成员资格终止前的可分配盈余,按照本章程规定向其返还。如本组织经营亏损,应扣除其应承担的亏损金额。

第十三条　成员死亡,其继承人可在两个月内提出继承申请,经理事会审查批准后办理加入手续继承其成员资格。继承人不愿意加入本组织的,按照第十一条的规定可以申请退出。

第十四条　成员股金可以转让给本组织成员,不得转让给非成员。

第十五条　属于下列情况之一、经教育无效者,由理事会决议予以取消其成员资格:

(一)不遵守本组织章程、内部管理制度,不执行成员(代表)大会、理事会决议,不履行本章程第十条所规定的义务,且经教育无效者;

(二)从事与本组织利益相违背活动的;

(三)丧失民事行为能力或死亡的;或给本组织正当权益带来严重危害的;

(四)违反国家法律法规,构成犯罪,被依法判刑的;

(五)团体成员所属企业或组织破产、解散的。

取消成员资格,必须有三分之二以上的理事出席,并有出席理事半数以上的票数通过,方能生效。

第三章　组织机构

第十六条　本组织设立成员大会、理事会、监事会。

第十七条　成员大会是本组织的最高权力机构,由全体成员组成。召开成员大会有困难的,可召开成员代表大会,履行成员大会职权;本组织成员达到150人以上,每10名成员选举产生一名成员代表。成员代表大会可以履行成员大会职权。成员代表任期两年,可以连选连任。

第十八条　成员(代表)大会职权如下:

(一)修改本组织章程;

(二)选举和罢免理事会、监事会成员;

(三)审查批准本组织理事会、监事会的工作计划和报告,以及财务报告;

（四）对有关本组织的合并、分立、解散、清算等作出决议；

（五）决定重大财产处置、对外投资、对外担保和生产经营活动中其他重大事项；

（六）批准年度业务报告、盈余分配方案、亏损处理方案。

（七）聘用经营管理人员和专业技术人员的数量、资格和任期；

（八）讨论决定其他重大事项。

第十九条　本组织每年至少于财务年度末召开一次成员（代表）大会。成员（代表）大会由理事会负责召集。召开成员（代表）大会，理事会须提前15日向成员（代表）通报会议内容。

第二十条　遇有下列情形之一，可以召开临时成员（代表）大会：

（一）理事会认为必要的；

（二）监事会的提议；

（三）百分之三十以上的成员提议。

第二十一条　成员（代表）大会应当有三分之二以上成员出席方可召开。

本组织表决实行一人一票制。成员因故不能到会，可书面委托其他成员代理。一名成员最多只能代理一名成员投票。

第二十二条　理事长为本组织的法定代表人，行使下列职权：

（一）主持成员（代表）大会，召集并主持理事会会议；

（二）签署本组织成员股金证明；

（三）签署聘任或者解聘本组织经营管理人员和财务会计人员；

（四）组织实施成员（代表）大会和理事会决议，检查决议实施情况；

（五）按照理事会授权签订协议、合同和契约等。

第二十三条　执行监事的职权如下：

（一）监督理事会对成员（代表）大会决议和本组织章程的执行情况；

（二）监督审计本组织的生产经营业务和财务收支情况；

（三）监督理事会和本组织工作人员的工作情况；

（四）向成员（代表）大会作年度监察报告；

（五）列席理事会会议，向理事会提出质询和改进工作的建议；

（六）如发现理事会有违法或营私舞弊行为，应提出监察处理意见报告，要求召开临时成员（代表）大会，并报告有关机关予以处置。

第二十四条　本组织的理事长、理事、经理不得兼任业务性质相同的其他农民专业合作经济组织的理事长、理事、监事、经理。

第二十五条　本组织因发展需要到银行贷款或借款，必须召开全体股东大会讨论通过，并形成书面文字决议；对外签订大额农机作业合同及其他重大事项，须经召开全体社员大会或理事会表决通过。任何社员不得以合作社名义搞个人贷款、借款或签订作业合同，否则产生的一切后果由当事人承担全部经济责任和法律责任。

第四章　服务职能

第二十六条　本组织根据生产经营发展及成员的需要，以成员为主要对象，开展以下服务：

（一）组织成员开展生产劳动合作和农机具规模作业、配套作业；

（二）对成员进行技术指导和服务，引进新技术、新品种，开展技术培训、技术交流活动，组织经济、技术协作；

（三）兴办成员生产经营所需要的零配件供应、农机修理、交易市场等经济实体，推进农机产业化经营；

（四）采购和供应成员所需的生产资料；

（五）向成员提供有关技术、市场、经济信息；

（六）提高本组织农机作业质量，加强农机安全生产管理，帮助做好农机维修保养工作，创立农机服务品牌；

（七）承担国家、集体或个人委托的科研项目和有关业务。

第二十七条　接受与本组织业务有关的单位委托，办理代购代销等中介业务。

第二十八条　本组织可以向政府有关部门申请或接受政府有关部门委托，组织实施有关农业项目建设。

第五章　财务

第二十九条　本组织为经济核算主体，实行独立的财务管理和会计核算，经营自主，盈亏自负，有权拒绝任何单位和个人平调、挪用本组织资产的要求。

第三十条　本组织财务年度为1月1日至12月31日。本组织依照有关法律、行政法规和政府有关主管部门的规定，建立健全财务和会计制度，实行季度财务定期公开制度。

第二十一条　财务年度终了时,由理事会按照本章程规定,组织编制年度业务报告、盈余分配方案、亏损处理方案以及财务会计报告,于成员大会召开的十五日前,置备于办公地点,供查阅。

第三十二条　本组织依据成员名册,为每个成员设立个人财产账户,主要记载下列内容:

（一）该成员的出资额;

（二）量化为该成员的公积金份额;

（三）该成员与本社的交易量（额）;

第三十三条　本组织资金来源包括以下几项:

（一）成员会费或成员股金;

（二）本组织每个财务年度从盈余中提取的公积金、公益金、风险金;

（三）未分配收益;

（四）金融机构贷款;

（五）国家扶持补贴资金;

（六）社会捐赠款;

（七）其他资金。

第三十四条　本组织成员股金可以用货币出资,也可以用实物（含农机具）、技术等,由全体成员评估作价。作价出资认购的股金与货币出资认购的股金同等享受权利和承担义务。每位个体成员认购的股金不得超过本组织股金总额的百分之二十,团体成员认购的股金不得超过本组织股金总额的百分之五十。

第三十五条　本组织会务费定为每名成员每年100元。

第三十六条　本组织生产经营和管理过程中的费用开支范围严格执行有关财务、会计制度,计入成本。费用开支范围主要包括:

（一）本组织日常办公费;

（二）发展本组织生产经营事业所发生的经营性支出;

（三）科研、咨询、培训、推广和宣传教育等支出;

（四）对特别困难成员的补助;

（五）职工工资和福利费用;

（六）本组织福利事业支出;

（七）成员和职工的物质奖励；

（八）其他符合制度规定的支出。

第三十七条 本组织按公历年度实行会计核算。理事会须在每半年将上半年财务收支情况向成员公布一次，并附解答成员提出的问题；理事会须于每年1月10日前向成员（代表）大会提供上年度经监事会审计的资产负债表、损益表、财务状况变动表等。同时，提出下年度的财务支出预算，交成员，（代表）大会讨论，经理事会审查批准后执行。

第三十八条 扣除当年生产经营和管理服务成本后，年终结余按下列项目分配和使用：

（一）公积金，按税后利润的3%提取，用于扩大服务或弥补亏损；

（二）公益金，按税后利润的2%提取，用于文化、福利事业；

（三）教育基金，按税后利润的1%提取，用于成员培训；

（四）风险基金，按税后利润的5%提取，用于成员生产、营销遭受重大经济损失的补贴；

（五）成员股息，成员股息一般不高于同期银行存款利率；

（六）利润返还，按成员对合作社的贡献量，包括作业服务量和利用本组织设施量多少等向成员返还利润。

上列各项的具体项目和提取比例以及分配数额，由理事会提出方案，由成员（代表）大会讨论决定后实施。

第三十九条 本组织聘用职工计划及其工资标准，需经成员（代表）大会批准。所付工资及对模范成员和职工的物质奖励计入成本。

第四十条 本组织独资或与外单位联合兴办的经济实体，实行独立核算。本组织作为产权单位行使监督权，享有收益权。

第四十一条 本组织如有亏损，经公积金、股金依次弥补，不足部分用以后年度的税前利润补足，因弥补亏损所减少的资金，成员（代表）大会应酌情规定补充的办法和期限。

第六章 变更 解散 清算 终止

第四十二条 本组织登记事项发生变更，应及时办理变更登记手续，依法需要办理税种登记变更手续的，同时办理税务登记变更手续。

第四十三条 本组织有下列情形之一，经成员（代表）大会决定，报登记机关核准后予以解散：

（一）因成员退出，本组织成员人数少于五人；

（二）本组织规定的营业期限届满后不再继续生产经营；

（三）因合并或分立需要解散；

（四）依法被吊销营业执照或被撤消；

（五）因不可抗力因素致使本组织无法继续经营；

（六）本组织宣告破产。

第四十四条　本组织决定解散时，由成员（代表）大会选出人员组成清算组，对本组织的资产债权、债务进行清理，并提出清偿方案报成员（代表）大会审议通过。未能组成清算组时，成员、债权人可以向人民法院申请指定成员组成清算组进行清算。本组织共有资产优先权支付清算费用，按下列顺序清偿：

（一）所欠职员工资报酬及社会保险费用；

（二）所欠税款；

（三）所欠债务；

（四）归还成员股金；

（五）按成员（代表）大会决议分配剩余财产。

第四十五条　本组织接受国家财政直接补助形成的财产，在解散、破产清算时，按国家有关规定处理。

第四十六条　本组织清算完毕后，于10个工作日内向成员公布清算情况，并向原登记机关申请注销。

第七章　附则

第四十七条　本章程由成员（代表）大会表决通过，成员（代表）或理事会理事在章程上签字后生效。

第四十八条　修改本章程，须经理事会或半数以上成员（代表）大会提出，理事会负责修订，成员（代表）大会讨论后实施。

第四十九条　本章程内容与法律法规不一致的，依照有关法律法规修改。

第五十条　本章程由本组织理事会负责解释。

湖北春晖农机专业合作社制定了机耕队、机收队、机防队等各项规章管理制度，对合作社所有员工实行统一服装、统一标识，严格规范管理。在财务管理方面，采取"分队核算、定额费用、超支不补、利润分成"的核算办法，实行统一账目管理，做到账款分开、章票分管、专款分存，专款专用，定期公布财务收支情况。

（三）湖北春晖农机专业合作社的运转成效

在《章程》的约束规范之下，湖北春晖农机专业合作社奉行"依法办社、按章办事、服务社员、规范发展"的原则，采取"龙头企业＋合作社＋基地＋农户"的运作模式，实行多样化创新、规范化运营、市场化服务、产业化经营，取得良好的经济效益和社会效益。

农机作业实行"六统一"管理模式，即统一调配机具、统一安排作业、统一质量标准、统一收费标准、统一后勤保障、统一处理作业纠纷。自筹建以来，充分发挥自身组织、装备、技术、人才和基地"五大优势"，大力开展农机社会化作业服务，实现了当年建社、当年受益、当年见效，并产生多重效应：

一是推动了土地集约化经营。对流转土地全面实行"七统一"管理（统一种子、统一育秧、统一机耕、统一机插、统一机防、统一灌溉、统一收割），做到了全程机械化作业，有力推进了标准化种植、专业化生产和集约化经营；发挥了农机推广示范效应。2010年6月8日，成功举办"万亩香稻机械化插秧现场会"，其投入机具之多、作业速度之快、质量标准之高，在孝感市尚属首次，得到前来参会的各县（市）区农机局长、农机推广站长认可和省农机化办领导的高度赞赏。同年秋，与华中农大联合兴办"千亩油菜免耕精量直播示范基地"，大力实行沟厢配套改革，全面采用机械开沟和机械精量播种，也到了较好的示范带动作用。特别是合作社不惜斥资，在华中地区第一家引进和使用美国产电脑激光平地仪，确保农田机耕平整高低误差在1厘米以下，使农机化开始走向高精化、智能化道路；加快了土地整理实施过程。在孝南区三汊镇等地，春晖集团对流转土地按照30～50亩一块，统一建成了机耕路配套、旱涝保收的高产农田。第一期已整理土地3000多亩，新增耕地约15%。提高了合作社的生产能力。仅在2013年，完成机耕47694亩，机插46748亩，机割59866亩，平整土地10215亩，各项合计164523亩。

二是机械化作业明显提高了农业生产的效益。合作社成立的第一年，在三汊万亩香稻生产示范基地上实行全程机械化作业，经与人工对比测算，亩平机耕节约成本 20 元，机插节约成本 40 元，增产 5%～6%，机收节约成本 50 元，累计节约成本增收达 160 多万元。当年，还承接公司其他粮源生产基地的农机作业服务，共完成机耕面积 4.1 万亩，机收面积 1.5 万亩，创作业服务收入 300 多万元。除保证三汊镇万亩香稻生产示范基地的香稻、油菜、小麦全程机械化生产外，还面向市场，对外开展农机社会化服务，年创收达千万元以上。2010 年 11 月，被省农业厅、省农机局树立为"现代农业标杆"，在全省推广。

合作社还负责粮食烘干作业。春晖集团首先在三汊基地建设烘干车间，安装烘干塔六组。同时工作，一个批次可烘干粮食 120 吨，烘干一个批次需要 8～15 个小时。一个烘干季最长的要工作一两个月。2012 年之前收割机尚未改装，必须用袋子装运。2013 年改成散装，省去装卸袋子的人力、物力。经过改装收割机机箱可装 2000 斤，收割 10 亩田装一箱，卸进翻斗车运到烘干车间烘干。

湖北春晖农机合作社是自主经营的独立实体，它与春晖集团建立合同关系。合作社按每亩 214 元（其中，耕整 70 元/亩、机插 66 元/亩，机收 78 元/亩），与春晖集团签订作业合同（此种价格是可变的）。合作社的内部管理，实行分组包干的办法。一般由三台机或五台机一组，农机手自由组合。每组分配相同的面积，统一分配，统一加油（仅限于在三汊基地作业），分散作业，按天核算。农机具大小不同，出资代价不同，生产能力不同。农机手带机作业（使用自己购买的农机作业），带中型机械每天 500 元，大型机械报酬上浮，小型机械报酬下浮。不带机作业（使用他人或合作社农机作业）每天报酬 120 元。每个阶段作业完成，合作社立即与成员结算。合作社年终盈余提取公积金后，70% 按作业量分配，30% 按出资额分配。2011 年，春晖农机专业合作社耕种土地面积 9.6 万亩，可分配盈余达到 1696 万元，社员年收入平均 5.6 万元。2012 年，湖北春晖农机合作社经湖北省农业厅推荐获评全国农民专业合作社示范社。

2013 年，湖北春晖农机专业合作社经营及分配情况如下，经营收入：收割收入 4489916.00 元，机插收入 3815531.00 元，机耕收入 3786588.00 元，平整土地收入3682120.00元，其他收入5077.00元，合计15779232.00元；

经营成本：收割成本2544305.50元，机插成本2098536.00元，机耕成本1963416.00元，平整土地成本2421120.30元，其他经营成本19545.00元，合计9046922.80元；

费用支出：管理费用111075.00元，财务费用-1167.80元，合计109907.20元；

利润总额：6622402.00元；

社员分红：提取公积金1986720.00元（按总利润的30%提取）；社员按工作量分红3244977.40元，按股份份额分红1390704.60元，两项分红共计4635682.00元。

湖北春晖农机专业合作社的产权明晰，社员按劳取酬，盈余按工作量和股份份额分配，较好地体现合作社的性质。有60人没有参加合作社的盈余分配，他们的加入或许起始即着眼于扩张规模而给予其社员名义。

二、生产管理合作

（一）湖北春晖香稻专业合作社

春晖香稻专业合作社由公司董事长谭伦蔚、经营管理人员郑育生等5人与三汊镇龙岗村农民梁福云、余水华发起成立，经孝感市工商局登记注册，法人代表为章国芳。注册资金203万元，主要由春晖公司以现金形式出资。经营范围主要是农产品种植和销售。现有合作社成员120人，其中，114人为三汊镇农民。

酝酿成立香稻专业合作社之时，就是设想建成一个独立核算的生产管理单位。它的职责如下：第一，管理流转土地中每个村的土地面积、土地界限；第二，跟农机合作社协商耕田、栽秧，确定耕田的质量、作业的效果、作业的价格；第三，负责处理栽秧以后的各个生产环节，管水、施肥、防治病虫害、除草，收割环节由农机专业合作社完成，直到粮食烘干、过磅、入库。

香稻合作社的社员主要是田管员，工资由香稻合作社发。香稻专业合作社按每亩田间管理成本281元，与公司签订作业合同，其中，肥料预算140元，农药40元，统一由春晖公司购买后从田间管理成本预算中扣除，人工及其他费用101元。合作社按每100亩稻田,固定一名田管员管理,每月工资1000元。公司年底依据基地水稻产量制定奖励额度,由合作社根据各成员任务完成情况进行利润返还的再分配。

原来预想种植纯利五五分成。实践过程中发现一些问题:一是100亩田为基本单位,面积过大了点;二是田管员有四五十人,每人管理的土地质量和用水条件不一,导致收成丰歉不一;三是100亩成熟程度不一,有的收得早,有的收得晚,全部收起来也非常难。这样,所有田管员分别负责的大田,一一分开核算,很难搞得清楚。所以,后来就将盈余分成变成根据收成状况给予一定奖励。

(二)湖北春晖果蔬专业合作社

春晖果蔬专业合作社的法人代表是杨金松。春晖集团划出600亩地搞蔬菜种植,完善了基础设施建设。在种植区域内安装了喷灌设备,修建了两间冷藏库,以及员工住所等设施,主要种植菜心、芥蓝等高档新鲜蔬菜,专门供应深圳、珠海、广州的大型蔬菜批发市场。每30斤鲜菜装一箱,运到销售地每箱可卖90元到100元。

果蔬专业合作社同春晖集团签订合同,规定双方权利和义务,约定合同价格。合作社负责人签下合同,招聘员工生产。在员工中设一名生产队长、一名技术员,生产出来的蔬菜,合作社负责人按约定价格全部收走。生产者的劳动报酬,在出售鲜菜的收入中分配。合作社管理人员的收入,即从最终销售所得中减去采购经费和其他各项应付成本后的剩余。

说是合作社,其实,倒像是一个实行内部承包经营的家庭农场。因此,无论果蔬专业合作社,还是香稻专业合作社,都还是不够规范的合作社。

第七章 科技服务

一、农业科技机构

为了做好农业科技服务工作，春晖集团于2011年完成注册湖北春晖农业科学技术研究院，法人代表为王文，注册资金500万元，办公地址在孝南区三汊镇龙岗村，业务范围为粮食种子研发、粮食种植技术研发、农副产品深加工工程技术研发、工程设计、技术咨询服务。春晖农科院属民办非企业单位，由民政局和科技局双重管理，业务属科技局管，年审时先到科技局，然后再到民政局办理手续。

谭伦蔚把万亩香稻生产基地建在三汊镇，落脚在龙岗村，农科院也就建在龙岗村。办公地址用的是龙岗小学旧址，由于生源减少，小学被合并到别处。人民公社时代的旧礼堂还保留着。春晖农科院与农机专业合作社、香稻专业合作社、春晖职业技术学校共用办公场所，仓库、育秧大棚和职工住宅是专门修建的。2010年4月，开始进场筹建。由于工作人员都是临时抽调，流动性大，所以，直到2011年3月份才完成注册登记。现任院长为王文，共有11名员工。

春晖农科院有一个由虚到实的发展演变过程。开始，谭伦蔚在孝感市内聘请专家组成顾问团，这些专家分别来自政府机关、高等学校、科研单位，其专长覆盖农业、农机、农艺、养殖。

表 7-1　湖北春晖农科院聘任专家表

姓名	性别	职称	所在单位
杨明权	男	高级农艺师	孝感市农科院
汤俭民	男	正高职农艺师	孝南区农业局
刘华林	男	研究员	孝感市农业局
张正华	男	高级农艺师	孝感市农业局
李志坚	男	高级农艺师	孝感市农业局土肥站
杨文成	男	教授	湖北工程学院
李德华	男	教授	湖北工程学院
陈金安	男	教授	湖北工程学院
李春生	男	教授	湖北工程学院
夏新华	男	高级工程师	孝感市农机局
易齐胜	男	高级技师	孝南区农机局

设立顾问团，发挥社会力量的作用，是必要的，但它也有缓不济急的缺陷。王文毕业于孝感学院，原系孝感市农科院临时聘用科研人员。谭伦蔚找市农业局推荐专家组成了顾问团，还要人负责与顾问们进行日常联系，有人就推荐了王文。试用一段时间，谭伦蔚把王文正式聘用过来。2010 年 5 月，王文进入春晖。2012 年，孝感市农科院公开招考，王文考试通过，被录取为市农科院正式职工。谭伦蔚一时找不到合适人才接手，请求市领导帮助缓解人才困难，经市农业局研究同意，王文以科技人才帮扶重点民企的名义，暂留春晖农科院工作两年。到 2012 年初，春晖农科院的人事体系才正式完备，王文被任命为院长，不久，配备了两名副院长。

二、农业科技服务

（一）工厂化育秧

春晖集团流转农民土地经营权以后，实施规模化种植。大规模育秧从 2010 年就开始了。

起初，谭伦蔚请詹清卯搞保姆式服务，耕田、育秧、插秧"一条龙"。詹清卯在云梦县积累了机械插秧的经验，但还没有搞过大棚育秧。他的办法还是露天集中育秧，采用小拱棚、小软盘育秧。新的育秧法不同于传统育秧，有很强的科学性,把握不好就不成功。首先,育秧土要细,要筛得非常细,以便过育秧流水线,育秧土需要充分沤制,把里面的肥料元素充分分解出来;其次,要适量使用壮秧剂,壮秧剂本身是一种肥料,又可以调节酸碱度。壮秧剂的使用,早稻、中稻、晚稻的用量不一样,早稻轻一点,中稻略微再轻一点,晚稻更轻更少一点。如果早稻一斤土放五克,中稻就是四克,晚稻就是三克。气温越高,壮秧剂用量就越少;再次,就是要用好化学控制调节剂。对于这一套,詹清卯还不那么在行。育秧出现问题,谭伦蔚找顾问来会诊。顾问们分散在各单位,不能经常性地来现场,这就需要把负责科学种田的人员固定下来。于是,谭伦蔚决定把农科院办成实体,把王文确定这个岗位上。

集中育秧必须使用薄膜。薄膜覆盖形成高温把稻种的芽子逼出来,芽子出来叶子张开了之后,薄膜就要揭开透气。2010年5月20日高温渐起,梅雨季节却未到,大田里没有水,秧苗插不下去。到了6月初,才来水,插秧来不及,这导致秧苗损失了不少。年底总结经验教训,大家认为必须实行工厂化大棚育秧。工厂化育秧,有利于控制秧苗生长速度。一次育秧,只需15到20天,过后秧苗就会长得很长,不方便机器插秧,容易把叶子卷到机子里边去。

工厂化育秧有多重好处:一是节约用地。大棚中安装育秧架子,一架上五排,露天育秧只能在地面上育;二是可以节水。露天育秧需要大量灌水,因为水会蒸发,大棚育秧可以定时定量供水;三是可以调整秧龄。如果大田缺水无法插秧,就可以少给秧苗浇水,控制秧苗的生长期。水一来,加点水,促进发苗;四是可以抢时间。如果雨水充足,还可以晚上临时加班育秧,10到15天就可以出秧,保证及时供应。

春晖农科院的工厂化育秧,2011年达到最高量,能供三汊基地及周边的朋兴、肖港等处10000多亩。2011年以后,育秧量有所下降。原来,边远地区采购秧苗,农科院送到主公路边,从主公路到用户农田之间需要人工搬运。人工搬运,如果不能保持秧盘的平衡,机插时就有浪费,而且转运也要增加人工花费。这样,效益就不及就地人工育秧,或者实行直播。种植结构调整也是一个原因,粮价长期低迷,收益不及种植经济作物,近两年,水稻种植面积有所减少。2014年,春晖农科院工厂化育秧三批,共供8000亩。

（二）测土配肥

庄稼一枝花，全靠肥当家。随着化肥工业的发展和农民耕作习惯的改变，化肥已经成为当家肥料。使用化肥有利于提高粮食产量，但长期使用对土壤的损害也很大。一般工厂配制的混合肥，通用标准25个氮，15个磷，15个钾，并不考虑土壤结构本身是缺磷还是缺钾。水稻的需氮量就像人摄入营养，有一个配比。每种作物，对氮、磷、钾的吸收量、需求量也不一样。如果土地氮含量很高，磷元素、钾元素缺乏，把氮含量高的肥料施进去就完全是浪费，会流失掉，并且在无形之中了改变土地的肥力成分。另一种情况，比如水稻，它从种植到收割，整个生长周期大概需要22个氮，如果土地本身含有10个氮，再施进去25个氮，氮元素过高，水稻就会出现疯长，结果反而降低产量。

春晖农科院实行测土配肥。在万亩香稻种植基地内采集不同地方的样本，在实验室中测出各自氮、磷、钾的含量，建立数据库。在龙岗种水稻，就查一下龙岗这边的氮、磷、钾是多少，然后根据水稻生长需要的氮、磷、钾含量，找出一个平衡的数据，经电脑软件合成，得到比较合理的配方。三汊镇、朋兴乡、肖港镇20多个村，每个村都建立了独立的测土数据库。

根据不同村的土壤肥力结构，结合种植的品种、茬口，形成不同的配方。依照这个配方，把氮肥、磷肥、钾肥一次性配出来，成为针对当地土壤特性的的高效复合肥。针对茬口配肥也很重要。比如，在同一地点，种了油菜以后的配比与种了小麦以后的配比是不一样的，油菜养地，小麦耗地。同一地点，种早稻，还是种中稻、晚粳，肥料的需求量也不一样。

春晖农科院实行测土配肥，起于2012年，2013年达到100吨，2014年下降到60吨，这主要是由于粮食种植面积下降。2012年、2013年，实行向基地的生产者提供肥料，经费由春晖集团统一支付，计入成本。2014年，改配送为销售，生产者根据需要量在集团内购买配方肥，回收粮食后再与集团财务部结算。改变配送化肥的模式，有利于控制用肥成本。

（三）病虫害防治

春晖农科院负责流转土地上的农作物病虫害防治，主要采用两个方法。一个方法是在三汊示范片区安装智能型太阳能灭虫器。2010年一次安装

400 盏。大型号 6000 多元一盏，经费在土地整理项目里边列支，小型号的每盏 3600 元，春晖集团自筹经费购置。这种灭虫器节能省电，明显减少农药的使用量，提高了生态效益。

安装智能型太阳能灭虫器，一次性投资大，它的电池板寿命不超过三年，定期更新电池板需要新增经费投入。这种器具，在农村地区十分新鲜，也免不了被偷走，管理难度比较大。对于药物防治，实行全包，可能农药喷洒速度过快，喷洒不到位；实行半包，可能农药的使用不到位。春晖农科院做了一些调查和比较，决定实行对田间管理员提供病虫害预报，专业性供药的办法。具体做法是：水稻秧苗插下去以后，每两周给田间管理员提供作业通知单一份，告知什么虫害发生了，建议用什么药。刚开始时要田间管理员自己购药，这里面涉及商业利益的矛盾，就改为由农科院提供农药，并负责监管。比如，一天打 100 亩的药，需要用多少、用什么品种，一律由农科院签字配给，水稻收割后再结算。

（四）示范种植

春晖农科院在万亩香稻示范基地的核心区种植 1000 亩田。2010 年以来坚持不断实行样板种植的目的，首先为了是掌握行情和种植成本。通过自己的试验性、示范性种植，了解水稻、小麦、油菜品种的品质和属性，是否适应本地的土壤和气候，抗病虫害的能力如何，抗倒伏、抗寒冷的能力如何，稳定产量的状况如何，以便确定大面积种植的品种选择。通过试验性、示范性种植，也可以掌握全过程生产的人力成本和农资成本，形成大面积种植的成本参照系。

春晖农科院的示范种植还有繁种的功用。创建农科院之初，谭伦蔚提出了科学育种的设想，准备研发新品种。实行起来，这不是一件简单的事情。研发种子，周期长、投入大、风险高，一个起步阶段的民营农业产业化龙头企业，在人才、技术和资金的投入上难于胜任。孝感地区的水稻种植，用晚籼稻种子量大，晚籼、糯稻之类常规种子可以通过大田种植自行繁育。具体做法是在种植过程中提纯、去杂，形成种子，下一年种植再进行提纯、去杂，使其达到产量不降低、品质不降低、抗体不降低的效果。除了水稻繁种以外，油菜繁种每年也有上百亩，小麦繁种几百亩不等。引进和使用了花生收获机，实现了花生从播种到收获的全过程机械化操作。

图 7-1　2012 年 8 月 4 日，农业部部长韩长赋（前排右三）在副省长赵斌（前排右二）的陪同下视察春晖集团万亩香稻示范基地

（五）建立农业信息化平台

春晖集团在农科院内设立了监控中心。这是与中国移动通信公司合作建设的，科研人员在这个监控中心，可以远程观察从播种到收割，从施肥到病虫害防治，从田头到车间的整个生产流程和各方面生产情况，加强全过程技术指导服务，实现从田间到餐桌质量安全全程可追溯监控。当然，这个信息化平台目前还只是处在试运行阶段，尚未实现全集团生产领域的全覆盖。建立和完善了农产品质量追溯系统并顺利通过专家评审，保证了所有产品生产有记录、流向可追踪、信息可查询、质量有保证。通过与中国移动孝感分公司合作，完成"农业信息化平台"二期升级改造工程，大大提高了农业科技含量，促进了农业的标准化种植、专业化生产和集约化经营。

（六）农业科技培训

春晖农科院的农业科技培训，是在春晖职业技术学校的名义下进行的。春晖职业技术学校于 2010 年 12 月注册，法人代表为王文，注册资金 200 万元，业务范围为拖拉机等农机驾驶及其维修技术人员培训，农作物栽培、水产养殖等技术人员培训，办公地点在孝南区三汊镇龙岗村，属于民办非企业机构。

在谭伦蔚看来，真正实现农业的现代化，要靠科技和装备，也要靠掌握科技的人才。2013年全国人代会期间，他对来访的新闻记者说："新型农民不是一根扁担、两只水桶、一把锄头的'1007部队'，或者光有学历的书呆子，今后肯定要out啦。新农村建设必须依靠一大批职业农民，目前无论数量还是质量都远远不够。"春晖集团试图找到"谁来种田"的答案，是由具体情况激发的。

2010年5月，春晖集团尝试大规模育秧。万事开头难，条件艰苦，育秧人只得在田头搭个棚子住下来。詹清卯手下人手不足，孝感国有粮食储备库改制，50名员工都在春晖集团再就业，谭伦蔚准备从中抽调20~30人到三汊搞种植。第一天用三个车子送来十几个人，男同志穿着皮鞋，女同志打着雨伞，都不能下田干事。待了一天回去了，没有再来。指望转化这一部分成为种田人，完全不现实。谭伦蔚觉得培养职业农民才靠得住，所以，就注册成立春晖职业技术学校。

春晖职业技术学校怎样办，谭伦蔚设想将来以大学生种田为主，培养有知识、掌握科学的新型农民。初步考虑从本科院校招一批人进来，把书本知识与实际操作结合起来，造就种田能手。第二个办法，设想从四川、贵州的贫困地区招一批青年农民进来，包吃包住，培训半年一年，在春晖集团就业，成为种田劳动力。这两个办法，实施起来，都会有一个过程，并不能解决当前用人之急。当务之急，就是就地培训本地农民。

春晖职业技术学校2010年开班，当年培训了四期，共培训400人，万亩香稻种植示范基地的田管员优先列入培训计划。除了在春晖集团流转土地上打工的农民以外，职业技术学校的培训对象面向社会。2011年，培训360人。接下来两年，每年各培训一期，每期80人。

春晖职业技术学校的培训，是与省农业厅"阳光工程"套在一起的。"阳光工程"对于农民的培训，有一整套明确要求：一个班80人左右，每期培训5天，参训人年龄不得超过60岁，按参训人数下拨培训经费，每期每人400元。现如今，职业技术学校的培训工作遭遇瓶颈，进展不顺。春晖的培训是农业系统"阳光工程"项目，主要从事农业生产培训。乡村愿意接收培训的大多是农民工专业培训，这是人力资源系统的项目，培训补贴高的每期每人达到4000元。

2010年，春晖集团招聘了10名大学生，从事农业种植。由于当时土地尚未整理，机械化程度不高，生产效率不高，农业经营利润提不起来，工资福利与年轻人的期望值有一定差距。到2011年底，10人走了8个，留下的两人转到了集团总部从事行政管理。尽管如此，谭伦蔚仍然抱持希望，城里的孩子一般希望去做科研工作，他欢迎三本、高职、高专的毕业生到春晖集团来共同创业，学农科的更好，毕竟以后要会操作农机，玩得转洋机器。

第八章　社会责任

一、责任管理

春晖集团逐步建立、完善内部管理制度。一是加强"物"的管理。2014年，相继出台了小车管理制度，烟、酒领用制度，接待制度，超市提货管理规定等制度，规范集团的内部管理，有效促进企业员工成本意识的养成。二是加强"人"的管理。遵循"引得进、留得住、用得好"的管理原则，结合实际情况，加大人员招聘力度，做好人才培训工作。2014年，共举办各类员工培训班四期，参训员工累计达400人次，组织2012年、2013年"三优"人员赴湖南红色旅游，鼓励先进，促进良好的干事氛围的形成。三是狠抓"财"的管理。2014年，集团顺利通过相关银行、相关政府单位的各项检查，并积极开展融资工作，有力保障了正常经营的资金需求。在财务管理上，集团本着降成本增效益的原则，有效节省了各项开支。公务进餐接待比上年同期下降了90%以上。公务车燃油费、维修费用也比往年均有大幅度下降。

二、市场绩效

春晖集团构建起可靠的产品质量保证体系。通过建立健全粮食生产、加工标准体系，并投资2000多万元，引进和安装了两条日产300吨的全智能化、数字化大米精加工流水生产线，投入100多万元，购置一批国内外先进检测仪器设备，建成孝感市粮油质量监测站和湖北春晖农副产品质量检测中心，现已全部通过 ISO9001-2008 质量管理体系标准认证和中国绿色食品标志认证,并荣获第二届"孝感市政府质量奖"。2012 年,被中国粮食行业协会评为"诚信粮油企业"、"企业信用评级 AAA 级信用企业"和"全国放心粮油进农村进社区示范工程示范加工企业"。

初步打造出孝感"精品名牌"大米。"朱湖"牌珍珠糯米被认定为"中国地理标志保护产品";"孝丰"牌大米先后获得第九届中国农产品交易博览会金奖、"新中国 60 年湖北十大绿色食品品牌"和第十二届湖北粮油精品展示交易会金奖;"黄香"牌大米获得"第十届中国国际农产品交易会金奖"。2012 年,"黄香·孝丰"牌大米被评为"湖北十大名米","黄香"牌被认定为"湖北省著名商标",填补了孝感市长期无名牌大米的空白。

三、社会绩效

2009 年 10 月,伟业春晖米业有限责任公司被授予"省级农业产业化重点龙头企业"称号;2011 年 12 月,农业部、国家发改委、财政部、商务部、人民银行、国家税务总局、中国证监会、全国供销合作总社授予该公司"农业产业化国家重点龙头企业"称号;2013 年 5 月,国家工商行政管理总局授予该公司"守合同重信用企业"称号;2013 年 12 月,集团下属飨昀农业发展有限责任公司被授予"省级农业产业化重点龙头企业"称号;2012 年 3 月,湖北春晖物流股份有限公司被授予"湖北省重点物流企业"称号。

四、环境绩效

集团上下始终把安全生产放到突出位置来抓。不断强化各单位一把手的安全责任意识,严格执行安全生产一票否决。特别是在粮食储存、各类机械作业,员工安全生产操作等流程上严格程序,杜绝了各类安全事故的发生。2014 年,没有发生一起储粮安全及库区人员、建筑工地、机械作业等事故。

访谈实录

李文斌等访谈录

时间：2014年8月8日下午

地点：朱湖八一农场、飨畇农业发展有限责任公司

受访人：李文斌（春晖集团董事长助理）、黄雅慧（春晖集团秘书）、熊友力（飨畇农业发展有限责任公司经理）

访问者：曾成贵

整理人：李鹏飞

曾：这些土地都是归军方后勤部门管理的，怎样流转到春晖集团？

李：签了合同。

曾：这个流转形式和农民的流转形式不一样吧？

李：不太一样。

曾：现在农场的工作人员是你们公司招聘的，还是？

李：我们公司的人，部队的人撤走了，都是我们自己招聘的。

曾：是不是独立的法人单位？

李：是一个独立的单位。

曾：注册了吗？

李：没有注册。

黄：没有挂牌子。说是"八一农场"，但不是一个独立单位。

曾：那就是一个项目部，不是一个公司单位。你们在外地不也有流转吗？这个就和外地流转差不多。只不过这里是找军方。

李：是的，我们在流转的时候坚持因地制宜，追求经济效益嘛，这里比较适合搞苗木。

曾：你们在大悟、云梦那里的土地流转是什么样的搞法？

李：那里基本上都是种植，成立了合作社，家庭式的，一户两三百亩。

曾：我还不是很明白，比如说，我们今天去看的果蔬合作社，你们用多少土地来搞？

李：我们成立果蔬合作社，交给一些家庭，每个家庭30亩，就是我们今天看的那块地。现在也是刚刚搞，还在探索不同的方式。

曾：目前就只有我们今天上午看的那块地？

李：不止。河北边的也都是，地刚刚平整好，1800亩的规模。刚刚开始搞，才第一期。

曾：那你们的果蔬合作社，西瓜是的？

李：西瓜不是的，西瓜是浙江的人来种的。

曾：用的是你的地？

李：是的，他们一个家庭过来的。

曾：他用你的地，然后你收他的瓜，还是？

李：我不收他的瓜。

曾：那就是他租你的地。

李：我们原先还没有开始搞，那一块规划的是采摘区，搞点西瓜。

曾：那是观光园。按照果蔬合作社来讲，就是你提供产前、产中、产后的服务，招募人来耕种。比如说今天那里的，土地是你们流转的土地，他们在你这里种，你怎么给他计算效益？

李：我们给他们提供种子、肥料，都是很专业的，然后回收他们的菜，没有计算工资的。

曾：地是租种你们的，种子你们提供的，肥料？

李：都是专用肥。

曾：肥料也是你们提供的。有没有农药？我估计你们没有达到有机农业的标准。

李:有农药。

曾:完全不用农药还达不到那个水平。农户到你这来买种子、农药之类的?

李:现在是刚开始,我们给他提供。

曾:这是你的一个模式吧。就你这个模式,土地流转来了平整之后,划成一块一块的,别人就到你这来种,种子、化肥、农药你提供。种完了以后,你按照一定的价格买回来。他们的劳动成果就是卖蔬菜的收入。你再按照专业的方式,送到市场上去。这个环节你的收入还要去掉一定的成本,去掉冷链物流成本,那你也拿不到多少钱啊!

李:还是可以的,有利润。搞这个还是效益高一些,比种粮食好,但是又不能不种粮食,还是以种粮为主。流转这里的土地需要经过批准。

曾:那当然了,需要审批。朱湖的粮库跟你们是什么关系?

李:我们的一个子公司,是独立的。

曾:叫什么名字?

黄:飨畛,是属于春晖物流集团下边的一个公司。

曾:它的法定代表人是哪一个?谭总吗?

黄:熊友力。资金全是我们公司的。法定代表人是他,控股的是谭总。他的股份只占10%,还是1%?反正给他一定的股份。

曾:那就是经理层股份。

李:是的,我们马上也到那边去看看。

曾:飨畛,怎么起了这么个名字?

熊:这两个字就是指农业的。

曾:我是说这两个字有些生僻。

熊:我们就是农业发展有限公司,它就带有农业开发的意思。

曾:公司是什么时候成立的?

熊:2010年。

曾:总资产呢?

熊:总资产说不清楚,固定资产差不多是5000万、4000多万。

曾:你们的主营业务是粮食加工?

熊：那边是粮食收储，这边是粮食加工。两块牌子。

曾：收储是按照国家收储粮制度来搞？

熊：我们分三个部分，一个是国家订购，中储粮部分；一个是省级储备粮；再一个是地方储备。

曾：公司建立之前，你这里没有收储指标吧？

熊：原来没有。

曾：那就是公司成立的时候建立的收储。还有一个是粮食加工，加工的是？

熊：国家储备粮的轮换，把它转换为商品粮。

曾：就是新粮食收来了，储进去；老的粮食腾出去，不能老是放在这。

熊：我们自己还有一块。

曾：那你是先有国家的指标，进行仓储；仓储之后进行轮换，允许你经营，允许加工。你除了国家的指标外，还有自己收储、加工的。只是不进库，直接做贸易加工。流转粮也好，新收粮也好，生产加工。米是什么品牌？

熊：糯米是"黄香"牌，那边一个是"万丰"的。

曾：这是你的整个公司的品牌？

熊：嗯，公司的品牌。

曾：公司的品牌就是不论在什么地方加工，米源差不多，成色差不多，生产出来的都是这个品牌。

熊：我们没有贴牌，都是我们自己加工的。

李：我们都是自己基地的粮食，收过来加工。

曾：你自己的原粮，生产的是"黄香"，卖"黄香"牌。

熊：我们的这个产能，按照最初的设计应该是3个亿，实际生产只有一个亿的产值。

曾：那就是说你没有达到满负荷。

熊：没有达到满负荷。

曾：设计的能力和实际的生产能力不一样。3个亿是设计的生产能力，只是因为各方面的原因没有生产这么多。

李：我们的设计是比较超前的，设备都非常先进。这个机器只要3个人就能操作。

曾：你这上边都是阻燃的吧？

熊：是的，都是阻燃的。绝对都是防火的。

李：今天是初步看看，后面还有详细的材料。

曾：那你们就帮忙收集一下。小黄也知道，我这个调查说起来好像比较简单，做起来比较麻烦。

李：我们先上去看看。

曾：今天没有生产吗？

黄：生产了，晚上生产。因为白天用电比较贵。

李：主要是电价差的原因。

曾：你是工业供电吧？

熊：是大功率用电。如果是高峰用电就不划算，是一块多；夜里用电就是3毛多。所以，夜里生产，白天睡觉。

曾：那员工就是夜里上班，好在你的员工不多。不多吧？

熊：不多，你看这个总控的，也就是一个人操作，都是自动化的。

曾：谷子投进去，沙子、壳子就都检出来了，最后出来的就是精米。

熊：什么都出来了，都分离了。

曾：你们的销售范围？

熊：目前还只是在孝感地区范围内。

曾：还没有到大城市去。

熊：有一部分糯米到城市去了，一般的米还没有。我们去和中百谈了一下，中百总共是157家门店，他要我们72万入场费，太高了。一个月没有达到一定的销售指标要清理出去，卖不了就下架。

曾：大商场光这一项就收不少钱，比如沃尔玛，收不少钱。

熊：今天上午刚开了一个会，市政府搞的，农产品对接，加工企业与超市对接。

曾：这是出米的地方？

熊：是的，这个是筛选出来的。碎米、沙子都挑出来了。

曾：它是按颜色选的？

熊：颜色不一样的都选出来。

曾：它是根据感光，还是怎么样？

熊：它是电子眼。就是按颜色挑，都能挑出来。

曾：这还是蛮先进的。

李：你还没有到后边去看，后边还有很大的一个机器，很复杂的。

曾：朱湖这里以前没有粮库？

熊：没有，原来是地方政府在这里有两个仓库，早就都垮了。

曾：他们的员工呢？

熊：他们的员工都下岗了。

曾：房子呢？房子也不在了？

熊：他们那个地方已经被开发商用了，还有一个地方被我们用了。

曾：那就是说现在的指标是你们自己争取来的。

熊：是的。这个就是我们生产的牌子。

李：这都是给其他公司的，像麻糖米酒公司，用作原料的。

曾：都是工业用粮。

熊：这都是我们包装好的。糙米便宜，糙米就是一块七毛。

曾：伟业春晖？

黄：这个我跟您解释一下。您现在来的这个地方叫作飨畇农业发展，粮食加工这一块单独成立了一个公司，叫伟业春晖米业股份有限公司朱湖分公司。一个公司两套牌子，加工是加工，收储是收储。

曾：为什么要这样搞呢？有什么好处呢？

李：申报项目上有好处。有的时候国家的政策规定项目不能重叠。

曾：那就是加工是伟业春晖，收储是飨畇。国家粮食局和省粮食局下达指标下到飨畇那里，而不是伟业春晖。就是一个公司的名字对应一块业务。五公斤的卖多少钱？

熊：市场上是卖80元。

曾：那不比"国宝桥米"还贵些，它才30多、40元。

熊：那它可能不是正宗的。

曾：不可能不是正宗的，有"国宝桥米"标识。

熊：这个我们卖3块8，他们愿意卖多少是多少。

曾：那你应该对他们有指导价，他卖高了也影响你的销量。

黄文高等访谈录

时间：2013年8月22日上午

地点：三汊镇春晖农科院

受访人：黄文高（孝南区经管局主任）、熊火明（春晖集团综合部主任）、王文（春晖农科院院长）、李文斌（春晖集团董事长助理）

访问者：曾成贵

记录人：李朋飞、高辉

曾：上次来，王院长按照李主任的要求给我收集了一些资料。你看，我都翻烂了。一个是蓝皮的大本子，现场会发的；一个就是你编著的这本书。我还有一些不清楚的地方，所以就请李主任安排拜访你黄局长，要到你局里去，就春晖的土地流转、土地合作社的建立等等问题向你当面请教。还有一点呢，你这个资料比较全面了，我在今后写报告的时候，会引用你的资料，也得先跟你打个招呼。看过这些资料，面上的情况已经有一些了解，我想，黄局长你能不能给我讲一讲资料以外的东西，比较详细的内容。来之前我拟了一个访谈纲要，第一个就是三汊的香稻基地，2009年开始操作，它是春晖提出来的，还是政府提出来的，还是共同提出来的？

黄：这个问题，最初的情况我也不太了解。可能是春晖米业提出来的，因为春晖米业是一个粮食收储企业，它要粮食、要基地。它以前都是到外边去收，一是，粮源不能够保证；二是，在外边收的稻谷含水量不一致，不符合它的标准。第三个，在外边收也不能保证它的纯度，粮种很杂。基于这几个原因，它就想有自己的基地，通过自己种、自己收，各方面都能达到自己的要求。当时呢，我们这个龙岗村离镇政府比较近，在外打工的人比较多，抛荒面积比较大。可能是米业看到这么多的抛荒地，它自己又需要一个基地，我了解可能是米业找的三汊镇政府。一个是抛荒地需要人来种，一个是需要基地，这两方面一拍即合，这是在2009年，当时就是这么个情况。后来怎么又发展成合作社呢？我们省经管局要搞股份合作，我们的合作社按照国家出台的专业合作社法，没有股份合作社这个提法，我们省就想找一个股份合作社的典型，当时就发现春晖正在洽谈，正在搞。我们就向省里边报告，省里就说能不能搞一个股份合作社，大致就是这么来的。

曾：是杨孔平吗？

黄：是杨孔平来的，他本来想在鄂州搞。当时的农业厅厅长是应城人，姓祝，他就想到孝感来。春晖当时有一些经验，我们把谭总找来，问这个事能不能搞。

曾：这个股份合作是你设计的？

黄：股份合作前期是我设计的。股份合作有多种方式，我们当时想怎么搞呢？我和杨孔平的意见是农民把土地流转给合作社，成立一个土地股份合作社，然后再由合作社流转给春晖。

曾：这就是你们说的两步走。

黄：是的，两步走。但是祝厅长不同意，他要求一步到位，直接要春晖拿东西加入合作社。这样，合作社就是一个独立的单位，土地股份合作社不隶属于春晖，春晖是其中的一方。当时，祝厅长想这么搞。这样搞，春晖拿什么来合作呢？严格来说，我们种植粮食，粮食加工，可以组成粮食加工厂，通过粮食加工来合作，来分享这个加工的利润，但是春晖不同意，最后搞了个农机。

曾：这个我想到了。农机专业合作社是一个法人单位，是一个实体，现在又把农机具折股加入到土地合作社里边。我开始以为是春晖米业的农机具，还有其他的农机具，后来发现不是，是农机合作社的全部。

黄：不是全部，是部分机械。它不是以农机合作社的名义来搞的，是以农机业主个人的名义加入进来的。

曾：那跟这本书还有些不一样。

黄：是不一样。因为会议之后又重新发了一份，这个是会议前发的，最后又修订了。祝厅长当时就要这么搞，春晖直接拿东西加入到合作社，我们是想搞两步走。

曾：我看了你的汇报材料。苏、沪土地股份合作社，就是农民的土地全部入股到村，组建一个土地合作社就完了。这个地可能是合作社自己经营，有多种模式，种大棚蔬菜之类的，还有一种可能是流转出去。你这个两步走的模式跟那个差不多。你这里有一个问题需要解决，因为龙岗村是没有集体经济的,文件里说三方是农户、村集体和企业,你的村集体实际上是没有东西的,村集体没有机动地,只有一个村小组有,是彭桥还是东桥?就整个龙岗来说是没有地的,你没有地,你把农民的土地全部集中以后,再全部流转出去,租金加补贴。春晖集团把钱给了股份合作社,合作社就要分给农民了,股份合作社自己就要贴管理费了。前三年需要三到五万块钱,需要春晖和政府来支持它,那就不是市场经济的办法,那是反哺的办法,最后再按照利润来做。我觉得你这后边就有一个谈判的过程。

黄:我们搞的两步走,合作社就有几种模式。一种就是自己经营,这就不存在运作费的问题;一种是自己不经营,聘请职业经理人来经营;再有就是企业入股,几种模式都有。现在我们就是和企业一起来运作。祝厅长来了之后,就把我跟杨孔平的方案否决了,说为什么不能依托企业,要分两步走啊?结果就敲定下来,决定是农机入股。具体入股的办法呢,当时我们省经管局有个要求,机械入股,要分红,农民的股份占大头,企业的占小头。企业的股份占49%,农民就占51%。实际他不是企业入股,而是农机手个人名义入股,最后只能这么搞。这种方法其实不好,我就不同意这么搞。这个搞法呢,大致就是农民占51%,农机户占49%。这是反推过来的,先把农民的股份确定,土地值多少钱,打个比方,值5100万,农机就只能是4900万,是反推过来的。股份合作实际上应该是评估组根据提供资源的多少确定各自的份额,我们不是这样,是反推过来的。

曾:就是已经确定农民是大股东,占51%,农机具只能占49%。你这个土地经营权是怎么折股的呢?

黄:我们是这样的,合作社一般是五年换届,五年一届。土地的租金就是以五年的租金来折算。按照当年的租金,是300块钱一亩,折1500元。折算成1500元呢,谭总觉得高了,这都是荒地,荒了一分钱不值,你把它折成1500元太高了,按三年算,就是900块钱一亩。

曾:实际上还是五年,按三年的租金折算。你这书上是1200块钱?

黄:是900块钱一亩,合作社里面有章程,写的都有,900块钱,是按照当时的流转价格,放到现在肯定不止。折算多少不是关键问题,51%已经确定了。所以就采取了谭总的意见。折成1000块钱一亩也是51%,1500也是51%,都一样,这样就按51%来配农机的股份。51%是5100万,农机就是

4900万；如果土地折成6000万，农机还要涨。

曾：就是说这个数字是配出来的，不是农机购买的实际价格，不是总数相加，不是200台机器实有价值的叠加。

黄：也是叠加的，需要多少就入股多少机器。

曾：那就是你为什么是216套，你要是不够我就是230套，要是多了就是198套，反正就是配够49%就完了。农民的股份是按照当时三年的流转价格，900块钱，就是参照这个来的。土地经营权是没有市场参照价的，就按照这个，不然我怎么知道这个钱是怎么来的，这样就说明了问题。我看你这里边还有一些细节性的东西，还不是很到位。比方说，没有召开社员大会，等于说是揭牌代替了成立大会。

黄：这个我要解释一下。现在农村开会很难的，大部分人都不在家，在家的都是孤寡老人，真正的劳动力都已经外出了，开大会不太现实。我们也不是没有搞，搞了一个变通的办法。我们搞了表，签字，同意入股就签字，每户都签字。会开不齐，我们就通过表的形式，同意的就签字，我们是通过这种方式来搞的。

李：当时还要打电话的，就是签字，家里的人也不当家，要打电话。

曾：我想的不能代替你的实际情况。我看到你后边有签字表，看你的工作安排，我就知道你这个环节是机动环节。不是非要开会员大会、股东大会，大家现场投个票、举个手啊，把"两委"选出来。不是那个形式。合作社推选出来的理事、监事主要都是干部吗？

黄：当时是这个样子的，如果全部选农民也不好搞，我们就采取了镇党委的意见，提名一些村干部为理事、理事长，然后由部分党员开会，同不同意这么搞？

曾：他们本身是土地流转户吧？

黄：他们都是，不是流转户就不可能当选理事。

曾：我这里还有一个问题要了解，土地股份合作社包括4个村，龙岗、彭桥、东桥、同昶，但是有的地方讲到8个村。

黄：是这样，我们在搞股份合作社之前，春晖集团是对8个村的土地进行流转。省经管局下来说搞8个村太大了，我们就搞龙岗一个村，先试验一下。谭总觉得就搞一个村，怕不好控制局势。

曾：龙岗村的干部在这里边比较多啦。

黄：比较多，就是怕就他一个村，拉几个村进来平衡一下，就这样搞了四个村。平时打交道，谭总觉得不好搞那四个村。

曾：我还看了一些记者写的材料，要跟你确认一下。前边说是有8个村，11000多亩地，等到腾地的时候是龙岗加三个村的部分，龙岗基本全部流转，80%，也就是还有2000亩（没有流转），4000亩加个2000亩。

黄：4000亩是龙岗的，2000亩是那另外三个村的。

王：刚开始春晖进来时是8个村，是租赁的形式。后来是龙岗的全部流转，达到一个比例，这是第一个；第二个配股，刚开始还说要搞加工厂，最后是确定农机合作社。以龙岗村为主，它的人比较多，3000多人，5个湾子。

曾：李家祠堂是两个湾子？

王：李家祠堂是一个湾子。

曾：那为什么叫大李家祠堂和小李家祠堂呢？

王：它原来从祖宗留下两支，是一个自然湾。

曾：5个湾子就是阙家湾、邱湾、胡湾、李家祠堂和刘家墩子。

王：这个村，村民比较多，离镇子近。离镇子近的村，内部矛盾是难搞一些。

曾：思想比较活跃一些，见识比较多一些，它的利益比较多元化一些。

王：谭总就说不能搞一个村，本来他们村里就有矛盾。

黄：细节就是这么个情况，现在我们跟另外四个村子也成立了股份合作社。

曾：什么搞法呢？

黄：跟这一样的，以村命名的，也都是独立的合作社。

曾：什么时间成立的？

黄：去年年底。

曾：你那个材料是完整的材料吗？

王：没有完整的。

曾：没有完整的？你股份合作社总要有个东西吧？

王：是为了平衡矛盾，没有办法。刘理事长召开过几次会议，不是很积极，我们就想把它分出来一部分，分设一个机构。

曾：它叫分社还是？

黄：这个东西是这样的，我们这是一个模式，还要搞其他的合作社，不能只有一个龙岗合作社，它是个带头示范作用，能够带动大家都富起来。这就要求我们再设几个合作社。第二个，他们那几个合作社没有入到龙岗合作社来，年底我们这个合作社有分红，那几个合作社就没有。就有人问，你是流转给春晖的，我也是流转给春晖的，为什么你有分红，我没有分红。基于这两个原因那几个村也搞了股份合作社。

曾：现在是8个村？

黄：加了3个村，有一个小的村没有搞，现在是四个合作社。

曾：这个情况我要了解一下。比如说，那三个合作社什么时候成立的、它是哪几个村。我现在龙岗、彭桥背得很熟的，但是除了这四家，另外还有七家。那三家合作社，他得命个名字。另外，他们跟春晖米业股份是怎么算的，总要有个说法，你是什么说法，就是什么说法，你不能没有说法。好，春晖米业跟龙岗村是以农机入股，51%、49%。你那几个合作社肯定也是51、49的样子。

黄：这些都是关于运作的，现在还没有搞起来。

曾：你搞起来的我就要写进去，没有搞起来的我就暂时放过。

黄：就是那两个原因，我刚才说的，一个是想再搞几个合作社，一个就是村民之间相互比较，他有分红我没有分红。

曾：这个事情是这样，按照两步走的机制发生变化了。按照以前，你可以跟企业搞股份合作，你也可以不跟企业合作。现在这4个村是与春晖合作的，红利是从春晖里边多出来的，没有春晖，你只有保底租金，你只有把春晖拉进来以后你才有分红。另外的就是我也流转给春晖，没有分红，那你就要进来啊。春晖进来按照什么东西进来，总要有个说法。

黄：但是它也不可能入这个合作社，它只有单独成立合作社。

曾：它要是进来就要改变股份结构了，你这是从管理的难度来说，不好搞在一起。

黄：股份结构五年内是不准有改变的，它是有规定的。合作社都是有章程的，不是随意变动的。

曾：还是要保持51、49的比例，春晖相应的加东西进来。

黄：那不行，以前10个人占51%，现在100个人占51%，500块钱现在变成了50块钱，把别人的股份变低了。

曾：你这说的是一个方面，另外一个方面，春晖的收益是一个定数，那你可能就没有其他的收益去给它。现在春晖的农机具，跟省委张书记讲的那是两码事了。省委张书记讲的是农机拿进来，你引进来它，是春晖分的红，春晖发展了我老百姓就可以多拿，你现在实际上不是这个样子的。你现在股份结构不是这个样子的，你是种植，每年收多少粮，赚多少钱，把成本一去，然后跟老百姓一起分成。

黄：你说的这是对的，我们的初衷是搞深加工，最后搞了农机进来。

曾：他真正可变的部分是深加工的部分，种植部分基本上是差不多的，受到灾害还要减产。

李：搞合作社实际上是要以工促农，通过深加工的环节增加种植的收入。

黄：当时我们是要拿加工利润来入股，但是搞不下去。

曾：企业他肯定也不愿意，因为流转的时候已经支付成本给你了。

李：最初，我们是8个村，12000亩。当时是310斤的谷子，按国家保护价，国家涨，你就涨。

曾：李主任你讲到这里了，给我细致讲一讲。第二次到村里边去搞股份合作的时候还有很多工作要做，第一次搞土地流转，一下子搞了8个村，那你工作怎么做的呢？

李：当时是区镇两级成立了工作组。

曾：第一次就成立了工作组，我看到第二次也是成立了工作组，工作很多，搞了5个工作组。我就问问第一轮的工作组。

王：第一轮的工作组是个失败的。刚开始是一个租赁的形式，当时2010年进来时太晚了，区里、镇里安排的晚了，直到清明节才跟他接洽，最后谈得差不多的时候已经是5月份。我是5月10号进来的，那个时候农民已经开始大播大种，面积也没有确定。我们当时就找大范围的，种了1000多亩地。

曾：那1000多亩地都是龙岗的？

王：不是，五六个村的。

曾：那你土地平整都没有搞？

王：没有，时间紧，根本来不及。

曾：那合同签没签呢？

王：没有，土地合同没有签。

曾：口头约定的？当时也是300斤稻谷？

王：那时候不是300斤谷子，是300块钱。

曾：当时做得就很大了，我看了张思华他们的调研报告，说的是8个村，2000户，10000多亩土地。你这10000多亩地是怎么做下去的。后边的工作因为有前边工作的基础，大家的思想还是比较统一的，关键是你前边的工作时怎么做的？

王：哪些工作？

曾：就是第一轮8个村的土地流转。

王：第一年我们是先种后测的，每亩给300块钱。

曾：农民的土地是怎么到手的呢？

王：都抛荒了，他要外出务工。

曾：你就是先把抛荒田种下来了。

黄：先种的粮食。

曾：黄局长，我这个是依据张思华的报告，时间是比较早的，他是在你土地股份合作社酝酿时候受命来做调查的。日期是6月25号，上边就说截至2010年5月，春晖米业已经与8个行政村签订土地协议，租赁土地10146亩，涉及2876户、11401人。协议签订是镇党委镇政府协调组织，先由村委会与承包农民签订经营权流转合作，然后公司与村委会签订集体租赁合同，然后承包期到2028年，承包价格为300斤中籼稻。

黄：这都是纸上谈兵。签这个协议农民一分钱都得不到，还是要签大协议。最后签的大协议，还不是跟村里签的，跟镇里签的。

曾：我把你这一大本材料看完，花了两个多星期，材料跟材料之间有矛盾。我说你都已经签到户了，后来进村入户怎么还那么多矛盾。

黄：没有签，一直都没有搞，跟村里签的大框架协议。后来就要进村入户，工作量非常大。

曾：那是要一家一户的博弈，一个人有一个人的要求。

黄：签，白天去还不行，找不到人，都要晚上去。

曾：协议价格还不是310斤，还是300块钱。

黄：围绕着这个租金还有很多的细节，我跟镇里的党委书记和谭总在隔壁屋里谈了一个晚上。他们开始决定给300块钱，我说这么搞不行，要定递增机制。不定递增机制也可以，必须以实物来搞，这样才扭转过来。今年300块钱，十年后还是300块钱，我不同意，必须定递增机制，要不就是定实物，这样才科学一些。310斤到最后搞了360斤，是怎么搞的呢？当时，谭总说的是310斤谷再加50块钱，我们说这个租金太低，我最初给他提到500斤谷，他不同意。最后把50块钱变成50斤谷。当时差一点谈不下去了，差一点谈崩了。

曾：这个过程就是从300块钱到310斤谷，到310斤谷加50块钱，到360斤谷，再加分红。

黄：对，就是这个过程。因为当时9毛7一斤，跟300块钱差不多，当时价格低，现在到1块3了。我们在调研中发现了很多扯皮的，刚开始定的是50块钱一亩，后来还是50块钱一亩，农民不愿意。这个价格是变化的，用实物比较科学。侯安杰当时搞的就是50块钱一亩。

曾：侯安杰是一个种粮大户，他一个人怎么搞流转呢？

黄：他不能搞，他就是我刚才说的跟镇里签一个框架协议，50块钱一亩。

曾：谁去种呢？

黄：侯安杰种。

王：侯安杰有他的优势。

熊：他那个地方非常的平，基本上没有人种，全抛荒，水利非常好。他到外边找人来种，300块钱租给别人种。

曾：我看了一下侯安杰的材料，侯安杰现在好像只有2000亩地，他讲了方方面面的原因，就是流转土地没有保障。刚开始是没有人种的抛荒地，有人种了，不抛荒了就有人要了。我看到的材料，说春晖的时候提到了侯安杰，好像他对侯安杰的那种方式还比较看好。侯安杰到底是怎么样的方式？你们这个股份合作社也有三年了。股份合作社对企业的好处就是粮食来源稳定，粮食品质有保障。这是对你们的好处。对农民来说收入包括保底租金、分红、打工、直补，还有的说是六项，那个是少部分的。说到底，股份合作就是一个分红，因为土地流转也有租金，土地流转不流转直补都是他的，股份合作了就有红利，当然底面租金高一些，是有一些好处。我就想了解一下股份合作三年分红以及用工的情况。这里边只有全流户、口粮户他才有就业的需求，我不知道企业安排的怎么样？

王：我们用工，当时在这些村，首先在这一片聘请田管员，由村里帮忙推荐。刚开始有年龄限制，55岁以下；搞农业的，从事农业生产。像龙岗村，当时就推荐了十几个人，像东桥，每个村都有，我们再筛选。

曾：田管员最多有多少人？

王：最多五六十人。

熊：100亩配一个田管员，这是固定工。我们去找，55岁以下，长期从事农业生产，种稻子的。2011年900块钱一个月，固定工资，中午一餐，在我们食堂。

曾：跑这么远到你们这吃饭啊？

王：就在附近，很近的，很集中。

曾：你这一块大田有多少亩？就是我们前边这一块。

王：10000多亩。

熊：他一般干什么事呢，他要经常来。什么时候抽水，什么地方抽，都要安排，什么时候打药，打什么药，这是平常。忙的时候要请临时工，150块钱一亩，完成季节性生产任务。

曾：那田管员平常有什么事呢？

熊：怎么没有事呢，要经常到田里去看，要抽水、要打药。

曾：那还是季节性的，你看这大田长得这么好，就可以在家休息。

王：这也分季节，你像收稻谷，他一个人绝对搞不了。根据实际情况由他去请人。

曾：工钱呢？

王：公司出。

曾：那你肯定跟他有生产约定了，要不然请那么多人。

熊：那当然，这一块100亩，最基本的产量你要有保障，必须达到1300斤，最后实际产量没有达到，就扣一部分工资；超过的部分，你分六成，我分四成。

曾：那还是承包责任制。

黄：管理责任制。

王：每年还会有评比，哪些人管得好，哪些人管得不好。

曾：就是说，我管理的这100亩田，年度总产量应该有多少，这个跟收入是要挂钩的。要不然，田管员成天就在家里，每个月拿2000块钱，田里长得好不好跟我没关系。在龙岗土地合作的范围内还有多少种粮大户？就是自己种的，因为你不是说有置换田嘛？

黄：是这样，龙岗村我们当时设计的是整村流转，但是土地流转是依法自愿流转，不是强制的。大概，我说的是大概数字，大概流转的占85%，没流转的还有15%，那是他们自己在种，但是不在我们的大田范围之内，没有插花田了，都做了工作的，都置换过来了，他种他的。他们不流转，可以，不强制，还是依法自愿原则至上。

曾：我看到一些材料，对租金的看法啊，对租金协议过程的看法啊，可能是合作社里边的人跟合作社外边的人看法不一样。讲到股份合作社，你是很大的块头，对种粮大户有一个很大的挤出效应，类似的说法。如果没有股份合作社在这里，我可以种个10亩、20亩、100亩啊，都是有可能的，现在这么大块头的合作社在这，他就存在不下去了，我们村里边现在还有没有种粮大户？

黄：大户，剩下的15%是怎么回事呢？一是不愿意搞的，二是他又没有什么技能，不能出去打工，只能老实巴交的种田，像这样的人。

曾：他就是种自己的责任田，再捡一点田。

黄：他也捡不到田。

李：我们这个企业进来之后，三汊基本上都没有种粮大户了，一般的种粮大户付的租金很低的，我们给360，比较高。

曾：已经形成了比较，捡不到田了。

熊：还有什么情况呢？我们企业进来之后还在种田的，是一些自己买了机械的，收割机啊、拖拉机啊。入社划不来，他就自己种了，除此之外，基本没有了。

曾：就像是一家兄弟几个的，有一个人种，也有点类似捡田种的。

李：能捡到田的是极少数的。

曾：现在还有季节性的流转吗？

王：现在基本上没有了。

曾：过去有季节性的？

王：过去有一部分，丘陵地区。

曾：在云梦啊，大悟啊，现在还有没有？

王：有。

曾：它是什么流转方式呢？

李：就是我们种了你的地，给你20块钱、50块钱的补偿，把地平整好再给你。

王：季节性租赁，孝感这边都是秋季不种。

曾：不种的怎么办呢？

王：政府压到村里，一级一级的压。

曾：政府要完成播种面积，你就把季节性的流转过来。

王：对。

曾：那就是种夏粮？

李：秋播。

曾：季节性流转是以什么样的价格来搞呢？

黄：是这样的，秋季他们不种了，我们提供种子，提供肥料，找农民去种。

曾：你附近，三汊的可以，云梦那边的怎么办呢？

王：我们在大悟有基地的。

曾：基地怎么个建法？

熊：大悟面积大了，两个乡镇24000亩。价格是370斤一亩。

黄：它是租赁。

曾：租赁来了种植怎么办呢？

熊：跟我们这边是一样的。

王：那边什么都有，厂房都有，跟这边一样，就是不分红。

曾：租地的价格不一样，根据各地的情况，有的高、有的低。根据当地抛荒的程度，用地紧张不紧张，紧张的租赁价格自然就高一些。

王：一个是当地的价格，还要根据地势、地的质量。

刘顺田等访谈录

时间：2014年9月14日上午
地点：三汊镇春晖农科院
受访人：刘顺田（龙岗土地股份合作社理事长）、王文（春晖农科院院长）
访问者：曾成贵
记录人：李朋飞、高辉

曾：刘书记你好，我们见过的，我2012年来过。刘书记今年多大年纪啊？

刘：我1946年出生的。

曾：你干书记多少年了？

刘：我干书记的时间不长，2002年开始的。

曾：你以前干什么？

刘：我在合作社的时候当生产队的队长，当过生产队的会计。

曾：大队还是小队的？

刘：小队，生产队。我们那时叫丰裕大队，现在叫龙岗村。

曾：这个是你们的一个礼堂吧？

刘：是的，丰裕大队的前身也是引进过来的，年代蛮久了，合并了好几个村。原来我这个湾子叫同心村，又搞一个同心一村、同心二村。

曾：这个房子是你们村的吧？

刘：是我这个村里的礼堂，公社时代的，里边的东西都挖了。

曾：刘书记，我们早就知道你了。这次来是搞关于春晖的访问，跟龙岗合作社有非常紧密的联系。刘书记给我讲一讲龙岗合作社的事情，讲一些故事听听。

刘：你书上都看过了。

曾：那不要紧，你讲仔细一点，书上讲的都是比较抽象的。

刘：那从哪个地方讲起呢？

曾：就从龙岗合作社是如何提起来说起。

刘：刚开始是个什么情况呢，我们这个龙岗啊，抛荒的土地比较多，大部分人都到外边打工了。政府领导路过这个地方，看到土地都抛荒，镇里就对我们说，你把土地翻耕一次。农民不种，也不管这个事情，政府出钱，我们去翻耕。当时镇里的党委书记姓李，跟我谈了几次。后来，谭总来了之后，就把我叫到办公室去了。我们这里原来是一个学校，就把这里租了，把土地承包了，专门去搞。我们当时的想法是，这个还比较好。这是2012年过了春节以后的事。后来，谈了几次。当时有春晖公司，还有政府一级的啊，都到这里。慢慢的，我就同意土地流转。就那时候一下子搞起来了。各级政府蛮重视、蛮支持、蛮新鲜，也是一个新鲜事物。

曾：这还是第一家。

刘：在湖北省内是第一家，在外省搞的蛮多，但是没有这个规模。那些小的合作社就是土地没有人种，我就捡了种，真正像我们这样的提到桌面上的流转，还是第一家。

曾：龙岗土地股份合作社是以你们龙岗村为主？

刘：听他们讲，找别的村长，他们不想把这个好事给龙岗，搞得我们的证一直办不到。

曾：因为你冠有"湖北"两个字，下边的不能办，要到省里办。

刘：他不是要到省里去办，是这样的：第一年，也就是2010年，关于土地股份合作社怎么办，经管局也成立了工作组，镇里的人也都参加了，我们就下去宣传，动员他们搞土地流转，你在那荒着也不行。一开始抵制也是蛮大的，因为农民没接触过，他以为要把土地拿走，他就怕。后来我们就做他的工作，土地又没有拿走，还是你的，他每年还拨钱给你，你荒在那有什么用呢？这个工作的难度还是蛮大的。第二个方面，有些人他还在种着，比如说李汉青，他有120亩。他一斗田，两斗田是一亩，一斗田就给30块钱，两斗田他就给50块钱。当时，农民的地荒在那里也没有用，给点钱他也蛮高兴，荒在那一分钱没有。所以，土地流转呢，第一年就按照300块钱一亩，那些荒着的他就愿意把田给你，第一年是租赁制，最后才来确定这个土地到底怎么搞法。第一，你把农民这个土地给种了，谭总他来种这个田300块钱一亩，农民刚开始还有点不放心，你种了到时候不给钱怎么办，我又不知道你是山东来的、还是河南来的。还是要靠村里、靠政府来给他解决。第一年就是300块钱一亩。

曾：这是 2011 年吧？

刘：是 2011 年。后来就在想这个土地究竟怎么搞法，有的说股份制，有的说租赁制，究竟租金怎么样的一个标准？天天讨论土地的事。

曾：那都有哪些人参加呢？你肯定是要参加。

刘：最后一次定案，村里委托我，镇里的李书记、杨孔平啊，祝厅长也参加。市里的，市里是陈××吧，经管局的，一大路子人。孝南区经管局的黄局长，高区长也参加。300 块钱，就在那个会上提出来，我说谭总啊，300 块钱少了点，别人租赁的土地呢，比你的稍微还高一些。你要让利于民，让农民得点实惠。300 块钱呢，是按照 310 斤谷来折算的。本来说的是 310 斤谷，300 块钱，但是谷价在涨，300 块钱到时不好搞。那次会是在孝感宾馆开的，在那个会上就确定以 360 斤中籼稻为标准，按国家保护价。我说你再加一点，谭总，你赚的钱多，农民还是蛮"造孽"，再拿 50 块钱，按 350 块钱发。当时的国家保护价是 0.97 元，350 块钱差不多。就是那次确定了 360 斤中籼稻。

曾：360 斤是保底租金。

刘：现在我就是沿用了 360 斤中籼稻。

曾：360 斤中籼稻，一年下来他可能有一点小的波动。

刘：用国家保护价。

曾：国家保护价他也不是每一年都一样。

王：当时问题出在哪？就出在国家保护价是 9 毛 7。

刘：当时的保护价是 9 毛 7 分钱一斤，310 斤谷刚好就是 300 块钱，我说谭总你加一点，你赚的钱多，农民赚的钱少。你搞房地产，搞粮食储备，到处赚钱。

曾：是不是加 50 块钱啊？

刘：就是在那个会上，加 50 块钱。他不愿意加，我说你赚的钱多，这么多的大领导，我们也是抬举你，你再加 50。这种情况下加的 50，转化过来就是 360 斤中籼稻。每年就按 360 斤中籼稻算。刚开始说的是 350 块钱，过 20 年以后那个谷物要是涨到 20 块钱一斤怎么办呢？所以我们就是 360 斤中籼稻，按国家公布的中籼稻的保护价计算。2010 年的价格是 9 角 7，2011 年是 1 块零 7，2012 年是 1 块 2 毛 5，2013 年是 1 块 3 毛 5，2014 年的幅度比较小，是 1 块 3 毛 8。当时我们就讲要实物也可以，要钱也可以，其实也没有哪一家要谷子、要实物，都要钱，核算好了，到时候直接发到农民手里，又干脆。

曾：比例在那个地方，没关系，都说清楚了。就这么多谷，按国家保护价核算，你要实物也可以，比例在那个地方。

刘：现在又出了个什么情况呢，社会上流通的价格还没有国家保护价高，今年还低些。

曾：这样谭总有点搞不动了。

刘：这也就是合作社的本质啊。2010年350块钱就发下去了，当时2011年的阴历年还没有过年，在这个时候说的要按股份制来搞。我说股份制也好，嘛也好，2011年的阳历年已经过了，元月19号把这些文件拿出来，成立了股份合作社，这样就是租金加分红，第一年不谈分红。

曾：那是2010年。

刘：股份制以后，还要分红。第一年41块，第二年45块。加一起2011年就是385.2+41；2012年就是360×1.25+45，495；2013年就是360×1.35+50.5，536.5。今年的还没有算出来。

王：今年就是360×1.38=496.8，这是保底的，分红还不确定。

曾：保底就是按国家保护价算，它是死的，关键在于分红这一块。你今年的收入、粮食收储的价格、今年的总产量，以及总支出，这些都是有关系的，这个要年底才能算出来。

刘：这要到年底才能算出收入。

曾：现在村民对于这种结构有什么看法？

刘：普遍认可。还有一些没有流转的，原来不愿意流转的，现在都找上门来流转。原来我做你的工作，你不同意我的看法，找上门我也慢慢把你冷着放一下。这是相互的。我做你工作的时候你不认可我，现在找到我，我也让你等一下。

曾：我看了一些报道，你们村的应该是大部分都已经流转了。

刘：97%。剩下还有一部分，现在也要求流转，现在再流转，一家一户的我不干。你把你这组里工作做好，全部都来，一起来我就收，一个人两个人我不收。

曾：王院长讲到要请一些田管员到春晖里边来打工，这些事情落实怎么样？

刘：这个事情是这样的，我们签的那个合同你也看到了，我是理事长、谭总是副理事长。土地流转是一个新鲜事物。搞分田就是安徽凤阳小岗，18个农民按手印的。等到再把分散的土地集中起来流转，是我们湖北孝感的龙岗，两个岗。一个是分、一个是合。我也看到安徽凤阳小岗，他也在做这个东西（土地集中流转）。但是那里的跟我们不一样，那里的人吧，国家派的第一书记，后台老板也厉害，我这里就是当地的，他要什么东西，他比我方便，他要是没有政策上的支持，是搞不起来的。农业不同于工业，工业想生产个产品，它是一种固定模式在搞，农业与工业不一样。我工厂里生产这个纸杯，只要把各种东西搞到，就可以开工生产了，农业是非常强调季节性的。

曾：我想了解一下这个股份合作社平常活动不活动呢？在领导层这里是有些活动的吧？

刘：合作社的理事会，按理说每年应该活动一次两次，刚开始时就没有搞活动，因为忙着各种事情，没有经常性的。去年呢，我么，把这些事情都到了位了，理事会开会吧，理事长要向理事会报告，这个方面的都在按正规的办法在搞。

曾：去年什么时候定的？

刘：去年11月30号，开理事会、监事会。会只能开到这里，不可能说让股民都来开。让股民来开，人太多了，搞不起。按照程序来讲，集体经济合作社应该截留一部分。我们考虑到什么呢，农民对这个合作社蛮支持，他的经济来源毕竟还是差一些。所以，一开始我就说一分不留。我们需要什么开支，需要什么用动，我们再找别的途径。这个钱不动，让利给农民吧。

曾：我看你这里习惯亩和标准亩的差距还是比较大。

刘：习惯亩和标准亩有差距。就说我这个村，收"三提五统"的时候，我们村是1811.39亩。

曾：这就是习惯亩。

刘：实际上是七分面积，凭这个完粮的，1811.39亩。

曾：1811.39亩，一个村就这么点面积？

刘：就是按这个计税的，要完粮纳税的。现在已经流转了的是3225.609亩，还有一点没有加进去，估计还有一两百亩。

曾：那就是说你现在已经流转的，算保底租金的，就是按3225.609亩来算的。这中间的差额分到各户,这中间差不多接近翻一番了。

刘:对。这个亩是按660裁定啊。

曾:不把它截留下来作为集体经济?

刘:截留以后,就会有矛盾。为什么不准搞小金库呢?导致腐败。

曾:你讲得很好。

刘:我们不搞这个东西,而且国家给农民的补贴也是给农民,春晖没有要。直接发到基层,藏富于民嘛。

曾:现在基本上大部分都已经全流转,还有没有人种一点口粮田啊?

刘:有一点点。

曾:就是你说的还有一两百亩没有流转的。

刘:全流转的,他不吃亏。2010年,我们挨家挨户做工作的时候算了个账,一亩地你到底能赚多少?除去花费,人工还不算,农药、用水、收割,算来算去,一亩地也就是收入个六七百块钱,还要人天天在家里搞。比如你家里有两个小孩出去打工,到了农忙季节,缺少人手,收的稻谷在田里又拉不回来,请人吧,工价高,所以儿子、媳妇就从外地回来。他们从哈尔滨跑回来,路上的路费,算过去算过来,一点也没有赚的。所以就动员他们家里,全部流转,再不种了,全部出去打工。一般的,夫妻两个出去打工,能挣个十五六万块钱。

曾:在哪里打工呢?

刘:有的在江苏那一带,搞轻工业;到东北的、新疆的、内蒙的,搞建筑业。那些年轻没结婚的,到南方一带打个工。在家里种田,只是六七百块钱,一家按五亩计算,也就3500块钱,他到外边打工不止这个钱。土地流转,出去打工的人就不用顾家里人了,这些劳动力就支援了工业建设,江苏、福建、浙江,不管机械化程度多高,他总还需要人。所以说,当地的农民出去就支援了工业建设,工业建设搞好了,相应的国家税收也高了,对国家有利,对私人也有利。土地流转了之后,机械化种植,还是推动了农业的发展。

曾:合作社内部搞不搞经济核算?

刘:这个问题是这样的,基本上我们都互相比较信任。应该说我们合作社应该参加核算的,一般的是他们核算的时候,知会一声,我们参与一下。合作社的性质是这个样的,我们委托谭总,叫职业经理。你亏了,农民这个钱也要发,这是保底,你不能说今年受了灾,农民就没有钱啊,那这样农民还不造反啦！这是保底。关于分红，他们核算，我们参与，最后有个明细，我们不干涉。

曾：那这个就等于说是你的经济管理了，是吧？

刘：是的，你凭什么说今年是41块呢，是45块呢，是不是？

曾：要让各方面都能接受，要不然老百姓不清楚。

刘：老百姓不参与，他不参加算账。说老百姓参与算账那是假的。

曾：他叫你们参加。

刘：是的。

曾：龙岗土地股份合作社建立之后，影响蛮大，周边的村庄也想加进来，有这样的事情吧？

刘：合作社除了龙岗还有3个村，其他的村没有搞，是租赁制。

汤俭民等访谈录

时间：2014年9月14日下午

地点：三汊镇春晖农科院

受访人：汤俭民（孝南区农业局原副局长）、王文（春晖农科院院长）

访问者：曾成贵

记录人：李朋飞、高辉

曾：请问你的名字？任过什么职务？

汤：我叫汤俭民。现在不再担任什么了，1993年至2006年当过区农业局副局长，以后搞了个总农艺师，这是行政职务，技术职称是正高职农艺师，2012年退休了。我的工作主要是孝感市的农业生产，现在搞育种，在这个农科院上班。

曾：你是区农科院，王院长是市农科院？

汤：对，我们县级。我12年内退了。

曾：你这叫作"一不做，二不休"嘛！你今年多大年纪？

汤：我今年57岁。

曾：你现在受聘农科院？

汤：对。农科院在全孝感聘了好几个专家，这些专家负责不同的领域，如农业机械、水产、苗木，我是负责农业方面，总的来说农业和农机方面的专家较多。我2010年5月份开始在这边工作，已经工作4年了。现在的这个农科院是龙岗小学改建的，由于缺少生源，小学合并了，这个小学就被我们利用了起来。周边部分仓库、大棚、办公楼房是新建的，前边的老房子是原来人民公社的。

曾：农科院挂牌是在什么时候？

王文：正式挂牌比较迟。其实我们2010年就挂牌了，但因为注册比较困难，当时没有注册。直到2011年8月份才注册上。

曾：为什么注册这么晚呢？

王：因为当时的工作人员都是临时抽调过来的。

曾：你们这个单位要到哪些部门注册？

王：因为我们属于民办非企单位，属于民政局和科技局管理。业务单位属于科技局管理。一般年审时先到科技局然后再到民政局审。

曾：你是一开始就担任院长吗？你将整个任命头衔给我讲一下。

王：一开始没有任命，我们单位直到2012年初，整个人事体系才正式完备。我任院长，当时没有副院长，现在的副院长是汪斌和鲁国平。他们都是抽调过来的。

曾：现在我们已经将你们农科院的建院过程搞清楚了。你们是2010年4月份就有人开始进场筹建工作。它是以原龙岗小学的旧址改建成的，到2011年8月份完成注册，成为孝感市民办非企业单位。2012年初人事体系完备。现在我还想了解一下农科院的农业科技服务。育秧工作是什么时候开始的？

王：我们是2010年开始露天育秧。

曾：露天育秧一次可以达到多少的面积？

王：刚开始露天集中育秧属于尝试阶段，我们的育秧面积是供5000亩地的。

曾：这都是早稻？

王：因为2010年起步比较晚，所以只育了一批，第二年就开始工厂化育秧。因为露天育秧秧苗长得快，不好管理。专家商议探讨之后我们就决定工厂化育秧。2011年3月份开始实践，5月1号开始第一批育秧，总共那一年育了

3批秧。

曾：3批可以供多少亩大田？

王：3批可以供1万多亩。

汤：应该是12000亩至15000亩的样子。

王：当时第一批秧苗全都报废了，育秧搞早了，田没有整出来。工厂化育秧从2011年一直持续到现在，每年都在搞。

曾：工厂化育秧是维持在供15000亩，还是有所增加？

王：在15000亩左右吧。

汤：这两年面积有所增加，因为技术逐渐成熟了。

曾：总的来讲每年就是育3批吗？

王：大致是这样的，今年也是育有3批秧。

曾：因为你们是供自己用，土地流转是固定的，所以育秧的供的面积也是比较稳定的。你们这边育秧供大悟地区的吗？

王：不，我们供朋兴乡，主要是供孝南地区的，因为太远了，物流成本太高了，划不来。

曾：那就是供三汊镇和朋兴乡？

王：对，今年肖港镇也供了一些。

曾：那就是这些地方都有土地流转？

王：是的。

曾：这3个地方分别供了多少村？

王：三汊镇是11个村，朋兴是3个村，肖港5个村。

曾：这些所供土地面积熟不熟悉呢？

王：三汊镇是一万多亩，朋兴乡4000多亩，肖港镇是6000多亩。

曾：那加起来有两万多亩。

王：肖港那边我们也有玉米和花生，那个收益高些。

曾：你们有没有集团的总种植面积的统计数据？

王：有，我们集团的总种植面积是12.98万亩。

曾：这是数据是什么时候统计的？

王：年初统计一次，我们上个月开会又统计一次。

曾：那就是截至2012年8月份的已种12.98万亩。那也就是说有12.98

万亩的流转土地?

王:对。

曾:你能说得出这些土地的大致分布吗?

王:这些土地分布在 5 个县市区,15 个乡镇,5 个县市区是孝南、大悟、安陆、汉川、云梦,面积最大的是孝南。

曾:请你再给我们讲一下你这边的科技服务吧。

王:我们这边的科技服务有育秧,品种选择,肥料农药选择,苗木,蔬菜,果树相关服务都有。

曾:肥料的供和销是怎样的?

王:2012 年至 2013 年是我们提供肥料,2014 年是我们请专家检测土壤后,我们自己买原材料配的肥料,然后再销售。

曾:就是说不属于配送,是属于销售?销售之后是如何结算的?

王:对。我们是转到集团去结算。

曾:集团按照使用方式如何结算?

王:按照收回的粮食结算。

曾:那总的来说就是集团自己买肥料自己用。集团是如何将土地分给下面的小承包户的?

王:我们刚开始搞分块大面积承包,从 2011 年开始搞大面积责任人。

曾:当时三汊镇这片有多少个责任人?

王:2011 年是 3 个人。

曾:那是集团跟签合同?双方是如何约定的?

王:当时没签合同,是口头约定的。具体就是 3 个责任人自己分块经营,总的资金是由公司提供。

曾:集团统筹统支公司,双方之间还是有彼此利益的,那集团和责任人的经济界限是如何划定的?比如集团限定每个责任人每块地的产值是多少?

王:集团约定责任人每人多少亩地,一亩大概产多少斤,比如约定亩产 1000 斤,超过 1000 斤的,集团占 30%,责任人占 70%。

曾:那就是超过 1000 斤的部分要给他分盈余了。他们的报酬那是怎么给的,是按照一亩给多少钱,还是总的给多少钱?

王:给固定工资。

曾:2011年三汊镇流转土地有多少亩?

王:6000多亩。

曾:那总的来说,就是2011年三汊镇流转土地6000多亩,分给3个责任人管理,他们3个人每个人拿固定工资,然后约定亩产1000斤,超产的部分三七分成。那经营时的种子、农业、农药等支出如何规定的?

王:按亩来核定。当时粗放管理,秧苗、种子、农药、化肥都是公司买,就只剩下人工的费用,当时初步核定一亩地300块钱,分前中期三个阶段给。

曾:那就是他们只负责插秧后的病虫害防治、用水、除草,直到最后的机器收割。机收的费用是哪一方出的?

王:是集团里面出的。

曾:就是说责任人负责插秧以后收割之前中间这段时间的管理工作,每亩地300块的费用。

王:我们当时算的300块的费用是不够的。因为当时农田都还没路、沟、渠,没电,还没整治。

曾:那就是未经整治的土地。

王:当时农田里人是进不去的。原来龙岗村抛荒土地是80%,有的也已经抛荒十几年以上,我们当时叫开荒,现在能够种下去,也是很不容易的。

曾:那你们作了很大的贡献啊。

王:我当时来这边工作的时候,这里一条路都没有,都是走村子里的路,从农户的门前走。后来2011就开始大型农田整治。

曾:你们是2011年开始农田整治?连续整了多长时间?

王:我们是2010年底开始整治,直到现在还在整治。

曾:那就是你们一直逐步的在整治,那整治是在原来土地的基础上还是全部重新来整?

王:全部推倒重新整。

曾:这叫作小田并大田。

王:当时省厅里搞了个口号土地流转,看看可不可以整村土地流转。当时有些条件还是有的,像龙岗村,村里外出务工人达到80%,土地抛荒达到90%,同时龙岗村的地分两部分,一部分是丘陵,一部分是低洼地,村里没有好田。还有就是这片地方是政府官员检查的必经之地,政府每年都批评这地方的农业生产。

曾：土地平整的钱是集团出的吗？

王：是集团出的。

曾：历年土地平整的费用都是集团出？整治范围就限制在三汊镇？朋兴那些地方搞不搞？

王：我们从 2010 年至 2013 年土地平整的费用是集团自己出的。2014 年，省里来调研，然后搞了个项目，政府投资 1400 万整治沟、渠、路，而我们是整治田地。

曾：总的来说就是今年拿到 1400 万资金。这个项目是继续整三汊镇这里，还是也整治其他地方？

王：今年其他地方也在整，但这 1400 万是用来整治三汊镇的。

曾：其他地方整治田地的资金是怎么来的？

王：是地方政府给的资金，他们自己搞的土地整理。

曾：那就是他们还是要到你们这个项目上来，资金还是到你们集团的名下来？

王：资金不到集团的名下。

曾：那，钱怎么算呢？

王：比如，三汊镇有农业综合开发项目，这个项目的归属单位是财政部的农发办。我们这个项目是春晖集团申报的，因为土地是我们自己用的。一般的项目都是乡镇里面做规划，然后一级级上报，最后由财政部的农发办审批，然后由他们来找人来施工。

曾：那就是你们这里是自己筹钱，按照自己的要求来整治？

王：原来是按照我们自己的要求，买机械，组织人力来整。

曾：那就是说比如大悟、汉川，在你们流转的土地上，政府组织整治道路和沟渠，而不整治田地。

王：对。他们是先整治沟渠道路，以后应该也会整治田地。

曾：你们集团经过这些年的整治，现已整治了多大面积的土地？

王：三汊镇整治出来 6000 多亩；朱湖总共一万多亩，现整了一两千亩。

曾：朱湖的八一农场有没人在具体管理？

王：八一农场那块，我们是合作经营的，我们有 4 个人配合他们管理，主要是电力、水、沟渠等基础实施的工作。基本社工都是合作生产，像苗木。那里共有一万多亩，分三大部分：养殖一大部分，主要是水产，还有莲藕；第三就是苗木。

曾：现在再给我讲讲育种的工作吧？

汤：我是受聘于农科院，2010 年过来工作，我的任务主要是负责种子繁育的工作，我有一个转化公司和武汉一家公司合作制种，制种之后推广到武汉各地。我们制的"广两优香 66"被评为农业部的超级稻，2013 至 2014 连续两年被评为湖北省主推品种第一名。我在这边的工作就是种子的选择和员工的技术培训。

曾：农科院自己不育种？

汤：就是由我这边兼职做这个育种工作。

曾：那就是说你是做育种工作的，他们正好用种，你就做顾问和辅导的工作，你查访之后，根据田地的需要，给他们推荐最适合的种子，然后再提供种植过程中的一些技术服务。

罗移山等访谈录

时间：2014 年 10 月 26 日

地点：大悟沈城村

受访人：罗移山（永昌苗木公司经理）、李文斌（春晖集团董事长助理）、大新镇郑副书记、李副镇长

访问者：曾成贵

记录人：李朋飞、高辉

曾：农业部韩长赋部长答记者问你看过没有？

李：没有。

曾：他解读最近中央关于农村经营管理的规定，其中有一个观点，谈到工商资本下乡，我非常关注这个。工商资本下乡可能导致非农化、非粮化，挤占农民的就业空间。我觉得这两个问题在不同地方，它的表现形式是不同的。

春晖集团流转这么多土地，很大一部分是用于农业，里面又有很大一部分是用于粮食生产，这个就不担心发生非粮化、非农化。至于挤占农民就业空间的问题，我想土地流转应该要有一定的条件，这个条件就是在农民就业已经有比较明显分化的地方，他已经是弃农务工了。

李：务农不像过去是主要的经济来源了。

曾：对，已经表现出来大量抛荒，各种抛荒，他没有比较效益了。出现这种情况，就像三汊，上次老刘讲的，他们龙岗村绝大部分青年都出去了，屋里就剩下老头子，草长得都齐人腰了。在这些地方，它就不会存在挤占农民就业空间的问题。不是把地流转了找外面的人来种，本地人都回家休息。他那个里面，我觉得隐藏了一个思路，就是说我们大规模的流转，有一点模仿美国、加拿大那种大农业路子，一搞上万亩。他说中国土地少，人口多，这个路子走不通；他认为中国应该走的是适当小规模集中，就会产生职业化的中坚农民。这些农民，第一他自己务农，第二他拥有机械，这实际上就是用机械化来科学种田的现代农民，又能够掌控一定规模的土地。这个，100 亩左右。

李：现在农村都是这个标准，所有的家庭农场都是 100 亩、200 亩、300 亩。

曾：今后谁来种田，应该多培育这种家庭农场式，也不绝对是那种一家一户的。当然，土地流转还有一个前提条件，尊重农民意愿是最重要的。尊重农民意愿就不会有后遗症，没有农民的意愿，又是政府跑到前面去，又是拉郎配，又是赶鸭子上架，绝对有问题。为什么，他以当时的家庭条件状况，自己的身体状况，劳动条件状况，接受了。换了一个情况之后，他又不接受了，又找你，又扯皮拉筋。所以，归根到底，还是要尊重农民意愿。我们国家这个行政主导就体现在中央一重视，省里更重视，再往下就有点霸蛮地搞。你大新这个基地有多少亩土地？

李：我们整个是两万亩。我们这个还在探索中，开始走规模化的道路。过去是合作社加基地，包括一些订单的，加农户的，也是作为基地，分了两块，一块是我们集团流转来自己经营的，另外是订单，我们提供种子、化肥、相关的农业技术，农闲时给予一定的技术培训，主要是要打我们的品牌。大新的技术还是存在一定的问题。

曾：你们哪一年到大悟这边的？

李：2011 年底启动的。

曾：首先到哪个村？

李：大新镇沈城村。

曾：这就是沈城村吗？

李：对。今年只是初步地看看，下一次来，安排三级座谈，有大新镇委、镇政府的，沈城村的干部，再加上我们在这经营的。

曾：大悟的地跟三汊那里不一样，它这里相当多的是山地。

李：这里真正的良田我们就种粮食。不是良田，不宜种粮食。今年雨水好一些，能种上、能插秧的都种上了。2011年、2012年，都是干旱的年份，我们吃过很大的亏，水跟不上去。

曾：沈城村流转多少土地？

李：差不多有2000亩地，实际上差不多整村就都拿过来了，除了部分山地。

曾：除了沈城村还有多少村？

李：那边还有10多个村。

曾：10多个村都是按照这样一个模式流转吗？

李：基本是一样的。我跟你介绍一下，这位以前是湖北工程学院的教授，王文是他的学生，现在把三尺讲台搬到田间地头来了。肖总聘请了他，在这边主要负责技术。

曾：肖总叫什么？

李：肖宗亮。

曾：他是春晖集团的老总，还是？

李：他是集团派来主抓这一块的。

曾：以什么组织形式呢？你这个组织叫什么名字？

罗：湖北孝感春晖永昌苗木公司。现在我们跟春晖联营，合二为一了。

曾：是谁先到这里来的？

罗：春晖先过来的。

曾：春晖到这里来进行的土地流转？

罗：对。

李：最后的流转都是大集团的流转。

曾：大集团的土地流转以后再跟这个永昌苗木合作联营。你这个联营关系中两个都是法人?

罗:对,两个是相对独立的。

曾:两个法人来共同经营流转的土地。

罗:对。

曾:日常管理是谁来管理?

罗:我们来管理。

曾:你们来管理。这个关系就明确了,然后通过约定来进行效益上的分成。

罗:不是按照效益分成。我这个公司现在成为春晖集团的子公司了,说起来是联营,实际上融为一体。我现在在这就是履行春晖土地流转之后的责任和义务。

曾:永昌公司的老总就是肖?

罗:对。

曾:那就是说有资产转移了?

罗:也不叫资产转移。就是土地流转以后,我们按照春晖的总的规划来经营。

曾:你要说是子公司,它就有资产纽带关系,你们永昌的资本金是要打到春晖集团的总盘子里去的;你如果是合作,那就是两个法人独立存在的,两者之间是经营上的合作关系,以这个关系承包、委托、比例分成。你是你,我是我,之后要按照一定的比例来分成。

罗:他这个是形式上的。说起来,他既是子公司的一种形式,但事实上,从资产上,它又不是一个子公司,相对独立。我们基本上是对春晖负责。

曾:那你经营之后的效益怎么划分?

罗:我经营的效益是独立的。

曾:那你怎么跟春晖结算?

罗:我跟春晖结算就是他每年履行跟镇政府的责任,流转的土地费,我递交土地费给他就行了。

曾:是等额的?

罗:对,就是等额的。

曾:那就是说,如果你上交的费用大于流转土地费,春晖才有盈利。

罗:不是这样的,我是相对独立的。独立的经营、生产。春晖搞土地流转,我再从春晖手里把土地盘过来。

曾：我认为你流转土地的钱应该和春晖跟镇政府定的流转土地的钱，不是等量的。

罗：是等量的。

曾：要是等量的，春晖等于白干事。是不是春晖把土地搞过来以后，搞不下去了，再弄一个人帮他搞。你到这个地方参与这个事情搞了几年了？

罗：我们是去年年底开始。

曾：这边就交给你们永昌苗木公司。你们公司的全名是？

罗：湖北孝感永昌苗木有限公司。

曾：那现在就是你来接手他们这里的土地流转，多大面积？

罗：3000多亩。

曾：3000多亩分到几个镇呢？

罗：就是大新镇。

曾：哪几个村？

罗：这个村，还有十墩、窑塘、窑河一共4个村。

曾：这一片地方还算是比较平的。

罗：这个问题的前因后果是这样的。当时在大新流转这些土地的时候，可能当时公司没有充分的预计，进来之后就遇到具体问题了。开始种了几年粮食，有的地方可以种水稻，山上可以种些小麦。流转的时候有些好的地方没有给你，脏乱差的地方全部打包给你，叫整体流转。打包过来之后，组织生产就遇到问题了。

曾：春晖怎么组织生产的？

李：当时就成立合作社了。

曾：合作社的社员是谁？

李：骨干是春晖来的人，带技术过来，用工就是就地聘人。

罗：那个时候计算起来投入产出比不尽如人意。这里的地形、地质情况不适合大规模生产，基本上一半的地不适合种粮。那怎么办呢，你都跟农民签了合同了。所以这几年，我认为春晖是在亏本经营。在经济上有点亏，政治上保持着一面旗帜。

李：保证农民的利益不受伤害。

罗：亏本也要做。这样亏了两年，就要考虑出路的问题。在不损害地方政府和农民利益的前提下，把这个牌子打下去，春晖领导考虑到另谋出路，转变产业模式。不能按原来老思维，一味地种粮食。按照大新的历史，它叫作苗木之乡，在大悟是有名的。春晖就借这个牌子帮忙走出困境，就跟我们商谈合作了。

曾：他们的大田也是由你们来搞了？就是种粮的。

罗：种粮食的现在基本转变不种粮食了，种粮食就是到这个月底，玉米一收，土地全部转交给我。

曾：那就说从今年下半年开始大新基地就是非粮化了。

罗：全部是苗木。

曾：种苗木。那这个田能不能搞，符不符合要求？

罗：符合。我先跟你谈一下这个大的框架，然后再带你去看看。我们主要经营的有桂花、栾树、樟树，我们还要进一步扩大品种。

曾：那这里土地流转了以后，农民的就业怎么办？

罗：用工啊。你等会儿去看，我大批量的用工，每天用工在100人左右。

曾：用工属于临时用工？

罗：基本算临时的，但相对稳定。

曾：能用多少人呢？

罗：根据我的生产情况每一个村分每一个组，选一个组长，负责生产的选一个队长，我的指令下达给队长，队长再下达给组长。每天上工发工票。

曾：凭工票发工资？

罗：对。我已经发了一次工资了，发了150万。

曾：工票一个工拿多少钱呢？

罗：男的70元一天，女的60元。

曾：农民土地流转以后，每天在你这里上工。

罗：特色工80块钱一天。

曾：用工的年龄有没有限制？

罗：有点限制，基本保证男工在65岁左右，女工60岁，年龄大了怕出问题。事实上，真正用起来有的70多岁的。

曾：这里的年轻人多吗？

罗：都出去了，打工去了。

曾：这也是实际情况。现在对于土地流转，工商资本下乡，官方比较担心的一点就是挤占当地农民的就业空间。土地流转出来，没有多少钱，他自己还要吃饭啊。

罗：如果全部机械化的话，农民用工的机会就少了。我栽树，浇水，剪枝全部要用工。

曾：你现在全部用工多少人？

罗：我今年发工资已经发了150万，到元旦左右再发一次工资又是150万，今年一年的工资总额是300万元。

曾：你这个苗木目前还没交易？

罗：还没有产出。但已经有商家出价来跟我商谈，我说暂时补棵，我的树是今年才栽的。

曾：那你公司还是有不少资本金的，公司还是有些钱。

罗：我公司的基地在孝昌，叫万花园。那里的树木已经在出售。我用那里的收益投资到这里来。

曾：这里的土地流转费一亩地多少钱呢？

罗：每年这个没有固定，按照合约370斤中籼稻的价格吧。

曾：这跟三汊还不一样，那边是360斤。

罗：那边不一样，那边相当于长期租赁，还有分红。

曾：不管怎么样，都是按照今年的国家保护价，400块钱左右。那边就是有个分红。说个实话，股份合作社没有太大的空间。土地股份合作社搞成了，跟最初的设计是不一样的。也就是春晖再拿出来一部分钱，还是稻谷，你这里就是少了一亩地几十块钱的分红，差不多。这里流转进不进村，还是直接跟大新镇谈？

李：我们一般都不进村，都是跟组织谈。

罗：春晖对大新镇，镇政府再跟各个村签。

曾：这个，现在是不提倡的，因为没有跟农民见面。你搞得好农民没有意见，搞得不好，农民就跑到政府去投诉。

罗：存在这个问题。

曾：这个方法呢，不见面，推行方便。

李：大悟县跟三汊不一样，这个历史我熟悉。当时是沈城村知道了三汊的事，书记带着村民代表找到春晖集团。最后我们就不对一户一户的，直接找组织，避免跟村民产生纠纷。

罗：这是上工日志。每个村多少人，干了什么、男工女工、组长签字。半工就是半天，因为有的人就只能来半天。这就是记工本，我核算起来比较方便。

曾：这个方法还是比较好的。

罗：我们刚开始来没有采取这个方式，见人就发票，无法管理、无法统计、造成混乱。所以，慢慢摸索。我发给组长，组长再发给做工的人。

曾：这是组长签字？

罗：是的。

曾：几种苗木，主要就集中在这一块，就是大新镇的周围，4个村，过去5个村，现在4个村，20000多亩。

罗：总面积是20000多亩，我流转过来的只是3000亩。

李：现在是3000亩，其他的还在探索。

曾：那是什么搞法呢？

李：下次再来看。

曾：李主任，我跟你们交谈，对你们的了解都是一步一步的。比如说大悟有20000多亩，我以为20000多亩都给你了。

罗：没有。现在这一块搞成功了，其他的在慢慢探索。

曾：就是3000亩地，你来经营。

罗：对对。你们要是愿意，我带你们去实地看一下，看看我的桂花，看看我的樟树，看看我的栾树。

曾：现在随着城镇化的发展，对林木的需求也比较大。

罗：我这个树主要是景观树，城市景观树主要以栾树、樟树为主。

曾：武汉还有一种，就是银杏。

罗：银杏实际上作为景观树价值不大。

曾：它是冠小了。

罗：冠小了，它就像白杨树一样。了不起就是结个银杏果，它主要是药用价值。我这都是景观树，栾树它开的是黄花，就像野菊花一样，半个月之后，全部变成红色，再半个月之后接果，就像灯笼果一样，很好看，两个栾树品种。

曾：效益还可以吧？

罗：我今年准备投入3000万，每年递增的。

李：苗木是这样的，不能看当前，两三年种植，五年开始卖钱。

曾：生长周期比较长。你这个经营模式我现在比较明确了，春晖流转土地之后，委托给你经营。他有点断尾求生的味道，这3000亩地，多搞一天多亏一天，赶紧就委托出去，大的合同保留了，也没什么麻烦，公司止亏为盈，止亏就可以了。你只要把流转费交了就可以了，不用向公司交什么管理费。

李：我们也是经过两年多的总结，看看发展什么业务能够挣钱。

曾：你那说的是集团内部的发展战略，这个说的是你业务的经营模式，组成方式。向外说还是你们公司的，免得有人认为是产权转移之类的。

罗：我们对外宣传就是春晖的一个子公司。内部的产业经营结构调整，是内部的事。种粮食转为苗木，内部的产业经营模式转化。

曾：这都不要紧。我作为一个调研者心里要有数，不然春晖集团的产权结构又产生出新的单位来。附近的村民对春晖集团进来，包括你们在这里经营苗木，反响怎么样？

罗：反响很好的。员工很好的，希望你多多发财，你发了财大家就发财，异口同声，因为我用的工都是50到70岁这个区间的，70多岁的老人们，他们在家里能干什么？

曾：那他们吃粮怎么办呢，不要买吗？

罗：他吃粮有家庭。

曾：他的地没有全包出来？没有全包的？农民还留一点地？

罗：有的留了一点地。

曾：留有口粮田。

李：基本上是什么情况呢，门前屋后比较近的，水源条件好的他就不给你。

罗：这都是农民自己种的。以前都是插花的，我们都给退了，退了之后重新调整，调整为连片的。

曾：你这里跟前两年比，对地貌改变不大吧，不像三汊那里，都给推了，搞成机械化的大田。

罗：这里是山区。

曾：你这就没有动，还是一种自然状态。

罗：农民没有把土地全部流转给你，还有插花地。

曾：没有全部流转，农民还留有口粮地，还是插花田。

罗：对啊，田埂还要留着，不能推啊。

李：他们把好的田都留着，把不好的田给你。那我就要调整经营模式，搞经济作物。

曾：那烘干机的用处就不大了。

李：后边我们再调整。

曾：这烘干机还没有用吧？

李：开始用了。

曾：种的玉米？

李：水稻。那边平的地方还是种水稻。水稻、小麦、玉米都有。

曾：你这是常年流转，还是季节性流转？

李：常年流转，大部分都是常年流转。

曾：你流转的土地除了孝昌、大悟，还有？

李：安陆。

曾：安陆也有么，种什么的？

李：种水稻。大悟不是产粮大县，除了这个，我们还有5个，都是产粮大县。

曾：还有哪5个呢？

李：我们孝感市的除了应城都有。应城当时是打算把一个国营农场接过来，应城市委市政府都打算对接了。

曾：就是除了应城外，整个孝感市各个县都有一些？

李：我们有各个县、各个乡镇的清单。

曾：这个你要给我一份。

曾：你土地流转基本上不进村，都是进乡镇。

李：都是直接对政府。

曾：你们直接对政府，乡党委、乡政府，然后乡党委、乡政府再去村庄。

李：村庄不是他们去，一般的村庄都找来了。把村集体的领导班子找来，我们跟他们谈。我们不对村、不对农户，农民自愿。把农民找去他就知道了，因为大量的抛荒。

曾：我为什么跟你讲这个事，我就看你那本书，其中一个报告，讲春晖签了多少约、流转了多少地,怎样流转的,就是310斤嘛,农民说怎么怎么好,如何如何,这是第一个报告。回去之后,另外一拨人来了,住在那里准备搞土地股份合作社,那是股份合作社之前的报告,我就看了那个报告,然后接着看黄局长他们的进度报告,还要进村入户,还要成立5个工作组,然后农民还反映了很多问题。这问题就来了,农民反映这么多的问题,前面那个报告农民说好得很,怎么弄的呢?我后来才知道,前一个就是跟三汊镇签的。

李:那个报告出来的时候是2010年,实际上当时还是个租赁形式,刚刚揭牌。当时还是一个新鲜事物,还不能用我们现在成熟的眼光来看待。大家都在观望,不像现在对土地流转都很熟悉了。全国别的地方有,但是对湖北,对孝感市来讲还是个新鲜事物。刚开始还是插花田,后来想连片的时候就要来做工作,有的他不接受,甚至还有的出来阻拦。

曾:如实地记载这个事,我认为是这样的,2010年春天,你们开始在三汊,开始在龙岗进行土地流转,合同的签订是由镇政府组织,在镇政府签的,跟农民没有见面。310斤谈判的时候是你们谭总、黄文高、包括李明,这几个领导签的价格,村里边也接受了。这一年还是310斤,按国家中籼稻保护价折价,分两期给钱。这个阶段实际上没有进农户,到第二阶段搞股份合作才进的农户。

李:进三汊的时候是属于镇政府招商引资,我是开农机会的时候进去的,那是3月份,开现场会。

曾:我们去看看苗木。这树要浇水吧?

罗:不浇。

曾:树不浇水?夏天浇不浇?

罗:不浇,现在可以不管它了。它已经长大了,自己可以供应自己。这就是栾树,到了秋天马上叶子落下来。

曾:你这种的太密了吧?

罗:后头还要移栽。

李:今年栽了多少?

罗:500万株。

曾:你在就相当于是苗圃,然后再来分栽。

罗:我这不是分栽,有的就卖钱了。等到明年大的就开始抽出来卖。前不久，有人找我，我说不卖。

曾：这个还不能作为景观树吧，是叫行（háng）道树还是行（xíng）道树？

罗：行（háng）道树。

曾：现在城市小区里要种树，对你这需求应该挺多了？

罗：孝感城市小区里主要就是我这两种树，栾树和樟树。这片地我回头也都要流转过来，二次流转，都是今年刚栽的树。

李：这些树种下去时有多大啊？

罗：刚种下去的都是小苗子。

曾：它是插的。

罗：我的苗长比较长，我这都是进的苗子，今年买苗子一共花了150万。苗子一插，再来浇水。

曾：没有人偷吧。

罗：这个没有。养殖和种植经济作物不行，我说都有五分之一被偷。下边这块地现在也流转了，下半年也要种上。

曾：那边那块林地呢？

罗：那不是，那是别人的。

曾：这些都是栾树？

罗：是的，它明年就见效益，等霜一打，树叶一落就剪枝，明年春天把肥料一撒，到后年就开始卖钱。

曾：拔了之后再栽。

罗：是的，拔了之后再栽，明年之后就是20块钱一棵，每年能卖10万棵就可以保住我这里的成本。所以，抽着卖，卖了再栽。

曾：这以前都是水田还是旱田？

罗：都是水田，栽秧子的。3000亩土地，三年以后我的效益就出来了。我要拔1000万棵，一棵树平均50块钱，你算算多少钱？5个亿。一个基地，就大新是5个亿的资产。

曾：公司老板还是要有一些资产的。种苗木用工应该很多了？季节性的？

罗：用的多了。从开始的种树、抗旱、除草。我今年光拔草花了80万。

曾：还要除草？

罗：这都是拔草拔大的，刚开始不行，都被草盖住了，现在不用管它，6

月份左右还拔了一次草呢,要不然就封死了。

曾:那边的苗子差一点。

罗:那边积水了,栾树不怕旱,怕积水。

曾:那边的就差一些。

罗:那边的地比较差,都是河床。他们是打包的,把这都当作良田打包给你,把好的装在自己口袋里,留作自己村里的自留地。我们再上去看看樟树,基本上都是今年栽的苗木。

李:这个来的很快啊。

罗:明年它就长高了。

曾:你住哪里啊?

罗:住基地里。

曾:住基地,是长期住呢,还是?

罗:是常住啊。

曾:那永昌这边就是你具体负责?

罗:是的。

曾:你是算是永昌的投资人,还是?

罗:这个老板,是我的内弟。我在这里边给他帮忙,也投点资金。

曾:那你这是合伙人。

罗:他跟我说,你来当老总,投点股份,等做大了,他当大老板,我当小老板。这一片就是樟树,全部都是。这边树根都围上土了。

曾:保墒吗?

罗:不是,怕冻,因为我还不了解这边的气候,下冻土的时候,要是下深了,就把根子给冻坏了,所以我把土给它包起来。

曾:你这还要请农工。

罗:对、对。又拔草,又把土围起来。组长安排他们做这个事,都是要用工的地方。

曾:这个长大点就要移栽了?

罗:不是移栽,我这是卖钱。

曾:你这种这么密长不大了?

罗:明年再来看就有两三米高了。

曾：我就怕它的树冠长不开啊？

罗：长不开我就抽枝卖。

曾：那就是说你要间苗了。

罗：对，捡个别大的卖，也就是一年两年之后，第三年就卖苗子。捡大的卖，小的继续长着，移栽，还要补苗子。我的用工主要是人工，拔草、挖沟、打药。除草的药不能打，拔草要用工。

曾：樟树跟庄稼差不多，都有虫，除草剂不能打？

罗：除草剂不能打，它虽然能除草，但是最终还是要人工除草，起到松土的作用，这个工序不能省。

曾：农民用了那个除草剂就不拔草，把地搞坏了。

罗：打药了，农民干什么呢？一个是把地搞坏了，一个是你要用工啊。他们把田交给我，我又要请他来种。今年还好，雨水好，这个地方连着干旱四年。春晖在这里的管理模式也有问题，我跟他们打电话，说你在干什么啊，他说我在田里转。怎么还有麻将的声音？他是在打麻将，说他在田里。

李：这里搞苗木也是没有办法，种不了粮食。

曾：这里不属于基本农田保护区吧？

李：不是的。

郑：我们现在土地流转是有，就是不集中连片。

曾：哪一年开始搞的？

郑：2012年。现在问题还很多。当时我们计划全镇流转12000亩。但是，后来管理跟不上，第一个，土地流转不是集中连片，农民都是小块田地，他没有资金投入，不会整成一块大田。春晖刚开始给我们承诺的是土地平整、机械化。

曾：就是小田变大田。

郑：对，他承诺是这么说的，他是个大集团嘛，但是后来没搞。管理人员、生产人员很少，很多田地还抛荒，跟原来一样的。

曾：就是说他们设计的跟实践还是有落差的。

郑：规划的蓝图跟具体的实践有出入。还有一个特殊情况，除了今年，连着几年都是干旱。大悟县是个岗地，吃饭用水都困难，更别说从事农业生产了。土地租金都给农民兑付了，一年200多万，亏啊，第一年是100多万。

曾：没收入，没有种出稻子来。

郑：天灾，这个是天灾，几年连旱，四年连旱。

李：领导，我跟您说，说是干旱，但是没有流转的土地还是很丰收的。

曾：管理上还是不完善。

李：不是不完善。现在搞农业是很有危机的，我不知道你们有没有危机。现在一个农民出去做一天工，建筑工，100块钱，早上去，晚上就给钱了。但是种田，两亩田一年8000块钱不到，别人是愿意种田，还是愿意打工？现在土地大片大片的抛荒。我们这里卖种子，前几年一年15000斤，去年5000斤。

曾：就是说三分之二的种子没有落到土地上去。

李：现在没有种田，大片的土地都荒了。国家粮食补贴，你的三亩，他的五亩。现在你的土地做了楼房，粮食补贴还是你的，土地现在长树了，粮食补贴还是你的。现在农民有技术的，有机械的，不想出去打工的，就想搞个100亩种粮食。租金要给，我一年也挣不了多少钱，粮食补贴还是给他。说是鼓励种粮，谁种了粮？

曾：就是抛荒户还在拿直补，国家的粮食补贴没有真正起到作用。

李：这个问题，我们就很疑惑为什么还不调整政策。

郑：土地是农民的根本，他就这点安身立命的东西。青壮年可以出去打工，但是像上了年纪的他就什么都没有，医疗保险、养老保险都没有，生活都不行。

李：养老保险现在有了。

刘顺田等访谈录

时间：2014年11月9日上午

地点：三汊镇春晖农科院

受访人：刘顺田（龙岗土地股份合作社理事长）、李荣松（龙岗社股民）、王金凤（龙岗社股民）、周义喜（龙岗社股民）

访问者：曾成贵

记录人：李朋飞、高辉

曾：感谢三位老同志（刘顺田稍后进来）今天帮助我们了解一些情况。我们这个调查主要是对春晖集团的发展做一个调查和总结。我们都知道，春晖集团是一个农业产业化的龙头企业，它的经营范围是很广泛的。在众多的业务里边，有一件事做得很有名声、很有社会效果的，就是土地股份合作。成立龙岗土地股份合作社这个事在我们湖北省来讲是领先的。土地流转呢，在湖北省各种形式都有，规模大小不一样。春晖集团的土地流转有多种形式。成立股份合作社，建立一个经济共同体，比一般的土地流转更深入一些，农民参与共同组建经济组织。这是一个新鲜事物，各方面一讲就是这个样本，来的人也比较多。土地股份合作社是怎么建立起来的，村民有什么看法、有什么想法？土地股份合作社成立也已经有四个年头，这些年运行的情况怎么样，大家有什么想法，有什么意见，我想具体的了解一下。今天来的人不多，你们就这些问题跟我说一说，想到哪就说哪。感谢你们。

李荣松（龙岗村四组李家祠堂，70 岁，家有 14 口人，3 个儿子）：我简单地说一下。第一个，春晖公司进到我们村，群众对这个事情不理解。我们镇里党委、村里刘书记给大家开很多会、做很多工作，讲土地流转的好处。不管怎么讲，这是个新鲜事物，群众有的理解，有的还是不理解。进来以后，流转了一部分。群众怕你把田拿走，给了春晖以后不把钱给我们，所以，我们就是给了一部分。我是 9 个人的土地，9 亩田。9 亩田呢，当时流转了三四亩，试一下。流转以后，租金按照 360 斤稻谷，以国家保护价计算，当时是 400 块钱吧？我忘记了。

刘顺田：2010 年是 360 斤，国家公布的保护价是 0.97 元。

李：九毛七。当时就把我们的底金付了，然后还给我们分红。那个时候分红可能是 40 多块钱。

刘：第二年，2011 年是 360 斤，是 1.07 元，加上分红 41 块钱。

李：按照 360 斤，另外还给了 40 多块钱的分红。这样的话，群众认为可以，书记说的话、春晖说的话兑现了。第二年就把全部，包括村里的百分之七八十都流转给他了，认为他说话算话。分田的时候是按照习惯亩分的，我分的是 9 亩，春晖找专业队伍来一测是 17 亩。

曾：标准亩 17 亩。

李：是的，春晖找人来测的。春晖给钱按 17 亩，不是 9 亩。

曾：那就有两个数字，土地证上是9亩，春晖流转走的是17亩，比土地承包数大一些。

李：粮食直补，春晖没有要。

曾：粮食直补是按照那个9亩来发的？

李：嗯，这个（直补）还是给我们农户，这是一个。还有就是春晖给我们村里75岁以上土地流转的，给500块钱。

曾：什么时候开始搞的这个事？

李：开始流转的时候就搞起了，搞个500块钱。9月重阳节的时候，75岁以上的老人搞一箱奶，纯牛奶。这个就是说春晖集团把我们农民放在心上。

曾：它是通过股份合作社发放还是春晖集团？

刘顺田：春晖集团。

曾：不是股份合作社的，不花合作社的钱，集团来发，以春晖集团的名义来搞的，是吧？

刘：集团来搞的。

李：这样农民就觉得春晖做事啊，对农民确实可以。我们村里我估计流转达到90%以上。还有的是以前不愿意的，找到书记要流转。流转之前呢，我儿子出去打工，就我跟老伴种下田。种一半，剩下的就长草了。毛收入是6000块钱，不到7000块钱，除去成本，包括农药、种子、化肥也就四五千块钱。现在流转，我就可以分个8000块钱。8000就是纯8000，又不干活，又不做事的。

曾：就是说没有成本，从土地流转中得到8000块钱。一个是土地经营权的保底租金、国家专项直补，一个是合作社的年底分红。

李：对、对。可以搞到8000块钱。还有一个什么事呢，减少了很多家庭矛盾。为什么减少家庭矛盾呢？当时，我们老两口种个五六亩地。儿子在外边打工，农忙的时候还要回来搞一下，说个不见外的话，儿子愿意回来搞，媳妇未必愿意。在外边打工赚钱，回家肯定要损失一些，干吗还跑回去，媳妇跟儿子多少有点矛盾。现在土地流转以后，儿子就在外边安心打工，出外回来给几千块钱，你好，他也好。这样，家庭的矛盾就少一些，这是一个。再一个呢，邻居，挨着种田的，这个矛盾也少了。原来的话，干部就是忙于这个，这不是说笑的，抽水的时候扯皮啊，大队干部就忙得不得了。现在邻居之间的矛盾减少了，这是一个大的好处，安定团结。还有就是，流转给春晖以后，我们就什么风险都不担。原来种田的时候,一搞涨水淹了,一搞干了,就受灾了,对家庭经济都有影响。现在流转给春晖,你干也好、淹也好,这个风险我不担。农民就是360斤稻谷按国家保护价给我,另外多了再分红。什么也不担了,以前还提心吊胆,现在就是在那里玩。现在没事,有时候还能搞一点,确实减轻了农民的负担。解决了社员与社员之间的矛盾、家庭的矛盾,这确实是个大好事。感谢春晖,也感谢这些干部领导春晖在我们这里搞。我说的都是实打实的心里话,这说的都是好处。还有一个要求,要求什么呢?要求上级的各级领导对春晖多加支持,它搞得好,我们多分红。它要是搞得不好,说个不该说的,搞垮了,这就麻烦。我们种地又种不得,年轻人又不愿意种,那怎么办呢?所以,还是请政府对春晖多支援,这也是农民的要求,群众的要求。我讲的都是实际情况。

王金凤(龙岗村刘家墩子,70岁,家有5口人):我家有7个人的田,有9亩接近10亩田,转给春晖13~14亩。我一次性都转了,第一年来就转了。

刘顺田:她思想很进步,当过妇女主任的,30多年,也是老党员。她对土地流转认识很清楚,一次性的,没有拖泥带水。

王:就是我的老伴,还是做了很长时间的工作。我以前种田的时候挣得不多,也就是一个口粮。

曾:儿子、媳妇也都出去打工了?

王:都出去了,做泥工,到东北。

曾:你家的(李)孩子也在东北?

李:我有三个孩子,东北的也有,武汉的也有。

王:刚开始种粮也就是搞个口粮。现在不种,连国家的补助,一年补1000块钱,加个租金6000块钱,我这是纯得的。

曾:那你吃口粮不是要买了?

王:买,现在是买米吃。

曾:自己种菜?

王:自己种,自家屋前屋后找点空地,种一点,吃也吃不了多少菜,就两个人在屋里。我觉得春晖搞的这个蛮好,你说不流转的话,现在年轻人叫他抓个牛都抓不到,他也不想种田,他也种不好田,想种的也搞不好。春晖呢,这个搞的,还是党的政策好,再一个就是我们的书记、村干部把群众放在心里了。现在是流转的第四年，蛮多当时没有流转的也在说好话，找书记要求加入。也还有自己搞个100亩的，自己种。当然，这种思想的人还是少了，现在村里流转达到了98%以上了。

曾：刘书记，你们村的全部土地面积是多少？

刘：我是两个数据，我们龙岗村的国土面积是3.88平方公里，原来的计税面积，就是过去要完粮的土地是1881.19亩。

曾：就是村民承包，按照那个数据来划分？

刘：对，对。现在我们已经流转的面积3225.609亩，另外还加一点11.73亩。

曾：这11亩多是哪个村的？

刘：不是。这是分期搞的，后来进来的。本不要他的，后来又说好话，要求加进来。

曾：还有没进来的吗？

刘：还有啊，估计还有大几十亩没有进来。

曾：这个3000多亩就是实际丈量的。

王：我们过去计税的是960平方米一亩，现在是660。

刘：现在就是丈量之后的标准亩。

曾：据我了解，春晖丈量的土地，多出来的都到农民户头上去了，村里没有留。谭总跟我说过，国家粮食直补还是按照计税面积发放。土地流转金加上分红都是按照丈量的面积发放。

王：我这个家庭呢，两口子都70多岁了，孩子在家里种田都种不好的，这就"造孽"了。所以我说感谢春晖。

周义喜（阙家湾，65岁，家有4口人）：我承包的土地原来是六亩二，流转给春晖的是五亩四。

刘：他还有一点没有流转。

周：我就那么一点，周围都是别人的，他不流转。

刘：他（周）不方便流转。

周：他们就说你开飞机来种呗。

曾：你的土地还有一部分没有流转，是因为插花地的缘故，大部分流转了。

周：流转对我有很大的好处，我气力跟不上，身体不好。我老伴腰椎间盘突出。流转之后，我现在也能搞个3000多块钱，2600多斤，再加上分红三四百块钱。第一年分了 2400 多块钱；第二年 2400 多加分红，2700 多，逐年增加。

曾：第一年 2400 多块钱，第二年 2700 多块钱。

周：嗯，还在逐年增加。自己种，也搞不到多少钱。我的地靠近河边，水大一点就容易积水，没有保障。洪涝灾害，还要花钱，现在也不操心了，对我的好处还是蛮多。

曾：除了土地流转的收入，还有什么收入？也是靠小孩打工吗？

周：打工啊。

曾：你们这三家，土地流转之后有没有人在春晖里边做事啊？

周：有啊。

曾：你做不做？

周：我做的啊，下秧啊，搭岸子啊，整土啊，还是搞过的。

曾：临时性的搞还是？

周：临时的。

曾：根据你们的观察，春晖不可能全部都机械化，还是需要一些人的。它用的这些人是在村里边请，还是外边来人啊？

周：村里边请，大部分是本村的人，外地的少。

曾：这个钱怎么支付呢？

周：每天记工，把你的工记着，到时候一起算。

曾：一般的，像你这样的做一天要给多少钱啊？

周：原来是七八十块，现在 100 块了。

曾：你是在你那一片做，还是怎么搞？龙岗有几个自然村嘛。

周：公司通知，通知你到哪里去做就到哪里去做。

曾：就是说用工也是调剂啊，并不是你就在你那个湾子做。

周：那不是。

曾：就你们观察，用工多不多？

周：这个不一定，需要人多就用得多，需要得少，不需要你，就给你发工资回家。

曾：他这里是以机械为主的吗？翻地、插秧都是用机械，收割也是用机械。

周：插秧还是要用人。

曾：不是机械插秧？

刘：少部分，小块的，不方便用机械的。

曾：刘书记，你这整个村子里的田是不是都经过整治的？

刘：有的平整了，有的还没有。

曾：有两种情况。因为我看到的它这一片都是整过的。它修了一条大道，道还很宽的，路面还硬化了。

刘：是的，有的整过了，有的还没有整。这就是争取到国家项目资金的。

曾：基本农田的整治资金。土地股份合作社今年是第四年分红吧，是什么时候开始的？

刘：是2010年。

曾：但是你合作社是2011年成立的。

刘：我的合作社是2011年元月19号，流转是2011年开始的。2010年就进入了，那个时候没有搞股份制，是租赁制。

曾：当时搞的跟你们村里签的大协议还是？

刘：那是跟我们村里签。

曾：村里介入了。那就是三汊镇，村，春晖。

刘：各级政府来推动，都介入了，签订合同。因为土地是集体所有，农民的土地就是交到我们村里，村里再拿这个土地跟合作社签合同，它是这样的一个环节。

曾：但是你后边土地股份合作的时候，做法有点不同了吧，跟农民有没有签协议？

刘：就是签那个流转协议。

曾：第一次搞的时候农民没有签东西吧？

刘：第一年搞的时候刚刚进入，就没有什么。

曾：也是360斤吧？

刘：是360斤，0.97元一斤，没有分红。

曾：第一年合作社没有正式成立，第二年也就是2011年，合作社正式成立了。

刘：对，第二年开始正式分红。

曾：今年是第四年。

刘：对。

曾：今年是有合作社的第四年，那它这个大田种植的效益怎么样？

刘：现在一般来说比原来都有进步。原来我们没有流转呢，这个土地荒的太多了。正好春晖到这里搞农业，跟我们商谈，进行土地流转，就是在这样的一个环境下，村民才愿意把土地流转到村集体来，村集体才能跟这个企业签合同，它是这样的一个过程。刚开始来的时候，老李也讲了，刚开始2010年搞这土地流转，省里农业厅的祝厅长，经管局的杨局长，来搞我们这个事。刚开始土地是有，但是农民把土地交给你，他不放心，要是他把土地给你，最后你不给钱呢，对这个持怀疑态度。农民是比较现实的，对于这个土地流转，有的人相信，有的人不相信。省里派这个杨局长，派专人来我们这里搞。那个时候好多工作要搞，经常开会，我又不能在这里住，经常晚上10点以后自己租个车回家。那个时候的难度还是比较大的，群众对这个新鲜事物不相信。祝厅长，还有市里领导都亲自坐镇来我们这里，强调这个事情必须搞。把土地流转了，农民没得收入，你不发钱农民没法生存，企业要是不给钱，政府就得给买单，这个我的心里是有底的。当时开这个村民代表大会，村民讲我们把土地交给你，是我们相信你刘书记，我们的钱不找别个，就找你要。他们讲得有道理啊，他们把土地交给我，我负责嘛。当时我就讲这个话，在隔壁的会议室里，我当着省市领导的面，我讲农民找我要，春晖不发钱，我找政府，政府没有钱，我们再跟政府进一步交涉，但是农民的钱必须把，谁来把，我说凡是土地流转的钱一律由我个人把。这些钱我拿得出来，我本身有点经济基础，百把两百万的钱难不倒我。当个书记说话没有点威信，或是没有这个资本，别人不相信你，你说的话就是空话。难就难在第一年啊。原来有些不愿意流转的，看到现在的收益，而且春晖对老人这么照顾，他们也自动地加入流转。原来是我上他们的门，现在是他们还不好意思直接找我，通过别人来找我，加入土地流转。最好的办法是用事实来说这个话。

曾：龙岗这个地方实行土地股份合作，是有收益的，他就愿意进来。

刘：我提360斤的时候，当时他按310斤给我们算。最后一次，省市区、包括我们镇里，在孝感开联席会，把这个事情确定下来。在那个会议中，我坚决跟谭总讲，我说310斤是300块钱，你那个房地产业，也搞得蛮兴旺，赚了不少钱，农民是这个最底层，你在这里搞，我们全力支持你，希望你在其他项目赚的钱,给点我们。是在这个时候定的360斤。他当时也是面子碍不住,一下子增了50斤,他这个总量大,当着省市领导还是要点面子,就定下了这个数字。每年按照国家公布的粮食保护价来计算,2010年是0.97元,2011年是1.07,2012年是1.295,2013年是1.395,今年1.398。我们和农民签了合同,用粮食结算也可以,用现金结算也可以,基本不用粮食结算,用现金结算。再加上我们成立股份合作社以后,按照股份制的原则,它是风险共担,利润均分,但我们这个股份呢,是保底的股份。农业上不管有多大的自然灾害,我们这个是保底的,农民要生存。粮食不收,春晖要给钱;收了,盈利了,要分红。2011年成立湖北龙岗股份合作社以后,就开始分红,当年分红是41块,2012年是45块,去年2013年是50.05。

曾:按照10%的增长啊。

刘:今年,2014年他有一个预算,还没定下来。

曾:因为还没到年底呢,得到12月份。

刘:今年预算的情况,分红是56.3块。

曾:今年的涨幅还大一些。

刘:这只是预算,还没定呢。

曾:这是集团盘账嘛,没最后盘定,估一下。

刘:我们合作社的原则是共同参与来搞这个,要是你赚钱了,说没赚钱呢,所以我们要参与。2011和2012年这个账都是我来算的,我是合作社的理事长,谭总是副理事长,他是执行经理。这些是好的一面,也有不好的一面。现在这个农民啊,包括我,不是对春晖,对政策存在一定的看法。特别是土地平整项目,国家下达这个项目资金,总是掌握在政府职能部门的手里。前面的搞的那个几千万的楼,后来有个项目资金,本来是用来搞土地平整的,不用搞土地平整,那个楼旁边有个大湖泊,就用这个钱把那个湖泊搞成大花园。这个钱就没用到农业上来。

曾:这个的项目资金的落地的执行单位是哪个单位?

刘:现在有一个1500万,一个2500万的。1500万马上落实,直接划到春晖实施。可是这个钱是省国土厅搞的,这个钱就掌握在他们手里。这个项目明面是招投标,实际上,打个比方说,我们现在坐着8个人都参与招投标,这7个人根本就是没得用的,我就是再做得好,再搞实在点,搞优惠点,可这个中标就不是我中。这个地方的施工，应该跟我们结合，但他们根本就跟我们不过问。他把这个项目施工以后，需要验收，不要我们来参与。究竟这个钱落实在土地上有多少呢，说不清楚。

曾：李主任你们这个土地平整项目是你们报上去的，还是三汊镇报上去的？

李：是我们立项。孝南区国土资源局组织招标，它来招标，它来实施，它来验收。

刘：我们农民最担心就是这个问题，包括市里领导来我们镇里开座谈会我每次都讲。春晖来我们这里把土地流转了以后，名义是土地平整，实际是破坏性平整。我们不像河南是平原地区，我们多半是小山丘，丘陵。原来我们是梯田，春晖就直接推土机一推，把田埂子推掉以后，变成了一个坡。到2028年，春晖退出后我们这个田地怎么搞。

曾：直接推掉，怎么储水。

刘：他不种水稻，水稻不好搞，水改旱。我们学习的政策都是旱改水，他们是反其道行之，水改旱。种苞谷，种小麦。按照现在这个协议，他们种什么，我们不过问。我是说到2028年他们退出以后，我们农民的土地怎么搞。

王文访谈录

时间：2014年12月21日上午
地点：三汊镇春晖农科院
受访人：王文（春晖农科院院长）
访问者：曾成贵
记录人：李朋飞、高辉

曾：老张回去了？

王：早就回去了，春晖的人员流动非常大，从2010年到现在，人员流失非常多。这个历史啊，有的有档案资料，有的没有。怎么谈的、怎么做的，最后把事情做好就完了。

曾：这是民营企业的普遍情况。

王：当时它这个历史啊，是政府领导，政府推动的，刚开始完全没有我们的事。所以说，刚开始有很多工作，包括很多档案资料都在政府部门，现在拿不出来，包括股份合作社、香稻合作社，各个村的合同、细册、名录都拿不出来，他不给。

曾：他为什么不给呢？他怕麻烦，怕会衍生出其他的问题来？

王：对。据我了解，目前很多的资料都存了档。

曾：在三汊镇？

王：三汊镇，涉及春晖的有一大箱子，涉及原始的花名册、画册、图纸，都有。但是他不给。原始图纸，地形地貌。原来流转的时候是用铅笔绘的，那是很珍贵的资料，一套一套的。一个组，因为要把原来的界限打破嘛。

曾：承包地的四至，要搞清楚。

王：嗯，你要打破嘛，你不打破农民有时抢着种一点啊，蛮麻烦。通过协商、开会，也是我提的，界限打破就牵扯到绘图纸。当时每个组绘制一张图纸，都是用铅笔绘的，很珍贵的。这个图纸有两套，目前有一套丢了，另一套也找不到了。很多资料，原来我到集团去查的，很多涉及三汊的，基本上没材料。

曾：这个也很正常，你是民营企业嘛，民营企业越盘越大。

王：这就是这么个情况，咱是内部才说这个话，因为你们涉及了，这也是个好事。有些东西啊，对外宣传是一个口径，调研又是一个口径，大领导来了，汇报又是一个口径。

曾：这我知道。

王：还一个就是春晖的职工流动，我们三汊的职工曾经有30多人，接近40人。

曾：就是农科院？

王：农科院啊，香稻合作社都在这，接近40人。这还不包括我们的田管人员，那就多了。光是行政管理人员就是三四十人，整个院子平时都是满的。现在，只有11个人了。

曾：11个人，一个院长，两个副院长，下面还有11个员工？

王：带我们。

曾：一共11个人，包括一个院长，两个副院长，还有8个员工。

王：对。包括副总，曾经在这待的副总。我一直在这待着，分管我们这的副总，从2010年5月开始的，第一年没有副总，后来就招了一个，人事局副局长，姓潘。他待了两年，2012年春节、2013年初走的。

曾：他回到机关去了？

王：没有，内退，他是人才交流中心的主任。走了过后呢，又换了一个陈总，大概管了5个月。2013年8月的时候，老张就过来了。老张刚好搞一年。

曾：老张搞了一年，现在是谁？

王：现在又换了一个姓陈的，就是第二个分管的。

曾：又回来了。

王：他不是回来，是以前没管这一块。

曾：好。我们今天是这样的，你比较忙，我们这个访谈虽然是想到哪说到哪，还是稍微集中一点，了解一个事，解决一个事，我们也好整理。你先介绍一下吧，你到这里工作的缘由啊，你是农校毕业吗？

王：我是孝感学院毕业的。

曾：哪一年到这里来的？

王：我2007年毕业，在北京工作了一年，中国农业大学，算是学习一年吧，就回来了。进了孝感市农科院，副县级单位，2012年副县改正县。工作两年吧，我是2008年3月回来的，2010年5月10号到这里来的。过来的原因呢？因为我在农科院工作，当时没有编制，农科院是差额拨款事业单位，工作不安定。谭总想种地，找农业局推荐几个人，搞个顾问团，给他帮忙指导。最后呢，顾问是有了，要找一个年轻人联系，他们就推荐我，年轻嘛，多做点事，反正我也没有编制。叫我中间联系，春晖有什么事啊，帮忙联系一下子，过来看看。联系两次呢，谭总说，看着还可以。农业局的老专家就说把他搞过来，因为没编制嘛，那都无所谓，因为家境各方面的原因啊，一个月1000块钱，就过来了。2010年5月过来的嘛，马上就五年了。2012年的时候，孝感市农科院公开招考，我们那个谢院长一直对我非常好。我在农科院工作两年，一个月1000块钱，从来没抱怨过，他安排什么事做什么事，所以说走的时候他心里边也蛮不舒服，这个工资太低了。他说你报吧，考了再说。2012年考进去，编制有了，有编制就要回单位啊。谭总说不能走，就去找市委市政府。市委市政府要孝感市农业局研究一下，出个文件，再支援春晖搞两年，2015年8月就要到期了。

曾：有几个事情，第一个事呢，育秧服务再给我讲细一些，包括生产流程，我不知道你秧怎么育，哪一年开始，然后每一年量的增加，服务面积的增加，秧怎么育法。按照你的经历给我说一说。

王：育秧呢，这个起步还是比较早，我没到春晖育秧就已经起步了，也就是2010年请云梦的詹清卯。

曾：就是那个农机合作社的负责人？

王：对，当时没有农机合作社，老谭请的外边一个农机合作社给他搞保姆式服务。詹清卯算是应聘吧，应聘上了就来搞，这跟我进春晖也有很大的关系。当时呢，工厂化育秧在我们湖北应该是刚刚开始。还不是工厂化育秧，是机器插秧，这是推进农业机械化极其重要的一步，当时呢，第一年，谭总说的，你老詹要给我育5000亩地。老詹在云梦搞过机插秧，云梦农机局也在推机插秧。老詹比较大胆，就开始搞。当时不叫工厂化育秧，叫露天集中育秧，用小拱棚，小软盘育秧。育了之后啊，问题非常大，因为育秧有几个关键问题，我们的育秧土啊，要细，要筛得非常细，要过那个育秧流水线。第二个，育秧要用一种壮秧剂，是一种肥料，是调酸碱度的，pH值。第三个，叫化学控制调节剂。因为你育秧的话，盘子的土只有那么厚嘛，不加一定的肥料，秧苗长不起来。

曾：一般就是两公分？

王：没有两公分。

曾：要调节酸碱度，那是用药吧？

王：用壮秧剂。它是调节酸碱度的，里面也有肥料，化学控制。

曾：就是加这个壮秧剂就够了吗？

王：就够了。

曾：一个是土要筛细，加上壮秧剂，再加种子在上边。

王：要跟土拌匀。

曾：然后放到一个小托盘里边？

王：对。2010年第一次育秧，拌壮秧剂老詹也不是很懂，早、中稻的量是不一样的，早稻轻一点，中稻略微要轻一点，晚稻更轻，就是量少一点。如果早稻一斤土放五克的话，中稻就是四克，晚稻就是三克。

曾：就是越来越少。温度越来越高，放的壮秧剂要一次比一次少。

王：对、对，因为壮秧剂本身就是一种肥料嘛，它的量要控制，这是第一个。第二个，那个土要沤制。当时呢，老谭他们就没有沤，要把里边的肥料彻底分解出来。所以说，第一年因为用的是土方法，当时损失就非常大。育秧出现问题，谭总就找专家来确诊，包括汤教授，我们都在一起，都说这有问题。有问题之后就找专家来，那些老专家又不可能天天来，汤组长就说你找个年轻人联系。老谭原先根本没想到这里边这么复杂，就把我定在这边。

曾：这样才想起来要建农科院，要建农科院的必要性是在实践中发现出来的，不是说只要搞个人就可以搞得好，还有技术问题。

王：通过第一次育秧，老谭才认识到技术问题重要。为什么要用薄膜呢，薄膜是要用高温把它的芽子逼出来，等芽子出来之后，叶子张开了薄膜就要揭开，透气。2010年5月20号开始高温，大田里没有水，还没有到梅雨季节，秧插不下去，一直到6月初，沟里没水，塘里没水，秧插不下去。为什么要工厂化育秧，就是要控制秧龄，15到20天左右，过后秧苗就会长得很长，放在机子上就插不下去，叶子要卷到机子里边去了。到了6月份的时候才来水，搞不及啊，所以说秧苗啊也损失了不少。2010年开始总结的时候，我们几个人就说要搞大棚育秧，工厂化育秧，控制它的生长速度。低温，上边有薄膜，可以控制秧龄。

曾：你这个温控要达到什么要求？

王：这个不一定，没有多大要求，只对早稻有要求，中稻、晚稻就升温了。

曾：只要常温就可以了。

王：嗯。所以，这样前期总结各方面的原因啊，就搞工厂化育秧。工厂化育秧，可以用架子，省地啊。一架子搞五排。第二，可以节水，如果我们搞露天育秧的话，就要大量的水往里边灌，它要蒸发啊，各方面流失啊，是不是？第三，可以调整秧龄时间。如果说这个时间大田里没有水，我可以在大棚里把水浇少一点，保持它的生命就行了，控制它的生长期。水一来，就加点水，长快一点。第四，工厂化育秧，如果雨水充足的话，可以晚上临时加班育秧，10到15天就可以出秧，保证供应。不像是露天，露天晚上不能作业啊。

曾：你的秧苗就是供应三汊？

王：目前是这样的，考虑到物流成本，就是三汊周边的朋兴、杨店，远的划不来，要考虑物流成本。

曾：你这里峰值达到多少亩呢？

王：我们这最高达到 10000 多亩。

曾：就是你说的 15000 亩？

王：对。

曾：今年最高？

王：今年不是，今年有点压缩。为什么压缩，非粮化。

曾：这我知道，另外再说。非粮化，只要你不非农化就行了，因为你非粮化是要调整内部结构，增加收入。就是说你最大的峰值是 15000 亩，那是去年还是前年？

王：应该是 2011 年。

曾：那就是你一开始就一下子冲上去了，然后慢慢的下来了。今年是多少，有没有 10000 亩？

王：今年大概是 8000 亩、7000 多亩。由于非粮化，原来买我们秧的现在都不要了。原来几个合作社嘛，跟我们定秧，现在都不要了。他一部分改成直播，就是撒播，第二个就是改种其他的经济作物。

曾：工厂化育秧减少的原因，第一是边远地区，第二是原先种你的秧苗的人现在变为直播。

王：一个是边远地区，一个是直播，还一个是尝试了两年之后，他的成本比较高。我们包送，送到用户的主公路上，从主公路到田里，这段距离是人工挑。人工挑，他跟在工厂一样，秧盘始终要保持平衡，不平衡，损失就大了。这样，一个是他的物流成本，第二个损失蛮大，不如他搞直播或者搞人工插秧。现在机耕路，最后一公里没有通。

曾：路网没有形成，不能够把工厂化育的秧送到田头，最后还是需要转运，转运就会有损失，还有人工成本。因此不如搞直播，一部分是就地育秧，老式的。第三个可能是有一些种植结构的调整。所以，你今年就只有 8000 亩，你的峰值达到了 15000 亩，在 2011 年，然后慢慢的减少，这也是一个变化的过程。你这个育秧的大棚需要投资多少？

王：投资啊，这个投资看怎么说了。

曾：就是设备，搞工厂化育秧，建一个车间，一次性要投资多少？

王：具体的投资跟原先对外宣传的不一样。原先讲的大一些，1000 多万。

曾：你盖这个厂要不了 1000 万吧？

王：以前对外宣传是 1000 多万，现在统一口径就是 1000 多万。

曾：实际上投资多少呢？

王：两三百万。

曾：两三百万，就是可以建起来？

王：还要配套流水线啊，包括地面啊。

曾：把地皮算进去了，那就不止两三百万了。

王：包括辅助设施，还有拱棚。

曾：那都要算进来，你这个是从无到有，所花的每一分钱都要算进去，就是不算人工。

王：为什么要算 1000 多万呢，1000 多万还有一个银行利息在里边，每年这个设备折旧费啊。

曾：这个说的我就比较清楚了。第三点，你把测土配肥给我讲一讲。

王：是这样的，目前我们国家的肥料啊，趋向两个极端。高端肥料，像在山东、江苏、上海、广东，它是经济作物比较多，它的元素都是比较好的，用的元素都是比较高档，制作工艺也比较高档，沿海用的比较多。我们华中，鄂西北这一块用的是低端肥。用肥对提高粮食产量肯定是有用的，但是对土地的损害也蛮大。它是在工厂里配的，25 个氮，15 个磷，15 个钾，没有考虑到你这个土壤本身是缺磷还是缺钾，这是第一个。第二个，作物本身，水稻的需氮量是多少，就像人嘛，每天摄入的营养是有一个配比的。每个作物，它对氮磷钾的吸收量、需求量也是不一样的。第一种情况，如果这个土地氮含量很高，磷元素、钾元素缺乏，你把这个氮含量高的肥料施进去完全就是浪费，会流失掉。第二个，它会无形之中改变土地的成分。第二种情况，作物，像水稻从种植到收割，整个的一生大概需要 22 个氮，土地本身就有 10 个氮，再施进去 25 个氮，含量过高。就像本来脂肪就多，再多吃肉。水稻，氮元素过高，就会疯长。这就是我们选择测土配方的一个选择点。先把土壤拿到实验室里去，测一下氮是多少、磷是多少、钾是多少。把这个数据输入到数据库里边。我在龙岗这边种水稻，查一下龙岗这边的氮磷钾是多少，然后再拿一个水稻生长需要的氮磷钾是多少，找一个平衡的数据，电脑软件一合成，它就能给你一个比较合理的结果。既满足作物的需求，又不会造成肥料的浪费。把氮磷钾从不同的入口输进去。

曾：就是把氮磷钾三种化肥输入进去，符合那个要求就行了。从三个口下去，然后调在一起，就是自动配成的调和肥。

王：作物需要多少，土壤中含有多少，我们再加入多少就行了。

曾：你们这个地方基本的土壤结构是什么情况呢？就是普遍性的土壤缺什么东西？还是它的差异很大？

王：差异都有，差距比较大。

曾：你比方说龙岗的这一块，它缺什么？

王：龙岗这一块主要是缺钾。

曾：那你就根据它这个情况，钾就加多一点，按照你的要求来。

王：它是电脑自动配置的，每个村有一张卡，把卡往里边一插，这个村的土壤结构就知道了

曾：你现在管多少个村呢？取样取多少个村？

王：11个村。

曾：就是三汊的？

王：对。

曾：就是朋兴乡和肖港镇的加起来就是这么多？

王：那不止。

曾：就是你说的三汊镇、朋兴乡、肖港镇加起来有20多个村，每一个村都有一个数据库，然后不同的村配不同的肥料？

王：不同的村，它种不同的作物。

曾：还要根据作物的情况？

王：一个是根据不同的作物，一个是根据不同的地点，还一个是根据不同的茬口。

曾：茬口是时间，土壤是地点。

王：为什么要强调茬口？油菜种了之后是一个配比，小麦种了过后又是一个配比。油菜是养地的，小麦是耗地的。孝感还一个情况，看是种早稻，还是种中稻，还是种晚粳，早中晚需求量又不一样。

曾：这个挺好，你这个肥是从哪一年开始提供的？

王：去年。

曾：去年是多少？

王：去年不多，100吨吧。

曾：今年呢？

王：今年在下降。

曾：因为你种植面积在下降。今年大致是多少呢？

王：今年大概是60吨。

曾：第四个事情，你给我讲一讲病虫害防治的问题。

王：我从历史开始讲，我们刚开始是准备自己组建病虫害防治队的。

曾：它怎么样工作呢？

王：这个目前也有，各个地市州都有，我们也了解了不少。

曾：就是那个农技站的服务？

王：不是，是私人承包的。

曾：私人的？就是帮忙打药的。

王：保姆式服务。他有两种情况，第一种带药，你的药，你的机械，你的人，这一片地包给你，每一年多少钱给你。第二种就是药是我的，你负责打药，机子是你的，人是你的，给多少钱。

曾：就是全包与半包。

王：对。这个也出现了一些问题，我们刚开始也准备搞的，我们也出去调查，为什么不能搞呢？这个，全包给你，打的速度比较快，打的不到位。

曾：就是偷工减料，药剂给的不足。

王：药剂也有问题，质量方面的问题，这有危害。为什么农业打官司很难打呢，因为它受到几大因素的影响，水肥气热，不是单一的要素影响它产量。第二个，药剂给他，药剂给他的话，如果你有100亩地的话，你一个人你也看不过来。药倒了，或者是药提走了，这都发生过。

曾：就是说外包病虫害防治，有一些不讲诚信引起的问题。假如讲诚信，这些问题都不存在。不讲诚信，所以不敢外包。

王：刚开始我们是只提供技术，田间管理员自己打。我们呢，水稻种后，每两周给他们提供一次作业通知单，这段时间有什么虫害发生了，建议用什么药。刚开始是要他们自己去买，后来，涉及商业这一块矛盾就比较多，药就由我们提供。我们来负责技术，负责监管。你今天打100亩的药，打多少，我来配,那边签字,再结算。是这么搞的。

曾:药是承包方出?

王:说白了,药还是集团出。

曾:谷子里边扣,你那个太阳灯灭虫器是在样板田里搞的?并不是所有的都搞这个吧,那搞不起。

王:对。我们总共是700多盏。

曾:700多盏都在这里吗?看不出来啊。

王:700多盏我调200多盏走了,人家偷走200多盏走了。2010年就装了。电池只能搞三年,何况还在外边风吹日晒,坏了一些。

曾:这叫什么?

王:智能型太阳能灭虫器。

曾:一盏多少钱?

王:分小的、大的,大的是6000多块钱一盏,大的是土地整理项目里边的,它有一个科技推广费。小的是1800。

曾:病虫害防治,你们承包给别人没有?

王:没有。

曾:知道包给人家会有那么多的弊病,所以也就没有包给别人。以前,主要就是提供虫情预报,然后针对性地提供防治用药,田管员到这里来拿,签个单子,到时候结算就好了。你这个生产用水是怎么搞呢?

王:水源是吧。水这个问题目前比较复杂,是一个很头疼的问题。这个生产用水,2012年之前我们是没有自己的泵站的,没有自己的渠道。原来用水啊,都是用村里的泵站。地方没有泵站的就自己买泵,小的潜水泵。就近接电,就地取水。

曾:这是2012年,以后呢?

王:现在我们建了几个泵站,部分配套上去了,还有一些还是靠着这样一种模式。

曾:新建了几座泵站呢?

王:新建的泵站都是我们自己出钱的,建了6座。

曾:这个收割怎么搞?交给农机合作社?

王:农机合作社收。

曾：那你这个烘干机是归哪个管？

王：农机合作社来管。

曾：烘干机一共是几组啊？

王：6组。

曾：同时工作能够烘干多少吨？

王：1组是20吨，6组是120吨。一个批次是120吨，一个批次大概需要8～15个小时。

曾：一般情况这个烘干车间需要工作多长时间？

王：最长的要搞一两个月。

曾：都是用麻袋拖过来，还是怎么拖？

王：原来，2012年之前是用袋子。收割机没有改装，必须是用袋子的。从2013年之后就不用袋子了，收割机改装之后就变成了散装。以前的收割机就是靠人上去扎袋子，袋子丢到田里还是要装运。收割机改装之后它的肚子里可以装2000斤谷子。原来的设计是没有装箱子的，现在设计的有，收割10亩田装一箱子，开到边上，装到翻斗车上，然后拖车拖过来往烘干机上一倒，一次性，还方便。

曾：这个是归谁操作呢？是农机合作社的工人？

王：农机合作社的工人。

曾：这个烘干是从什么时候开始的？

王：2011年开始的。

曾：投资多少钱？

王：这个当时报的也是1000多万，因为你烘干机要配套仓库啊。

曾：好像除了这里，大悟的大新镇也建有小的烘干机车间。

王：那边有，朱湖也有，都有。

曾：一共是建了多少呢？

王：有三座。

曾：朱湖有吗？

王：有啊。马上安装，已经买回来了。

曾：大悟沈城村那里我去看了。

王：这个烘干机我在衔接嘛，前天拖过来了。

曾：工业园还在前面吗？

王：工业园还没搞，马上开始搞。

曾：就是准备装3组小的？

王：朱湖那边是3组，工业园那边也是3组，共6组。

曾：大悟那里是一组还是两组？

王：3组。

曾：就是另外盖三个3组，是吧？

王：对。为什么要这样盖呢，是因为现在是一个趋势。粮食受到天气影响太大了，今年2014年，早、中稻很多都长芽子了。

曾：烂了，不能马上烘干。

王：这是第一，第二个的话，老弱妇孺在屋里种点谷子，翻不动，他还是卖，自己留点吃，但他翻不了；第三个，目前种田的品种也在趋向单一化，很多农村原来有稻场，现在都没稻场了，该挖的挖了，没地方打谷子了。

曾：关键是他一家一户的，同时抢着个稻场也没用啊。

王：种粮的越来越少了，我们粮库收粮越来越难。现在收粮的到处抢粮，北边的去南边抢，南边的去北边抢。我们都把湖南、江西那边谷子往这运，湖南、江西从我们这里往那里运。

曾：你要满那个仓储的计划，自己种的不够。

王：对。

曾：这个就是你们过去种谷子的原因之一。

王：马上开始收湿谷，自己烘，烘了就直接进仓。

曾：那就是直接面向社会收谷，除了你自己种的以外，买人家的湿谷子。

王：对，不需要晒，自己烘，也用不了多少电，而且我能够百分之百达标。到外面收谷子不能那么达标的。组织贩子下去收个10万斤、100万斤拖过来。

曾：搞中介嘛。我看你这里搞农机培训，春晖职业学校是怎么运作呢？还是只挂个牌子？

王：运作，我是校长。搞了三四年了，2011年、2012年就搞了。

曾：为什么起名叫春晖职业技术学校？

王：因为我们当时走产业化，要把所有的程序做到位，这是一个方面；第二个方面就是我们谭总有个设想，培养职业农民。他没注册这个学校的时候，把这个点子弄出来了,三汊这个地方啊要把它打造成春晖的黄埔军校,要培养一批人才。春晖从开发房地产起家,转到粮食仓储,再发展到农业这一块。粮食仓储是很大的一块,进来以后向外面扩散,这部分员工全部是原来粮食公司的。不知道买断还是没买断,原来粮食公司的员工都被春晖消化了。刚开始有个故事,2010年5月,我们刚进三汊的时候,老詹在地里育秧,李总(李新华)原来是粮食公司总经理嘛,他说现在不再找人,粮库的人闲着没事,都抽调过来,抽调10到20个人到三汊来种地。老谭用三个车子送来10几个人,那个时候正是育秧的时候,这个院子还没启用,房子还是危房。老詹、我们都住在田边,搭了个棚子。上午9点多钟送过来,老谭是10点多到田的,他们都是穿的皮鞋,我们穿的都是水靴。下雨嘛,几个女的打着伞,不能干事。老谭没办法,搞了一天叫他们回去了。他跟我说,首先起步呢是以大学生种田为主。学校是2010年底注册的,也是2010年底开始培训的。我们走两个渠道,第一个渠道是从本科院校招一批大学生进来,把他们培养成种田能手,那就得培训,也把我们的田管员搞来定期培训。再一个在前期种田的时候,2010年5月、6月、7月、8月,他们偷懒,素质不高,叫他们打药有的没打进去,把药倒了,肥料带回去了;想提高他们的职业素质,就办了培训学校。第二个,就是想从四川、贵州贫困山区,招一部分工人过来,包吃包住。培训个一年半年然后就在这里种田。本地培训呢,培训了四期,培训了400人。培训了一年之后效果不是蛮好,就改方法。孝感这边我都去培训。从外面再招一批人,不能用本地人,用本地人有时他不好好搞。2011年培训了360个人。中间准备过渡,培养大学生呢,我们从2010年就招了10个大学生。搞到2011年底的时候,由于当时土地项目整理啊,田还是原来的老田,田块过小,机械化程度不高,效率不高,经营利润提不起来。经营利润提不起来,工资福利就提不起来,也确实太辛苦了。最后呢,外边人没招到手,里面呢也留不住人。

曾:现在10个人都走了吗?

王:还有两个人在。

曾:两个人在这里干什么呢?在你农科院里还是在公司?

王:在总部。

曾:在集团总部,那就是说他们已经是行政管理人员。这个设计是挺好的。还搞不搞呢?

王：去年搞了。今年也搞了一期。

曾：主要培训什么内容呢？

王：春季种田栽秧之前搞一期，病虫害高发期搞一期，一期，五天。为什么五天呢，省厅里有个阳光工程培训，给我们指标，要培训五天。农民哪能天天到，按照阳光工程要求，要农民每天来签字，不能代签。要在这找50个人，一期要在80人以下，不能超过80人。他不可能五天都来的，而且年龄不能超过60岁。

曾：阳光工程是农业主管部门开设的培养或者说改善农村农业生产力的一个措施，按人头给经费。一个人给多少钱呢？

王：我们培训就比较少啦，原来是800元，我们培训是400元。

曾：省厅给多少钱呢，它补下来的？

王：一个人400块钱。

曾：它培训是下达指标的，不是说你愿意培训多少就培训多少。

王：对，下达指标。

曾：你今年指标少一些？

王：今年指标少一些，懒得招人。现在培训已经搞不下去了。劳动局的培训补贴高，一个人有4000、3800块的。

曾：那就是说你这个培训还是由农业厅转移支付的，不需要集团里面再出钱？

王：基本能够保持。

曾：你再给我讲讲专业合作社。香稻合作社、糯稻合作社是分开的还是在一起？

王：它是分开的。

曾：怎么个搞法？

王：最简单的还是它。老谭当时的初步设想是每个部门单独核算，便于管理。像学校培训农民，农科院提供技术，农机提供农机作业服务。香稻专业合作社搞这个单独的生产，它就是一个管理合作社。管哪些东西，第一个就是每个村的土地面积、土地界限；第二，跟农机合作社协商耕田、栽秧的事情，耕田的质量、作业的效果、作业的价格。第三，栽秧之后管水、管肥、病虫害防治，我们农科院提供技术，他们组织人员打药。收割就直接通知农机合作社收割，收割过后就拖来烘干，量比较小的就直接晒干，晒干后直接送到到粮库。

曾：你这个香稻合作社、糯稻合作社是一个有形机构还是无形机构？

王：有形的。香稻合作社有单独的账。

曾：它跟田管员有什么关系？

王：它来管理田管员。田管员是它的社员。

曾：那这个香稻合作社的社员和田管员是什么关系呢？

王：田管员就相当于香稻合作社的核心社员。

曾：那这些田管员怎么还要给工资呢？田管员和收成之间是什么关系呢？

王：田管员就是香稻合作社的核心社员，他的工资由香稻合作社发。合作社的资金是从上面申报下来的，谷子加工处理之后它的费用抵消。刚开始，合作社社员是发固定工资的，1500块钱一个月。当时100亩田一个田管员，也叫社员，农机合作社打田的质量要管，管水、管肥、管草。

曾：田管员一个人100亩田的工作范围，一个月给1500块钱的劳动报酬，是香稻合作社的社员。香稻合作社把所有的大田种起来以后，这100亩要扣除种子、化肥、农药、机耕服务以及人工管理费一个月1500元。这些都算是生产成本吧？100亩田生产的谷子，把这些都扒掉，扒掉以后就是净利润。净利润，春晖和田管员要不要分成？

王：原来按照预想是有分成的，五五开。香稻合作社当时老张负责嘛，就是说我这100亩地给你，所有成本算起来，这100亩田赚的一万块钱，你5000，我5000。这个钱从哪来，公司要拨下来，因为这是你赚的。这个5000相当于你的管理奖金。后来有些问题，一个是100亩面积过大了点，当时有四五十个田管员，这些田管员地分不匀，主要是土地质量、灌水条件不一样，最后收成不一样，这个也不好划分。100亩收起来也非常难，虽然种植时间差不多，但最后的成熟程度不一样，有的收的早，有的收的晚。前期的时候这100亩还能核算得过来，后来几千亩田算不过来，就直接按照田管员搞得好的奖励点。

曾：这个制度现在坚不坚持？

王：没再坚持。

曾：现在怎么个搞法呢？你这合作社搞了几年，从哪一年起搞到哪一年？

王：现在还在搞，但是职能变了。现在职能就是管理这些家庭农场、管蔬菜合作社。

曾：三汊镇、肖港镇、朋兴乡加起来是多少？两万亩吧？

王：对。

曾：这两万亩怎么种、怎么管？

王：现在各个地方都有负责人。

曾：是怎么负责法，几个人？

王：一个地方一个人。他一是负责管、二是负责种，自己在种。

曾：那么多，他一个人怎么种得了？

王：说白了，像朋兴，它像一个小合作社一样，是个书记种，他手下十几个人。

曾：那你集团怎么给他下达任务？承包费归你出啊。

王：承包费公司出，他来经营，人员工资他来出，交我们这个基本费用就可以了。

曾：那就是说土地流转金他要出，生产成本也是他出，盈利都是他的吗？

王：算个利息。

曾：怎么算法？

王：因为平时生产成本他没钱。

曾：这就等是土地流转来了以后，委托管理。

王：说白了，就是现在家庭农场模式。原来分一点红利，现在不分了。按照合同，五年过后春晖要收点钱，因为地方协调还是春晖在跑。

曾：这个材料里面讲到2012年农机合作社有3个，香稻合作社有2个，家庭农场有8个；2013年农机合作社有7个，香稻合作社有4个，家庭农场有32个。2014年农机合作社是12个，香稻合作社有8个，蔬菜合作社是3个，农资合作社是2个，苗木合作社是3个，家庭农场是46个。如果是这个数字的话，我要按这个数字列出表来，理不理得出来？

王：有些事是这样的，农机合作社是分社，有的挂牌了，有的连牌也没挂。

曾：没挂牌它要真正运作。家庭农场我认为有个定义的问题，家庭农场并不要注册。

王：也需要注册，但我们还没有注册。包括这个香稻合作社也没有注册，分社也没有注册。

曾：家庭农场没有法定地位，香稻合作社有法定地位，它是由农业专业合作法来规范的。家庭农场你得把明细给我，我得要明细。苗木合作社是3个，也把明细给我，我想永昌至少算一个。还有你的12.98万亩土地流转，说的是总面积，也需要明细。还有4.1万亩是季节性托管，那是怎么个搞法？

王：季节性托管，这是一个新概念。孝感这边种植习惯不一样，只种水稻，前十几年还种点油菜、种点麦子，这几年秋播任务非常重。为什么季节性托管，这个大悟也头疼，领导去检查的多，到季节它秋播又搞不起来，就找我们说把这个土地翻起来也可以。

曾：那你们有没有收益呢？

王：政府给点补贴。每年我们大悟基地，政府拨肥料、种子不少。现在改成苗木了。

曾：拨给你们。那收成怎么搞，季节性托管的农民自己收走？

王：不啊，我们种的，我们自己收。一打、一种、一收。季节性托管，原来没这个概念，大悟县逼着搞的。

曾：我想你们土地流转有几种：股份合作，就是现在龙岗村，就是这么6000亩；第二种叫长期租赁；第三种叫合作经营，就是朱湖农场那个，因为它没有流转手续，是你在它的地上去种，你把钱赚来分成；第四个就是季节性托管，它是非常时期的非常办法，不能够按照正常的经营来衡量它，评价它。

王：季节性托管目前也不是春晖一家在搞，各个地方也在搞。

曾：土地整理究竟怎么搞法？

王：是这样的。土地整理，前期是我们自己整理，包括这个示范田啊，都是自己出资整理的，把沟渠路都做了。这两年政府一直支持，各级政府过来，春晖也给他们提，农业收益也那么低，前期投资较大，重点在土地整理，不整理不行，亏损都在土地整理这一块。最后省里说给春晖搞点土地整理项目，2011年就为了这个事跑，还开了会。2012年又跑了一年。这个项目冠名还是春晖的老谭，按照国土部的要求不能由企业自己搞，实际上还是国土部门在落实。今年上半年的平整项目叫农业综合开发，这次是政府报的"南水北调"工程。有跟我们土地搭界的地方，平整都是他们在搞，他出钱，他出工程队。

曾：两个省级农业加工科技园是不是都已经搞成功了？一个是首批农产品加工科技园，一个是示范综合物流园。

王：那我搞不清楚。

曾：加工科技园是在哪一块？

王：朱湖。物流园还有点问题。今年准备动工了，原先1292亩，现在已经有2800多亩。这个地原来挖了鱼池子，填了100亩买了600万元的土，填了一年，本来要准备盖的。现在停下了。

余义军等访谈录

时间：2014年12月28日上午
地点：四方稍粮库
受访人：余义军（粮库书记）、涂福堂（粮库经理）
访问者：曾成贵
记录人：李朋飞、高辉

曾：今天到这儿来想比较细致的了解一下四方稍粮库的情况。

余：我们四方稍这个地方大概是20世纪50年代建立的，具体哪一年我也不太清楚。我是2006年来这里担任书记的。50年代，是全国第一批粮管所。土地是由郑阁社区三组提供的划拨用地。

曾：地名叫什么？

余：叫郑阁村，是郑阁村三组的地，划拨性质。在孝南的西北边。目前我们这个地方叫孝南区胜利街117号。行政关系属于车站街道。这个粮库成立以后，经历了三次改革。第一次大的改革是在1999年。1998年底至1999年初，粮食局根据国家粮食流通机制改革，实行主业和副业分离。1998年，这个地方将近500人，分了100多人到朋兴产业发展中心。2002年，又经历一次改革，规定我们这个地方只留50个人，其余的还有200多人就要通过清算，或者通过其他的渠道安置。我们清算了一部分，辞退了一部分，留下了四五十个人，成立了孝感国家粮食储备库。

曾：正式成立的时候，粮食储备库就只有50人吗？

余：对。当时就是50人。2002年以后，由于省里一直要求清算，我们这个地方的资产一直没有变现，地是划拨地，在城区中心，加上这个地方旁边正是空降兵的飞机跑道，要控高。别人对我们的地不是很感兴趣，地卖不出去。职工解除劳动关系，老粮库的债务，都没有办法处理，没有资金。没有办法，就和春晖合作。春晖从2006年开始给我们粮库注入资金，偿还以前产生的债务，发职工工资。

曾：这属于借钱性质。

余：嗯。一开始是借钱，2009年的时候，在我们粮库前任法人代表手上，亏空1000多万斤粮食，又向春晖借了1200万。就是说，这个时候我们已经欠了春晖1000多万块钱了。

曾：从2007年到2009年啊？

余：从2006年到2009年借了一千多万。2009年以后，我们粮食局又启动粮库的改革。以前，粮库这个院子里面有五家单位。哪五家单位呢？一个是孝南米厂，一个是饲料厂，一个是储运公司，一个朋兴产业发展中心，再就是我们粮库。五家单位的职工接近五百人的样子。职工的养老保险和清算，要拿钱出来。这个地方卖不出去，本身我们又向春晖借了一部分钱，最后就通过粮食局找春晖来谈合作。要求春晖继续注入资金，签订协议，把这里面整个打包，今后拍卖的话，让春晖来摘这个牌。春晖又注入资金给粮食局。我们这个地方，2012年之后，所有的职工全部清算完了，包括五家单位都是由春晖拿的钱，现在，春晖同粮食局合作，已经拿了2100万，包括借的1200万。

我们粮库跟春晖谈的是个什么协议呢？就是拿粮食库的牌子跟春晖进行合作，这是一块。第二块，我们粮食局3000万斤储备的指标。第三块，就是我们其他资源，包括项目啊，还有政策方面的支持，都会向春晖倾斜。春晖每年向粮食局交一定的管理费。春晖的管理费这么多年，自从签订这个合同以后一直在交。但这个地方的土地至今还没有进入招拍挂的程序。土地已经进入孝感市土地储备中心，但现在的问题是不停换市长，不停变方案，老是定不下来。所以，到目前我们这个地方的土地还没有变现。春晖没有拿到啊。春晖除了借了2000多万给粮食局，在这里面投资又是2000多万。

曾：春晖就用一个3000万斤的指标吗？工业园那个地方的仓储指标哪里

来的?

余:那是春晖去争取的。这个是粮食局以前就争取了的,是老的。

曾:那就是说3000万斤就用在这个地方?

余:现在也不在这里,现在在朱湖那边。我们这边都是老仓库,不符合搞储备的条件。省粮食局有一个专门搞储备的公司,说我们这边的仓库都是50年代的苏式仓库,不适合搞储备,要求我们把储存的东西都挪出去。所以,我们就挪到了新库朱湖和工业园,那边的库好一些,在那边储存。

曾:也就是说集团做收储,指标不止3000万。区粮食局原来给你的库是3000万,春晖拿到3000万指标以后,你这边储一些,外面储一些,可能它在进入以后,有些长期合作关系,跟粮食系统,包括省粮食局,可能再增加一些。第三个,就是粮食系统的政策支持,包括库耗。

余:比如说我们搞项目,这个老仓库改造都享受政策支持,就是改造资金,我们省里不是在搞"粮安工程"吗?这个老仓库如果说投资改造的话,那就该享受我们粮库的待遇。就是说,粮食局还是管的。

曾:粮食局拿这三个东西和春晖合作,春晖汇入资金解困,再来经营。

余:还有一个,我们这边老粮库的50个职工,粮食局要求全部要在春晖上岗。那就是说在粮食库这边下岗,清算,脱离国营,春晖必须接纳他们上岗,这个春晖已履行了。自己要辞的,那就没有办法了。

曾:你的工龄啊、保险啊,继续算,以后反正是新体制了,都是社会保障。

余:粮食职工以前没有医疗保险,没有其他的重大灾害险,现在春晖都买了。

曾:买了几种呢?

余:"五险一金"都有了。我们在粮食局的时候没有,只有养老保险金,而且只交60%。

曾:好,这个问题已经很清楚了。第二个问题,我想您跟我介绍一下春晖接手以后对这个地方的改造。

余:粮食局和春晖合作时,这个老粮库非常难看,牲口车、板车在里面拉,租给别人喂猪、喂鸡,臭水横流,锯石头,搞得灰尘满天飞。春晖接手以后,跟粮食局协商,把原来废弃了的仓库全部整理了。这中间空着的一块地,就是原来的米加工车间,租给别人在喂猪,全部把它挖了。我们计划在里面搞物流。为什么要搞物流呢？因为它这个地方有一条1500米左右的铁路专用线，那是原来国家储备库的时候就批了改造的。用这个资源，我们就把站台改造了，专用线这边旧的车间仓库、中转库都扒了，建成了现在新的中转库。当初的设计是，大概一个新的中转库3000个平方，里面的设施都搞好了。目前还没有安装配套设施，骨架都搞好了。建这个库的投资大概一个是700万。

那四个高管子是立筒式中转库，一共四座。立筒库的投资还要大，光地下就投了几百万，做了十几米深在地下，全部都是用钢筋打的桩，四座七八百万。立筒主要是散装。我们这个地方是全省的12个物流节点之一，每年吞吐量都比较大。春晖对我们这个地方的定位就叫湖北春晖物流园，计划在这个地方搞物流的。

曾：是什么样的呢？

余：我们这个地方的物流是前期的物流准备，集团在孝汉大道周边准备征地1290多亩，但这个项目现在停了。我们这个地方搞物流，就要搞配套，既要有包装物流，又要有散装物流。这个地方在孝感城区，有一定的局限性，在三汊那边征地搞物流园，电子交易平台、大厅、冷库都在那边建设。原先计划在这里，后来觉得这个地方受到局限。一个是地方也比较小，如果说真正把物流运转起来，这个地方会受一定的影响，所以集团最后决定在那边重新征地搞物流。这边又做了2栋新的物流仓库，4200平方米。这个做的是物流中转仓库，全天候可以进行物流运输。就是下雨，也可以在这个里面装。

曾：现在这个园区里面占地面积多大？

余：这个园区，不算周边的话，占地面积是69.1亩。

曾：就是说你的园区占地69.1亩，地面上，除了办公用房以外，有三栋中转库、四座立筒库、一条铁路专用线。

余：老的粮库大概还有七八栋。

曾：都能够储满，用得完吗？

余：可以，用得完。

曾：2014年你这个库里面最大储量是多少？当然是动态的，中转，就有进有出。

余：几亿斤是没有问题的。我们的老仓库就有5200万斤，这是中央储备批的计划。我们这个地方可以承担中央储备,中央储备的资格，每年都在公示，都在年检。

曾：你的那个3000万斤是省储备吗？

余：是省储备。当时国家粮食局的局长到我们这儿来调研，觉得我们干得不错，对我们的李总进行了表扬，说把这么破的粮库弄得这么好。

曾：你说的李总是李新华？

余：就是，当时他是这个粮库的主任，我在这个地方当书记。现在的大致情况就是说我们这个地方储备粮食，如果说，不动的话，可以储存个三四千万斤。

曾：这是静态。

余：嗯。如果动态的话，那一年10个亿左右也不成问题，有这个能力。

曾：你这个粮食储备，从今年的角度来讲，进价是国家限价的？还是市场浮动？

余：基本上，我们的储备都是市场浮动价。

曾：价格是市场浮动价？还是国家指导价？

余：每年的托市收购是国家指导价。我们的储备，为什么我刚才跟你讲要向春晖借1200万呢？这个里面就是因为市场价。比如说，我今年粮食要收储备进来，国家现在收托市1.38元，我1.3元，谁能卖给你呢？没有人给你，你必须1.38元收进来，甚至更高，才能收得到。等到储备收进来以后，再要卖出去，市场价只有1.18元到1.20元之间，随便一亏就是一斤粮亏两毛钱，那3000万斤如果一年的话，就要亏600万。

曾：这个就是产销倒挂？

余：对。国家是保护农民利益的，收进来的粮食储备要求三年一轮换，现在要收这个优质稻的话，要你一年一轮换。比如说，粮食三年一轮换的时候，市场卖高价的时候你不能轮换、不能卖，但是等到粮食行情，它一般两三年就有一个周期，它最高价的时候你不能卖，最低价的时候要你卖。再就是收购的时候，你卖了就必须要还啊，卖的钱要打到省储备公司给你管着。收购的时候，你现在给多少钱我，我到时候就给多少钱去收，比如说我现在100斤粮食，你给了我100块钱，再经你去收100斤粮食，我就给100块钱你，那么我在市场上收，我得138块钱，才能把它收起来，所以我们就要亏这个钱，导致了我们以前在粮食局下面就亏了那么多钱。粮食局、银行又不给你贷钱，除非省里给钱。

曾：那国家不应该要贴补这一部分亏损吗？

余：国家其实有一个粮食轮换的风险保证金。这个风险保证金在哪里呢？这个风险保证金是在省的储备公司。比如说，我今年的粮食，现在是一块钱收的话，我卖到一块二的时候，这个钱呢，都打到他那里去了。打到他那里去了，多的两毛钱就拿到这个风险储备金里面。它在收购的时候，又不给我，这个储备金只有他能用，我们不能用。

曾：但是它并不储备粮食，它只是管理部门。

余：国家只对它。比如说，我们省粮食局这个省储备的指标是直接下给它，它再来委托我们去拿，我们只是一个委托单位。因为我这儿有存储资格，它给你，你给他保管，但粮权不是你的。

曾：就是说国家把指标下达到湖北省粮食局下辖的粮食储备公司，对吧？它有粮食风险金的。实际上它并没有直接储备，你这所有的粮库都是它的脚，是吧？储备不是在他那里实现，是在你这里实现的，它那个风险金是你们的风险金汇总在它那里的，它的风险金应该分散到你们这里来，支持你们运转。

余：对啊，就是这样一个事。现在春晖也受不了啊，国家又有个新政策，三年给你一毛钱的轮换差价，三年，就是轮换的话，你再亏了，我这一毛钱给你，但实际上不止亏一毛钱。

曾：就是说，你一进一出，三年一个周期，一斤补你一毛钱。实际上，你轮换的可能是要快一点儿好一些。按照道理来讲，轮换快一些的话，你的损耗可能就会少一些。你要是死储三年，这个粮食就成了有点儿像积货一样。你现在收购一块三毛五，很难得预定三年以后卖到一块四毛五。

余：是的，就是说你就不行了。

曾：你预定不了。要快一点儿，现在一块三毛五收进来，在一年之内，还可以一块三毛五卖，那可能就不亏了。

余：嗯，就不亏了，可以保本。这一关只是销售，另外，一块三毛五我再下去，说不定它明年托市价格又涨了，市场价格又涨了，你再收进来的时候，你一块三毛五就收不到。

曾：那你就还有一个问题是，除了价格倒挂以外，还有管理中的损耗。

余：是的。管理肯定是有损耗。那国家就有规定千分之二的最低损耗，那肯定是不止啊。现在老百姓又不晒粮食。

曾：也有损耗，有水分啊。

余：但你作为一个企业来讲，没有办法，一个月一斤有四分钱的补助保管费用。

曾：保管费用。一斤的保管费四分钱，三年一次一斤一毛钱，就是这两个数字，再乘以你的库容，再乘以你的实际交易额。

余：所以说，这个东西要是真正的把它经营的好的话，还是可以。为什么这么说呢？我刚才不是讲了吗？比如说，要是动态，现在行情好，我把它销了，那我及时可以还库，但储备之所以说是储备，它带有一定的战略意义。

曾：备荒嘛。

余：就是这样的问题啊。它就是说，有一定的风险。但是，作为企业，也要给国家承担一部分，搞这个事情，还是要靠自己把它经营好。当然，政策现在不断地在完善，储备这块，在运营的方面，包括配套，出发点是为了发展物流。搞物流，而且是农副产品物流，我们在省里叫全省12个农副产品物流的重要节点之一。就目前来看，它又有一个问题。这个地方啊，在城区范围以内，大车子一般就不能够进来。像拖粮食的车子，不管怎么说都有点儿高啊，孝感周边全部都限高，这是一个。第二个，我们这个铁路，目前国家还没有进行散装运输，从东北那里发过来到我们这里来的话，成本比较高，一是铁路的运费，第二个是他包装来的话就得一部分钱，再加上装和卸，费用都相对于散装要高。

曾：你这还是麻袋装？

余：编织袋。就是要人装。装进去要钱，装上车要钱，要人，要机械去弄。袋子也要钱，缝袋子的线也要钱。这个算起来，成本就高一些。那么，发展散运的话，成本就小，也是一个发展方向。春晖投资比较大，但是受益比较小。我们在这儿经营一年，包括所有的老仓库、什么都搞，一年也搞不到100万块钱。

曾：在我的印象里啊，这个粮食储备库还是孝感市孝南区粮食局的牌子，它的下辖单位。现在春晖运营，只是借它的牌子来运营，所以在这儿挂了个牌子叫物流园。物流园不是实体。

余：物流园如果说的话也是实体，我们这个地方是两块，一个是叫孝感国家粮食储备库,这是老牌子,它的登记的地址就是这个地方,因为我们这个地方的仓库老化,承担中央储备要新库。那么,我们粮库和春晖合作,那就是我的牌子给你春晖用,在哪里用无所谓,只要达到国家标准。

曾:我知道。我的意思就是说,在这个地盘上,春晖再没有建旗下的实体,它那个地方挂的牌子叫举帆农业发展公司。

余:春晖还承担这个孝南区的托市收储任务。

曾:那就是说孝南区粮食局原先管的收购的事情全部都交给你春晖了。然后,你可以享受什么资格待遇,就报给我孝南区粮食局,区粮食局在粮食系统里往上报,还是用国家粮食库的名义。是不是这个意思?

余:是的。

曾:因为没有彻底改造完。你这里还有一个国家委托,国家宏观调控的一部分在里面。粮食储备不能完全交给市场,市场没有利润它不搞,那不是没有粮食吃了。

余:到时候谁能给你承担这么多粮食来跟你收啊?它收着,到时候能够赚钱的时候他卖了,再有荒年、灾年、或者战争出现的时候,没有储备就不行。

曾:第三个问题呢,就是你经营的过程当中产生往来台账,是自己保管,还是交给春晖财务部啊?万丰是不是龙店啊?

余:不是龙店。工业园是跟龙店一块。龙店叫春晖米业。他们那边跟我们四方稍是合在一起的。万丰叫万丰米业,是加工部门。

曾:龙店是最早改制的地方?

余:从我们这边搬过去的。春晖从龙店进入。

曾:你说的2100万,包不包括龙店改制的钱啊?

余:不包括。

曾:龙店的那个粮店归谁管啊?

余:它只有个粮站,卖了。春晖最早总部就在龙店,在龙店做几座新仓库。

曾:龙店现在是搞仓库,还是搞加工啊?

余:它主要还是仓储。

曾:龙店的仓储是独立的实体,还是合到哪个里面?

余:龙店叫湖北春晖米业,是一个实体。

曾:哦。春晖米业、飨畛农业发展、举帆农业发展、万丰米业,还有一个面业。

余：永佳面业。

曾：再加上你这里，叫四方稍春晖物流园。搞粮食的估计就是这几块吧？除了刚才了解的这些情况，还有什么情况可以给我介绍一下？

余：还有就是说，春晖投入进来了之后有一定的难度。粮食局方面有些东西还没有完全按照合同协议来进行。

曾：是哪一些没有到位呢？是属于政策性的？还是它手上的资源不够？

余：比如说，我们当时说了，像我们享受政策的改造，省里有政策来，它没有报，报别的地方。

曾：改造资金报了它直接管的地方。

余：改造资金它报别的地方，我们这边的老仓库就不能改造。春晖集团在这个地方，土地又没有拿到，无形就压了几千万进去了。再来改造别的，这个地到时候要拍不到呢？那我就不能再改造，导致了在经营方面，对春晖就有相当大的影响。

曾：2100万投进来了以后，交割了没有，还是欠债？

余：它没有钱给。

曾：没有钱给，那利息也有不少钱啊？那以后怎么搞啊？

余：它怎么搞呢，它不搞啊。

曾：那春晖不能把2100万丢到里面，不管它？

余：就是的啊。局里今年就没有发我们几个留守人员的工资，这里的新仓还是春晖投的钱。4000多万压在这里，没有办法。春晖作为一个民营企业，承担了很多国营企业应该承担的任务，但是它没有享受到国营企业应该享受到的待遇。比如说像我们现在收的储备，该给我的风险金它不给。按照它的标准都要搞，到最后有要找它的时候，都不能够满足。所以，你来调研我们欢迎，把春晖方方面面、各个地方都仔细研究一下，把我们的真实情况反映出去，对春晖来说，也是一个肯定。它到底承担了国家的多大义务，又承担了多少社会责任。我们避免别人说，在外面吹嘘春晖。

曾：涂经理再给我们介绍一些情况。

涂：情况就像余书记所说的那样，细节也很清楚。我现在是刚接手，还不是很清楚。担子还是很重的，社会效益也好，企业经营也好，都有很多的期待。

詹清卯访谈录

时间：2014 年 12 月 28 日中午
地点：春晖集团国贸酒店
受访人：詹清卯（农机合作社副理事长）
访问者：曾成贵
记录人：李朋飞、高辉

曾：搞这个调研之前呢，我看了春晖的资料，已经有一些了解，现在想作进一步的了解。我干脆就一个问题、一个问题问吧，方便的你就给我讲讲，好吧？其实也没什么不方便的。第一个呢，你给我讲一讲进春晖之前的工作经历，包括你搞农机合作社的经历。

詹：1994 年的时候，当时乡镇农机管理站瘫痪了。1994 年以前，农机社的安全管理都是交警在管，1993 年底省里下了一个文件，农机的安全要返回农机经理这一块来管。当时，乡镇管理站干部都调走了，镇里就聘用我为隔蒲潭镇农机管理员。当时配的高进华是站长，国家干部，他不是我们隔蒲潭镇人。那个时候管农机啊，你找农民收钱他就跟你要横，有时不愿意交。我是本镇人，当时采取人性化的管理，搞得比较好。也是从那个时候开始，我就进入了省农机局的视线。后来就一直搞，组织乡镇农机管理站，县市农机管理局到我那里去参观。我当时就用自己的一套方法搞管理，用农村人的话说，就是既不斗狠，也把事情给做了。镇里看到有成效，就聘用我为镇农机管理站的站长，搞了几年。

曾：聘用干部？

詹：聘用干部，那个时候叫聘干。到 2000 年体制改革，把乡镇农机站、林业站、水利站机构都取消了。国家干部身份买断，你回去。当时我就转型，转为农机作业服务，2000 年我自己买了两台大型拖拉机。

曾：就是以钱养事的那一种？

詹：对，就是以钱养事。我也没有要这一块的工资，就是靠我自己买的农机具在外面作业。我在外面作业这一块，已经足够包我的工资。我通过搞农机服务，向社会提供耕、整、收割。这一块赚来的钱，我又无偿帮助政府把这一块搞好，没有要政府以钱养事的费用。当时，省农机局下来调研，觉得这在当时是一种很典型的模式，后来就在全省大面积推开。乡镇农机管理站开始转型，换牌子。我们以前叫隔蒲潭镇农机管理站，那纯粹是一个管理机构，后来我就把它变了，就是隔蒲潭农机作业服务站。一年的时间，全省到处挂着类似这样的牌子，全省就推开了。2001年买了一台收割机，我自己的资产，一共有8套大型农机具，当时折合现金100多万。我们县里领导都很重视，以前我们县里农机站才只有两套农机具。那个时候我挂的社会职务五六个。到2007年，国家开始搞农民专业合作社，是7月1号下的文件，我在9月10几号，就在我们孝感市成立第一家合作社，云梦丰民农机专业合作社。

曾：你那个合作社当时吸收多少人参加？

詹：当时吸收80人，固定资产860多万，我们这个合作社连续几年被评为全国农机合作社示范社。

曾：是哪一年成立的？

詹：2007年。在这之前，农业部也授予我农机系统的信息化服务点。我家带国徽的牌子好像有四五块，都是部里面表彰的。被省里面授予全省农机大户，这个奖牌多得很，我的证书一个小箱子装不了。后来，我们孝感市委授予我农村实用技术拔尖人才称号，省科技裁判员，那兼的社会职务多，连续几年都是全省的十佳农民专业合作社。2007年代表湖北省出席全国农机研讨会，一个省就一个人。

曾：这是你到集团以前的情况。你那个合作社现在还在不在？

詹：牌子还在那挂着，一直在那丢着了。

曾：就是说没有运行？

詹：没有运行，到这边来了。

曾：有那么一个合作社为基础了，这是第一个问题了。第二个问题，请你讲一讲被集团引进的过程，什么时候引进来的，怎么引进来的？

詹：那是2010年。当时，谭总准备在三汊种地，12000亩地。他当时也不清楚怎么搞，因为他搞房地产、粮食仓储，对农机这一块不熟。他到处找一些人才，发现找不到。后来他就找市农机局，市农机局推荐我。当时市农机局的张科长把我们老总带到我家里去。他说他有12000亩地，要我去给他耕种啊，育秧啊，插秧啊。

曾：谭总去登门？

詹：嗯嗯。当时我来了之后，因为有12000亩，量比较大。安陆县农机局愿意拿25万扶持一个叫合丰的合作社，要求它来接。合丰老板来看了以后他不敢搞。孝昌也是，支持那个克勤合作社，叫胡克勤，他也不敢搞。后来，市农业局牵头，把这要搞的几家都请来，在维多利亚茶楼，我们老总也去了。当时问谁能搞，首先问安陆的，说（可以接）2000亩；问孝昌的，2000亩；最后问孝南的，2000亩，都不敢多搞。谭总问我，怎么搞？我说要搞就这12000亩我一个人搞。为什么要一个人搞？因为当时地块高低不平，机耕道也不完善，来了以后把好的一搞，把坏的丢了，到以后都是问题。谭总最后考虑的也是这个问题。我就说，我要搞就一个人把它搞完。在这之前，谭总找我的时候说，这12000亩地要搞一个方案，什么时候把它耕完，用多少面积的秧，什么时候开始插，我搞了一个完整的方案，谭总请专家看了，从第一印象认可我搞。当时这个工程还没定下来的时候，好多地方来抢，我们市局的马局长专门到云梦找我们张局长，意思就是说你向县里面请示一下，要求县委县政府重视，给点扶持，让老詹过去把这个工程接下来。工程接到后，一是老詹丰民合作社赚到了钱，它有自身的发展；然后对农机局、县委县政府都是个荣誉。我们张局长说，我跟孝南农机局长熟，在他的地盘上接，不好弄，这个工程听天由命，老詹能接，我们就给予扶持；不能接，就算了。

曾：就是说不能把孝南农机局的面子抹了。孝南有个农机局，手下没有人能接这个事，他的地盘被别人抢着种了。

詹：是的。过了几天，谭总亲自打我电话，他说你这几天怎么没有来啊。我说，我听说这个工程很多人抢，我不想和他们争，我手上活多的是。我们那个丰民合作社在全国，特别是全省，那是叫得响的。我们80多号人凝聚力相当高，到处有事做，也不差这点事做，所以我们也不想竞争这个事。后来谭总说，你还是过来，晚上过来我们一起开个协调会，农业局牵头。我倾向于你搞，你过来参加一下。当天下雨，4月份的时候，晚上在维多利亚，当时人多得很。说的时候，谭总一一问到了，最后问我怎么搞，我说我要搞就12000亩我一个人搞，如果分散着搞，我不愿意撕破这个脸和别人挣地盘什么的。我说完之后，市里面还是做工作，意思是说两到三家合起来搞。他们也是好心，怕我搞不下地，我说肯定能搞。最后，谭总就说，我这是商业行为，不是行政行为，你农机局、农业局组织协调这是你分内的事，我选择哪一家合作社你们要支持，不要采取行政手段干预。后来就定到我。那个时候光种子就80多万，我们那个张局长，平时都是很有魄力的，当时就给我捏一把汗。他说，你啊，80万到90万的种子，要是育秧育不成，光损失就不得了。我来了之后，孝南农机局的人天天在那里，说我们这不行那不行，后来我们把秧育起来，100多亩，看起来漂亮得很。

曾：第一年都是露天育秧吗？

詹：对，露天育秧。

曾：2010年？

詹：对。当时，我们顺利地把秧苗插下去了。插完秧以后，谭总有两三次请我吃饭的时候做工作，意思就要我留在他这里。我当时看谭总这个地盘也大，平台很好，就决定留在这里。

曾：那你第一年进来的时候跟他是搞总承包性质的？他一共是多少亩啊？

詹：当时是12000亩。

曾：全部都已经到手了？

詹：对。

曾：这12000亩就是光三汉的？

詹：光三汉的。当时育了那么多秧，但农民后来又没有交那么多田，秧苗糟了不少。

曾：就是准备搞那么多，实际上流转还没有那么多地。

詹：当时跟三汉签的是12000亩地，但农民实打实交地的时候没有那么多。

曾：那是第一年。你除了育秧、机插、机耕，收割是不是你？

詹：当时我跟谭总谈的，我的工作包括整田、犁田、耕田、育秧、插秧，把秧插到田里这个工程就完了，6月12号全线的工程就全部完了。

曾：那就是说你是承包的，把钱结了就完了。

詹：对，钱结了就完了。6月12号，我走的时候把被子一拉。当时，三汉农科院那个地方很烂，我都是自己带的。王文已经是春晖的正式员工，还有一个杨教授、张书记,他们都是集团请过去的。我当时是以承包的形式。6月12号,我的工人全部退下来以后,我最后转场,把账算了。我把被子装在我的车里面,王文跟我说,谭总有事去北京了,让你在这里暂留两天。我说什么意思?他说谭总想留你。在这个事情上,谭总本人已经跟我谈了两次,我答应了。然后,我就在那待下了,到了十五六号吧,谭总回来了,就过去具体分了一下工。当时,三汊基地由张文千全盘负责,我负责农机,王文负责农艺。

曾:这就说到了第三个问题,农机合作社的问题。

詹:进去以后就组建农机合作社。当年秧插完的7月13号,我组织20多台收割机到广西帮忙收割,搞到8月底回来。那一年忙得很,搞农机合作社,购了1000多万资产,10几台拖拉机、收割机、插秧机。

曾:春晖农机合作社是怎么样谈成的呢?

詹:我把这个工程一搞完,谭总决定把我留在那里以后,我就开始给他买机具,机具买完就开始组建合作社。开始就是102个人,也注册登记了。后来省里面来看,说规模挺小。我们到2011年元月10几号,一次就吸收了150人,跟龙岗股份合作社成立的那天一起搞的,当时省里都来了领导。

曾:就是春晖农机合作社?

詹:那是后来的。开始是只搞了登记,80多个人,倒没有想那么大规模的搞。到2011年元月份,最后还开了大会的,153人,200多台农机具,正式成立。下面设了几个分社:安陆分社、云梦分社、朱湖分社。

曾:它这三个分社的核算,是独立的还是统一的?

詹:统一的。

曾:分社主要是联络农机手,方便用工?

詹:关键是我们在朱湖有一个农业基地,安陆也有基地,三汊基地完全是我云梦那边过来的人。

曾:就是你丰民的主力军过来。

詹:对,就辐射到这边来。

曾:你这三个合作社在我理解中实际上是内部的管理单位,不是独立运营的单位。注册还是由春晖农机合作社注册。

詹:对,他们的调配都是由我统一调配的。

曾:你成立以后,合作社怎么运转呢?

詹：这个就是根据机具的情况，机具有大小不同。804 一个档次，654 和 704 又是一个档次，60 和 55 是一个档次。

曾：你这是指的拖拉机，还是？

詹：拖拉机。划分成几个档次，作业一天多少钱，就是按这样分配的。

曾：多少钱呢？

詹：一般的，554 到 654 的就是 500 块钱一天，油是合作社统一加。

曾：那其他的呢？

詹：大的就是 650、700。一个机手带一个车，加油不用管，在这里干一天活就那么多钱。

曾：机器是自己的？

詹：对。

曾：农机手带机来做事，油是春晖集团加，他带机做一天，机器不同，拿的钱不同。

詹：对。

曾：要不要约定耕地面积？

詹：一般都没有约定耕地面积，我们下面划分作业小组，一般是三台车或五台车，都是他们自己组合，机手和机手之间聊得来，关系比较好的在一组，划定面积。像我在云梦搞分社的时候，你来了，我这么大一块面积，3000 亩就划给你。200 亩划给哪个组、200 亩划给哪个组，分散管理，统一管理也不好管。我们当时的运行形式还比较好。

曾：你分散管理，也还是有个机均面积这个概念。要不然呢，工资是按天发，要是没有机均面积，耕多耕少就说不清了。

詹：是这样的，一般一个组划定了 500 亩。打个比方你带一个组，我带一个组，你 200 亩面积，我 200 亩面积，你 200 亩面积在 20 个小时能把它作业完，我这个组可能要 25 个小时、26 个小时才能作业完，但是分配的面积都是平均的，有些人会搞，搞得好点的就提前完工。

曾：你是包面积计费，而不包工。

詹：对。机手是包工分配的。我们集团是按面积包下去，下去以后，到机组是按天分配的。我搞这个东西搞了多年。武汉有个众城合作社，它维持了三个月就闹矛盾，后来找到我这里，按我这种方式去搞了。因为搞农机，如果不是长时间搞我们这个行业，不可能一下子搞出一种很好的模式，上头推广我的，就是因为我这方面先进。我的方案，既凝聚了机手，又能保证作业的工期、质量，你不按这种方式搞，一个人搞一块，既不能保证作业的质量，又不能保障机手的收入。

曾：这个材料你见过吧，你看看。

詹：这是 2013 年的。

曾：有一个农机手的名册。

詹：应该是 153 人。

曾：我看这里写的是 120 人。

詹：是 93 人，这是开始的。

曾：那这是 2013 年的吧？股权是 93 人。

詹：哦哦，我记起来了，这是股份合作社的。我们农机合作社是 153 人，后来组建龙岗土地股份合作社，我们农机合作社 93 人占 49% 的股份，这样弄进去的。

曾：就是说你这一部分人同时进入了土地股份合作社？

詹：153 人，其中只进去了 93 人，另外还有其他人。

曾：这个资产表是要算到土地合作社股份里面，要算这个账的。

詹：是的，实际上农机合作社是 153 人，参与龙岗土地股份合作社的是 93 人。

曾：这就是两个概念，农机社 153 人，参加土地股份合作的是 93 人。这个报表是 2013 年的，你从 2011 年还是 2012 年算起？

詹：运行是 2010 年开始的。

曾：就是在集团里边？

詹：我是 4 月份来的，6 月份进到这个公司，我们春晖农机合作社大概是在六七月份组建的。

曾：你在当年就运行，就收割了？前面他已经付费了。

詹：插秧这一块是我搞的。

曾：他另行付费？

詹：对，下半年的田管、收割都是我们合作社搞的。

曾：那你经济总量小一点，因为只有一半。

詹：从2010年的下半年开始运作。刚开始两个月是我自己带的人，两个月以后，我从6月份留下来组建合作社。春晖农机合作社实际上是2010年组建的，到2011年的元月份开始增资扩股，就是把人扩多了、扩大了。

曾：2010年开始运作，2011年增资扩股，2012年还运转了一年。这个是2013年的一个表。2014年呢？

詹：2014年还在搞。

曾：那今年也会有这样一个表？

詹：我现在没在这边搞了。

曾：那你账要结啊？

詹：我现在已经走了几个月了。

曾：你走了几个月，那合作社今年还有核算，还有账啊？

詹：我今年就没管这个事。

曾：你今年的春天耕种是不是以合作社的名义在搞？

詹：也是在搞。

曾：既然耕种在搞，那就会有经济核算的。

詹：是这样的，因为当时我们的人手比较少，2010年我们搞三汊这个基地，2011年就搞朱湖那个基地。当时我就带人过去主要负责朱湖的那个基地，我负责三汊的生产，又主管朱湖基地。到2012年大悟又组建了基地，我又到大新去，一直搞到今年。后来我人一直待在大新。

曾：你是因为大新的基地交给永昌苗木你就不搞了？

詹：是的，我现在不搞了。

曾：不搞了，那这个合作社怎么搞呢？

詹：那就看谭总，看春晖集团怎么搞。

曾：这个合作社的独立核算是仅仅在春晖的地盘上，还是包括春晖以外的？它是企业法人吗？

詹：是企业法人。

曾：那按照我的理解，这个合作社的社员全年的正式收入都要算在社里面，然后才来谈分配，再按劳分配。它这个劳动，那么多机械并不全部都限于在春晖流转的土地上。比如说你到外地去收割去耕种，那个劳动收入算不算在合作社里面？

詹：没有算。我们机组在外面作业的，没有纳入春晖这个合作社里面。

曾：你这个合作社的经济核算，实际上是带有一点承包性质。

詹：是这样的，一般合作社都是这样。

曾：它就跟完整意义上的合作社还有一点距离。完整的合作社是把我们所有的收入算到一起，按照我们的劳动总量进行核算。你这个叫合作社，社员把机器带来参加合作社，到这里工作，等于说是一个正规的路径。到这里工作以后，你工作了多少拿多少钱走，油是集团里加，你也不用负担油，其他的你也不用操心。然后你有其他的时间，你到外地去做，自己带油，或是别人给油，你赚多少钱，那就是你自己的事。是不是这样？

詹：我们每年算账只针对这93人算账。其余的，93人之外的，一般是这样规定的：这93人搞不了，喊另外的人来，就是刚才我说的另外一种模式。这93人一直由集团公司的股份合作社统管。现在是这样的，实际上一共是两块儿，纳进集团资金核算的一共就是93人，另外有60名机手是分散作业的。忙了就叫他们来，之后就按当时的工资跟他们结，就完了。这个农机合作社不同于其他合作社，当时有个管农机合作社的单位，刚开始他们也探讨很多，说农机合作社不比其他的合作社，因为其他的合作社就是带资，每个人带钱一起来搞这个事，这个农机合作社一个人一个机械，好多合作社到最后都搞不下去了，为了分配闹矛盾。

曾：它的固定资产不一样。

詹：固定资产不一样。搞其他的，比如，我们进这个桌子，10000块钱，我们10个人，一个人1000就可以了。但是农机合作社里面买的机器不一样，504的10多万，804的五六万，它本身的出资就没法达到一样。

曾：它就很复杂，购置的资本不一样，折旧不一样，每天的工资也不一样。

詹：对，工作量也不一样，工资也不一样，有这些问题。

曾：今年这93个人还是要算？

詹：对，今年还是要算，只要龙岗股份合作社存在一天它都要算。

曾：后来就是个别人的调整，这93个人是不能变的。

詹：这里面有些人不想搞了，它要是不能搞，他就要补充其他人进去，只能这样搞。

曾：你再把朱湖那个基地给我讲一讲？你参加过谈判吗？

詹：参加过，那是我一手搞下来的。

曾：你把那个谈判过程和合作计划跟我讲一讲。

詹：朱湖的那个部队农场，有2000多亩地，2000多亩的水面。当时这个部队派了一个副营级的干部管这个基地。那里边有六个省的人，都是以前在部队当兵退下来以后在这里种地的。当时，这个地每年要收取几百万的土地流转费。后来留了一个连在这里修路啊，搞什么的，每年交到师部去的就几十万。部队考虑到用这么多人，又没有什么收入，就跟我们谈。当时我们谈下来以后，一下就给他们打了1200万。我们一承包下来，一下子就给那个师里面增加了几十倍的收入。部队就跟我们把这个协议签下来了，我们也把资金给部队打进去了。但是，我们进场的过程好难。老总头都搞大了，农民有的就拿着农药，有的睡在车轮地下，就是不让进。后来找公安，公安说他们也没砸你们的车，我们也不好介入。又做工作，这样搞，那样搞。后来我找了一个比较强势的人，把机耕包给他们，由他们进去。他们就不一样，又不是什么组织。当时那些农民就说，你们春晖集团要打你就打，反正我就是一瓶药。我考虑春晖也是大企业，要走向全国，一旦出了什么事，人家向政府投诉、闹事也比较麻烦。我们老总没想搞这些事，部队也派了人到这里来，也不怎么搞，他们也想赚这个钱，又穿着军装，也不能跟农民发生正面冲突。

曾：农民是外地的农民吧？

詹：六个省的人。

曾：就是说这些人都是部队转业之后又被招聘留在这里的？

詹：基本上都是部队转业的人。后来我就把这个工程包给地方上有点势力的，他们就把这个地开了，之后我就在那里搞了一年，后来金卉公司要搞苗木，就转给他们了。之后，谭总就把我当作先头部队，再开基地，我就又换一个地方。

曾：这个是转给另外一个公司？

詹：对，是金卉。由金卉公司经营苗木。

曾：它这有多少地？

詹：2000多亩旱地全都搞苗木，2000亩鱼塘，2000多亩养殖场，一共6000多亩。

曾：一共转了多少？这里写的是"7931.5亩占地，及水电设施进行合作"。

詹：是的，就是这么多。这 7000 多亩包括鱼塘、养殖场、水田和旱地。

曾：水田、旱地就是 2000 多亩？

詹：不是，我们第一年就是旱地 2000 多亩。后来就又收了一部分水田，因为部队的农场包给转业军人有的没有到期，当时是 1000 多亩。

曾：上边写的是 1800 多亩。

詹：对，这样一说我也想起来了。后来陆续到期了，陆续转给我们，水田、旱地，还有鱼塘一共是 7000 多亩。

曾：就是说鱼塘 2000 多亩、养殖场 2000 多亩，旱地、水田。

詹：水田种藕。

曾：不种水稻？

詹：种的也有水稻。2012 年底，朱湖转给金卉以后，快到春节的时候，基本上我就全力以赴负责大悟大新基地的谈判，亲自起草协议，搞这些东西。

曾：大悟第一年搞了多少地？

詹：第一年是 1250 亩，全部种水稻。

曾：全部是大新镇的？

詹：对，都是大新镇的，水稻。到 2013 年，就是去年到了 6000 多亩。

曾：还有其他镇的吗？

詹：没有，全部是大新镇的。

曾：第一年 2000 多亩全部是沈城村的？

詹：第一年 1200 多亩，都是沈城村的。后来，去年一年扩了 12 个村，都是在大新镇。

曾：大悟就都是集中在大新镇？

詹：去年还有三里城镇，

曾：两个镇加起来一共多少亩地？

詹：6000 多亩地，不到 7000 千亩。

曾：6000 多亩全部种的是粮食作物？

詹：去年种了 3000～4000 亩花生、2000 亩水稻。

曾：小麦呢？

詹：是这样的，种一季花生，下一季种小麦；种一季水稻，种一季小麦，是轮作的。

曾：是两收嘛，地就是麦和花生，田就是麦和水稻。我听说大悟那里还有季节性租赁，你知不知道？

詹：季节性租赁是这样的，农民种一季水稻，就把地放在那里。都是公路沿线的，上级政府要求田不能撂荒，让种小麦，但是农民又不愿意种，政府协调让我们种一季。每一季种个一两千亩。大新那个地方比较好，革命老区，国家给的政策比较优惠。我们帮他们种，麦种都是政府提供的。政府帮农民出肥料，出机耕费，出种子农民也不愿意种。但是政府给我们呢，就给些小麦种，我们也划算。

曾：你们不用支付租赁金？

詹：我们收了麦，把地一整，还给他就完了，农民也高兴。如果农民不给我们种的话，他第二年种，耕地100多块钱一亩。

曾：季节性托管，就是由政府托管给你，是农民的地。

詹：政府做媒。

曾：政府要你们去搞，政府还把种子给你们，你种你收，第二年你把地耕好，就走人了。农民不会不要你收吧？

詹：没有啊，农民很高兴啊，他要我们搞。因为他坐在家里也是赚这100块钱一亩，我给他把地整得好好的还给他。如果他那个地不让我们种麦，到第二年春季耕地，一亩地要一百四五十块钱。

曾：这种季节性托管除了大悟以外，还有哪个地方有？

詹：三汊这边也有啊，这里以前也搞过。

曾：我看集团李总有一个材料，是工作报告，他讲到最多的时候季节性托管达到4.1万亩。

詹：我们云梦那个分社，现在叫春晖农机合作社云梦分社，云梦分社搞的多得很。现在不是我从春晖回去了嘛，外边传我不在春晖搞了，我们县里找到我，还邀请我到那里搞。

曾：它就等于是把分社那些人搞的地都算到这里面来。

詹：对。

曾：不需要办什么手续吧？

詹：不需要办，搞季节性托管都是政府牵头，因为上头规定了田不能撂荒。现在这种现象到处都是。政府来找我们集团，我们这一接手，自己有机械，自己有资源,愿意种。这个季节性流转就是我最先搞的。

曾:这个季节性托管等于说是季节性捡便宜,为什么这样讲呢,因为你不用付农民租地的费用。

詹:用农村老话讲,就是一家打墙两家好,它这是一家打墙三家好。农民自己得了实惠,我们也得了实惠,政府也减轻了负担,这一个事三方都受益了。

曾:政府完成了秋播的任务,不挨批评;农民呢,你帮他翻了地;春晖这边是得到政府的种子以后就收了,就是付了一点机耕费。

詹:机耕费,这个有优势啊,就是资源互补。我之所以能在全省,甚至全国得到认可,这些东西都是我最先搞的。我这个人,领导对我的评价就是国家提什么我就开始搞什么。这个东西我搞了两年,上边要搞季节性流转。季节性流转谁在搞?就是老詹。省农业厅原来的陈厅长经常到我们云梦去调研,他就说这个老詹啊,有这么个优势,国家一提什么啊,他总是抢在政策出台前开始搞。等国家这个政策一出台,省里要找人搞。他已经搞了两三年了,就是这样一步一步受到农业部的认可。

曾:就是比较好地把握了发展趋势。很好,谢谢你。

岳丹平等访谈录

时间:2014年12月28日下午

地点:湖北举帆农业发展有限责任公司

受访人:岳丹平(举帆农业发展有限公司经理)、潘红勇(举帆公司副经理)

访问者:曾成贵

记录人:李朋飞、高辉

曾:经理贵姓?

潘:不敢,姓潘。

曾:你在这块负责?

潘:嗯,总负责是岳总。

曾:总共几个领导?

潘：两个。

曾：你和岳经理？

潘：对。

曾：这里正式员工有多少人？

潘：22人。

曾：这是比较大的单位，比四方稍人多。

潘：嗯，是的。在我们公司，我们这块还是比较大的。这边库存量大，有1.8个亿的仓容。

曾：完全是新建的吧？

潘：嗯，新建的。

曾：这个公司什么时候注册的？

李：具体的注册时间是在2012年的下半年。

曾：你这个原先是一个工业园？

潘：嗯，我们这一块是一个工业园区。

曾：这个园区里面就是你们一家？

潘：有多家，这个园区好像是将近500亩，我们占地110亩。

曾：工业园区占地500亩？

潘：嗯，整个工业园区500亩，像我们这种规模的很少。

曾：温州工业园500亩，你们举帆占地100亩？

潘：嗯，110亩。

曾：其他的已经入驻了没有？

潘：别的就是私人的小作坊，都是几十亩、几十亩的，有几家。我们这个是最大的，是这最大的公司啦！

曾：你们新建几栋仓库啊？

潘：我们这是8栋库房。

曾：每一栋是多大面积呢？

潘：每一栋，一般是51.5米乘以35.5米，标准长度。

曾：那就是1000多个平方。

潘：一般的库房，按照国家的规定都是8000吨以上。这8栋1.2个亿的库容。

曾：这是那年开始建设的？

潘：2010年开始建设的。

曾：总投资是多少呢？

潘：总投资我还不太清楚。

曾：这个房子建了多久，花了多长时间建的？

潘：好像是2010年建到2011年，2011年全部投入使用了。做得很快，做起来之后就可以用，建成一栋用一栋，边建边用。

曾：刚刚跟潘经理了解了一下。这整个仓储的建设投资是多少？

岳：这个是1000万。

曾：2011年还是2012年开始使用啊？

岳：2011年。

曾：2011年开始投入使用。是8栋一起使用，还是？

岳：分期分批。

曾：你这只是仓储？

岳：我这是购、销、储。

曾：购、销、储，就是不加工？

岳：嗯嗯，不加工。

曾：你这里的指标是集团的总指标分割到你这里来，还是每年有固定的收储指标？

岳：是根据我这个仓的情况。比如说我这个整个8栋仓是1.2个亿，如果有一个仓空了的话，一是我们以最低保护价的收购，二是中央储备粮轮换的，现在已经收了5000吨到10000吨。从10月2号开始，我们这个11仓和12仓两个仓库，11仓最低保护价是5050吨，12仓是5788吨，这是我们从10月份到12月2号两个月的时间，基本上是一个月一个仓库，有时候也是同时收。这8个仓到昨天为止统计的是5000万吨中央储备粮。

曾：中央储备的轮换粮，它在价格上跟市场上是一样的吗？

岳：一样的价格,质量要求更严一些。国家规定我们稻谷的比例不超过2%就行了，但是它要求0.5%，要求比较严。

曾：价格和市场的价格一样，而你要买更好的谷子回来，你是怎么样做到这一点的呢？

岳：我们收购有四道工序，严格把关四道程序。粮食经纪人或是种粮大户到我们这个库来，第一，我们就用那个粮食取样器，把粮食的每一层按规定取样检测。第二道就是感官清点，这个粮食一看不行，随便一捏，巴了，末化了，再就是有气味，不能闻，那么就直接跟他把这个粮食打转。这是第二道关。如果能行的话就送到检测中心，检测中心在二楼，通过物理检测，检测出它的水分、粗糙率、沤化、整精米率，这些合不合乎标准。如果合乎的话，就开个鉴定单下来。再然后，把检测结果拿到一楼，有一个专门开鉴定单的，把单转给潘经理，潘经理负责收购，最后决定这个粮食收不收，开个鉴定单。就这四套程序，就入库啦。我们还有一个复检，叫两筛、四吹、一扫。原来是两筛、一吹、一扫，现在是两筛、四吹，就是四个风扇，两筛就是两个自动筛，四个风扇吹秕谷。

曾：就是去杂。

岳：对，就是去杂。然后去仓库，如果卖粮的人在我们第一关检测中没有注意到的，一车有 40 吨、30 多吨，样品不可能百分之百正确，那么新仓来一个复检，我们一个新仓一条线上最低有两到三个人复检，复检之后看质量能不能行。不间断地在新仓看到那个从自动筛流程到仓库流的谷物的质量。所以说，我们这边收购的质量要求很严。如果这些粮食都合乎标准，那就行了。国家保护价现在是 1 块 3 毛 8。现在市面上的稻谷，2012 年的陈谷是 1 块 2 左右，差价比较大，所以有人会以陈装新。如果我们不把好关，那些经纪人，或者是其他的等等，就可能把陈粮作为新粮交上来。农户的储藏条件也不如我们，有保管不善的问题。虫蛀、霉变都不行。我们今年收购一进就是 3000 多万斤，一个月就是 15000 多吨。我们新仓也有安陆的一个库，中央储备粮安陆库的那些人，每天都来。

曾：他也到这里来看？

岳：他来看。看你的质量达不达标。如果你的质量不达标就给你停掉，那就不能收了。所以质量这一关，今年到目前为止，他们安陆库的领导抽查也好，包括我们市的市长、分管市长都来看我们的安检啊、质量啊，再加上省粮食局，市粮食局，区粮食局，都来检查。

曾：那你收储是完全按照指标来进行，还是可以自主进行？

岳：目前是按照下达的指标来搞。

曾：下达的指标是哪几个方向的指标？

岳：一个是中央储备粮，一个是托市最低保护价的粮，一个是省级储备粮，还有一个是我们春晖自己的商品粮。

曾：是自己收的？

岳：嗯，自己收的。

曾：你能收多少？是你能收多少、想收多少，就收多少？

岳：对对。

曾：这个也是要按照托底价格进来，现在托底的价格是不是高价格？

岳：是我们内部摸量，再根据市场的价格而定的。我们今年孝感销售是1块2毛4。我们这个地方主要是稻谷，小麦是跟武汉华中国家粮食批发市场合作的。再一个就是湖北省储备公司的合作粮，孝感的按1块1毛8跟他们合作，他们看中了我们的仓储条件。

曾：你代他们收？

岳：嗯，我代他们收。我们只是得保管费。目前我们自己的商品粮主要是2012年收购的稻谷，2012年的稻谷价格达到了高峰，涨到比较高，涨了3毛到4毛。这个粮食放了一两年，现在陈粮的价格跌了一点。

曾：陈粮的价格要低一点，那差价怎么办？

岳：差价是这样的，我们自己的粮食数量不多，孝南这一块我们去年搞了2000万接近3000万，3000万是我们自己收购自己销售。我们自己销售商品，这个是1500万吨的仓库，利润在100万以上。

曾：按照中储、省储来收购，你销售出去的时候是不是倒挂？倒挂会有资金缺口，有没有政策补助？

岳：是这样的，中储粮的粮食兴挂牌。如果没人要的话就继续挂。留下来没人要就放到下一批，下一批再继续挂，其实就是说这个粮食还是国家兜底。

曾：我说是因为你是按照托底价格收进来的，你要是卖不到托底那个价格，你还有管理费，你这样子就有资金的缺口。缺口，你是帮国家储备粮食，怎么办？这就要有政策来消化这个缺口，对吧。那要是按照你经营，你这一块假如不说，那就是按照政策来消化。我自己还有收储能力，我可以在指标之外做一些短期的流通中转。就比如说我收小麦，我今年收50，今年就有可能买掉的，这个里面可能会还有一定的利润。你利用你这个不同地区的差价，这是你的收入。再一个你的收入就是你跟着两家省里面的公司来合作，实际上用你仓储的这个容量，用你的收储的能力来实现他的收储，是吧，他们把他们的东西放到你这里，托你帮他收进来而已，因此你这个费用他应该要支付给你。

岳：90块钱一吨。

曾：支付这个代保管费，就相当于你的一个综合经营收入。

岳：我们那边还有一个龙店部。龙店部就相当于2013年我们搞一个邻区移米，去年调了1500吨回来，3000万就放在龙店那个1号仓和3号仓。

曾：龙店的仓库是归你们直管吗？

岳：也是归我们管。

曾：龙店那边有几个库啊？

岳：三个，6000万。

曾：6000万吨？

岳：6000万斤。

曾：它有三个仓库、6000万斤的储藏能力。就是你们的园外园，它在那个地方是你们在管它。

岳：对，都是春晖的，我们这在管，这两地加起来是1.8个亿。

曾：1.8个亿，那就是举帆和龙店的两个地方的仓容量加起来1.8个亿。

岳：我们在邻区移米，落实最低保护价，省级储备和地方储备。今年上半年新华社记者来我们这问这个粮食差价的问题。问粮食这个差价到底是应该由谁来负责。当日，就是在这个地方，我跟他们说：今年的3月、4月稻谷的价格一直往下跌，像四川啊，湖南啊，重庆啊，它们原来的稻谷是从我这调过去的，最后他们好几家都卖得非常便宜，这样就对市场有冲击。我们现在处理这一块还好，这些不利因素我们处理的比较早。下一步，2015年初的这个初步计划，就是在自有粮这一块重新布置，我们在这三大基地，加上物流园，准备做烘干塔，准备做三栋仓库。就在我们孝南，现在国家对建烘干塔有补贴。再一个就是农户，特别是粮食经纪人收购的粮食如果没有遇到好的天气他不能晒粮，没有烘干的话，粮食就会霉掉、烂掉。所以，我们就根据目前的情况准备做一个500吨的烘干塔。将收购的粮食烘干之后，运到我这里来，我们储存一段时间再往外卖掉。我们跟武汉的益康饲料、通威饲料,当地几个面粉厂都是长期的合作关系。

曾:国家粮食储备以什么品种为主的?

岳:跟季节有关,小麦出来了之后就是小麦,稻谷出来之后就是稻谷。我们现在主要储存的就是小麦,托市小麦去年我们没有搞,今年也没有搞,就搞了点省级储备。我们自己搞的就是2011年,今年的托市根本没有搞,其实后期搞点就发了。

曾:托市的收储量是你们收储企业自行决定,还是宏观上有指标安排?

岳:它是这样的,先根据宏观上的安排,再根据孝感市有多少万亩地,今年通过调查之后,亩产多少,折算出能生产多少小麦,扣除农户自留的小麦,然后就是多余的送到市场上的小麦。如果这个市场的价格高于托市的价格,那么基本上是按照自己来。如果市场价低,产量又多一点,那么就给你的仓容量大一点。

曾:就是说托市政策要达到两个目的。第一个是要保证粮食安全,第二个是要解决农民卖粮难。托市更主要解决的是农民卖粮难的问题,农民卖粮难的问题不解决,第二年就会少种,少种就可能出现没有粮食的情况。卖粮的问题,也不是每年都一样的,它品种也有可能不一样。跟你刚刚介绍的那样,在一个省里面,不一样的地区,它可能这个情况也是不完全一样的。安陆的国家储备库是不是级别高一点的库,它在湖北省是什么样的库?

岳:它是中储粮的。国家中央储备粮总公司安陆储备库。

潘:它是根据周边地区的粮食产量来合理安排,分点布置,如果你把这个指标搞多了你收不起来,如果指标搞少了,收不完。

岳:我们现在是这样的,我们集团的新仓还是要做我们春晖的精品稻谷,从种(种植部门有种植基地)、收、储、加工,到终端销售,一条龙。我们有农产品超市,对外销售。它现在网上销,销到全国好多地方,像我们这个糯米啊、大米啊,几个品种在网上销得很好。到目前为止,我们三汊种植基地种了之后通过自己加工,自己销售。刚才说搞烘干塔,农民大量的粮食,特别是河滩种的。在我们当地,这个环河大桥一建,30多公里,河滩种小麦,一遇雨水季节来临,河水一涨,没有办法,粮食就烂了。收了没地方放,湿粮没地方晒。所以,从2011年我们就开始琢磨这个,怎样才能把这个河滩上种的粮食收进来,收进来之后呢我们自己转化,再经营创造利润。刚刚跟你说的那个政策性的,90块保管费,扣除人工费、电费等等之后,利润不高,我们就是要搞自己的经营。原来国家好像有个政策,意思就是我这个粮食,如果你1块3的话,最后卖到1块3角5,一斤赚5分钱,放到风险基金里面。如果是1块4,你这个粮食只值1块2角5或是1块3的话,那就亏了。亏的这部分就从上一年的风险基金里面调一点过来补这个缺口。这是国家宏观的补这个缺口。但是实际上,在操作的时候并不能到位。

曾:管理费它一吨能给多少钱呢?

岳:90块钱一吨。

曾:90块钱一吨,这是国家下达收储任务的呢,你比如说3000万吨,你收满了它就给那个90块钱一吨的保管费给你。

岳:还有5块钱的收购费用。

曾:5块的收购费用,每年90块的保管费用。这个产销倒挂形成的资金缺口,靠那个风险基金来调节。这些机制不够的话,就靠你们自己来进行自主的经营,以多种经营来增加收储企业的收入。多种经营也就是你刚刚说的那些办法。包括烘、收、储、加、销,这样一条龙下来可能会减少一些成本。

岳:我们这个仓库一直没有存货的危险,从2012年收购小麦,在我们这个地方2013年修的时候,我们一共搞了2800多万,我们的利润在五六百万。

曾:你们财务是由集团来管吗?

岳:集团管。我们收购时日报,没有收购时月报。

曾:收储就这几处。粮食检测是不是每个地方都有?

岳:应该都有。但是检测中心在我们这个地方。目前我们这个地方运转比较好。2014年我们这个地方进出粮就是一个亿,包括政策性的,自己经营的,今年自主经营可以盈利400万左右。政策收储的部分,那就是财务部他们按照标准来算。比如收购10000吨,保管补贴每个月多少,分批的。第一年是95,第二年就是90,第三年也是90。我这个地方比四方稍要大。它今年也建了几个库,有四个流通道,3个周转库,还有8个旧库,它的那个量也大。我们今年武汉益康集团的,二仓600吨。他就是在2012年来孝南收购的时候,来考察我们,一是看中了我们的这个仓库条件,第二是看中了我们这个管理队伍。再就是连续三年我们跟他们合作。我们的小麦,他买回去再加工。

曾：它是买你的小麦，还是带收购代储？

岳：它是买我们的小麦，这三年它买我们的小麦。

曾：是你一个稳定的客户。

岳：他们的老总跟我们的董事长、李总也有意向要合作。他拿资金来，就像 2000 万的仓容，他拿一半的资金或者是更大的资金，让我们来给他收购，他依靠我们仓库收购，他也有利润。第二个，我们也喜欢代它把粮食收起来，再通过我们除糙、烘干、除尘，保管好了之后，我们自己的利润也大一点。像益康集团，它已经看中了我们，他们是加工面粉的，日产 600 吨。他们在河南那边还有一个厂，日产 1100 吨，是个大厂。跟我们合作得比较好。

曾：你有这样用量大的客户，就等于你这个仓储能力充分利用了，对加快周转有好处。

岳：另外还有一个加工饲料的，东西湖有一个通威饲料，在我们新沟这个地方，它的总部在湖南株洲，跟我们合作也是三年。它进我们的玉米、小麦，还是买小麦多，是一个饲料行业。还有新希望，都跟我们合作。还有我们孝感的永佳面粉厂，再就是孝昌的弘扬饲料厂，这些周边的米厂、面厂、饲料厂都跟我们合作。荆州的一个公司，他跟我们也有合作。我上个星期到他们那里去，在荆州、仙桃、天门、潜江那边去看了一看烘干塔，谭总叫我去看一看人家的烘干塔修的怎么样。包括那个天门的华丰农业合作社，这个项目的谭总、董事长，提案搞的那个电费这一块，特别是烘干塔的电费，如果是每度电的价格高了的话那不划算。结果他申请之后就是每度 4 毛 5，农业用电 4 角 5。那个华丰 20 万亩基地，500 吨的烘干塔，5000 万的仓容，覆盖几个乡镇。潜江运粮湖那个地方，那个一口香米业公司我们也去看了看。再就是那个仙桃的，叫自华，都壶镇，奇瑞重工在那搞的一个烘干塔，也去看了一下。都是目前在国内农业补贴力度最大的。我们安陆瑞昌机械也是搞烘干的，我也去看了看，还有就是安陆的合丰，他那个硬件十分好。我们目前唯有跟市场尽快接轨，进一步把我们的产品做大，做强，做引申，覆盖广一点，现在要跳出孝感向外去。

曾：那是就地储还是收回来储呢？就地储吧？搞合作帮，就地收就地储，地方有一些仓储企业，你通过入股或者是参股。

岳：国宝桥米公司通过调研，感到粮食储存没有我们这个地方好。我们的粮库，夏天储存，控温做得比较好，我们把温度降到零度，像在冰库里面把它冰着一样。到第二年的 5 月份它还是那样，那么，它的品质不发生变化。品质好，加工成米就好，米好，颜色就好，口感好，那就卖得好，卖得多，它的销量就好。他说在别的地方调查过，这个加工的米啊，总没有我们米颜色好、口感好。我说，肯定是储藏的原因。

曾：你这个库里面控干控湿是机控吗？

岳：嗯，是机控。现在使用定值测温，就是用机械控风降温、降湿。像我们这边收购的时候，从 10 月份开始，10 月份温度还有点高吧，我们一直让温度保持在十几度，像现在就保持在 10 度以内。

曾：你跟它降温，降温了就像在冰库里一样。你降了温，它是有水分在里面啊，你要控制它那个。

岳：我这个水分是安全水分，它不是像那个蔬菜一样。

曾：它是那个湿气造成的水分。

岳：对对。像那个稻谷的水分国家规定是 13.5，我们就控制在 13.5，甚至 13 以内。那么那个水分，有点水就给烘掉啦。它自身的结构水是不发生变化的。再加上，把它控制在 10 度以内，跟生物一样它就不呼吸了。

曾：哦，那样就达到了一种稳定状态。

岳：嗯，稳定状态。所以第二年加工这个米的时候，它还有一种米的香味。

曾：你这个就是机器控制，也是技术性的。

岳：储藏质量这一块，2013 年湖北省举办首届首席质量官培训评分的时候，我们孝感两家，一个是春晖，我们企业；一个是王总，管质量的。我搞粮食储藏从参加工作开始，这一块啊，我们对我们的潘经理还是高度赏识，我们的队伍是比较过硬的。安陆直库，它两次要我们这个技术。它自身有几个亿的仓容量，分管了我们这些政策性储备。有上 10 个亿，但是它 2010 年来我们春晖问我们能不能把这个粮食储存的经验介绍给他，去指导一下合作单位，怎么样管理储存粮食。2012 年也是跟我们在粮食如何防治害虫、保管方面，进行交流。已经不止两次，好几次了。

李存国访谈录

时间：2015年1月18日上午
地点：永佳面业有限公司
受访人：李存国（永佳面业经理）
访问者：曾成贵
记录人：李朋飞、高辉

曾：我们今天到永佳面业，主要是想了解永佳面业的发展过程、发展状况。我们从春晖的名录里面知道，永佳面业是一个独立企业。我们的调查既要有集团的总体描述，也要有重点企业的描述。春晖集团的企事业单位接近20家，我要从这里面选取比较有代表性、比较有规模的，在我们的调研报告里面以单独的篇幅来记录。永佳面业最初不在这个地方？

李：不在。

曾：在哪里？

李：在火车站那边，在城区里面。

曾：当时有多大规模呢？

李：当时规模不大，那个地方受限制，四周都是居民。刚开始租别人房子，后来我们把它买了下来，大概又干两年时间，还是觉得那地方太小了，就搬到这里来。

曾：这里的厂区面积占地多大？

李：大概是15亩地。

曾：你有几栋仓库？

李：两栋。

曾：一个加工车间？

李：对，一栋生产加工车间，两栋原料仓库。

曾：成品仓库几栋？

李：一栋吧，连在一起的。

曾：你这是成品仓库和生产仓库连在一起？

李：放面粉、放麸皮的是成品仓库；原料仓库放小麦；再有一个生产车间。

曾：说起来是五栋？

李：对，但面积都不是很大。

曾：两栋原料仓库，两栋成品仓库，一栋生产加工车间，厂区面积是十几亩，再加上你这个办公楼。

李：我们这个小综合楼，都住在这里。

曾：你是什么时候搬到这里来的？

李：2008年这里开始动工，2009年年尾建起来，2009年10月份开始在这边投入生产的。以前在火车站那边，生产了有10来年。

曾：10来年一直是你在创业吗？

李：是的。

曾：你叫什么名字？

李：李存国。

曾：这个是你个人投资吗？

李：不是。

曾：是个什么形式呢？合伙制？

李：对。

曾：是一个公司吧？

李：是叫有限公司，不叫责任公司。

曾：有限公司就是有限责任公司啊。

李：有限是有限，责任是责任，那是两码事。我们叫湖北春晖永佳面业有限公司。

曾：有限公司就是有限责任公司，跟股份有限公司有区别。

李：那我搞不清楚。当时我们办这个公司证的时候，那个事务所说有限公司和有限责任公司有区别，但是具体有什么区别我也没搞清楚。

曾：除了你以外还有投资人？

李：还有一家。

曾：就等于说是你两人出资，两个都是老板。

李：对。

曾：严格说是两个人合伙，有限公司的形式。资产的分红也好、负债也好，都是根据你们资本的出资额来分，对吧？

李：对，是这样的。

曾：你这里总共是有多少个员工呢？

李：连我们自己算上，总共是有15人。

曾：还有没有其他人员？

李：没有，我们这个行业利润薄，养人养不起。

曾：上班的时候一般需要多少人？

李：上班大概七八个人就可以了。

曾：那其余的人就是搞些日常的事情，做饭的、保安啊？

李：没保安，请不起保安。再就是我们的货要送出去，要收款。

曾：那就是叫跑销售？

李：对，销售的。采购我们自己来，再就是管生产的，再就是管钱的会计。

曾：你有一个销售部门、一个财务部门、一个分管生产的部门，三大块。

李：对。

曾：管生产的就管面粉加工啊，保证质量啊；销售的保证面粉卖出去，钱收回来啊；然后你还有采购，就是买小麦，是吧？

李：是的，我们厂子规模较小。

曾：那各种零部件还是要，是少不了的。

李：还包括食堂里买菜做饭的。

曾：你每年的生产量有多大？

李：我们基本一般每月工作28天，有时工作30天，但工作30天的较少。

曾：休息两天？

李：也不是休息两天，有时候设备要检修，这些设备跟一人一样不能老转，基本保证有28天生产。

曾：都是晚上生产？

李：对，我们白天不敢生产。白天生产的话，电费太高了。晚上我们用的是低峰电，2毛多，不到3毛；白天，现在10点到12点是一块多。

曾：工业用电这么贵。

李：160%的提价。晚上低峰电是30%，白天高峰电是160%，还有100%

的是平峰电。

曾：一个晚上一个班那你生产不了很多？

李：一个晚上一个班生产50吨左右。

曾：那就是你每天一个班次，一个班次50吨左右的面粉，对吧？

李：对。

曾：这个面粉的出粉率是怎么算的？

李：这个我们现在是出等级粉，分三种面粉：特一粉、特二粉、特三粉，这是我们自己叫的。国家标准就是特一粉、普粉、标粉，我们就是叫做一粉、二粉、三粉。总出粉率大概是控制在70斤左右。

曾：那就是麸皮和次粉还剩30斤？

李：麸皮和次粉还剩30斤左右。出粉率和小麦的品质有关系，有可能65%、有可能75%。跟麦子的品种、年份有一定关系。

曾：你这个面粉的分级是由你自己分级还是由哪个部门监测来分级，还是怎么搞？

李：自己分级。

曾：怎么分法呢？

李：这个根据市场需求，主要是根据小麦品种。因为特一粉的价格，比特二粉的价格要高一毛钱一斤，你分出特一粉在市场上卖，那就要有特一粉的标准，特二粉当特一粉卖，没人要；特一粉卖特二粉的价格，我亏本。

曾：你说的是市场选择，我的意思是你这三种粉是依据什么标准来划分的？就是你在生产过程当中。

李：这个是厂家在设计这套设备的时候就把这个等级都分出来了。

曾：你是说你这个粉是你的加工的设备自动分出来的？

李：对，设备自动把等级分出来，你自己去调。你需要什么样的粉就把什么样的粉分到哪一边，根据你的需求，把你需要的那一路粉分出来。这个小麦粉比大米复杂得多，这个粉有好几十种。要什么样的粉就把那种粉分到一个档次里面。根据小麦的质量，市场的需求，随时调。

曾：我根据我自己的经验，我是农村出来的。原先农村不是小磨打粉吗，大概是前3次的粉是不留的，因为麸皮什么的都在这里面，把这些再倒进去，再出来的粉大概是作为精粉，这个粉是特白特白的。这是农村自己加工的粉，就是能把粉加工成这个样。

李：现在的工艺比那以前不知道要复杂多少倍。现在的面粉，首先把小麦破碎以后，经过各道工序，就把皮、渣、心、尾分离了，每一次磨的不一样，就把这些分开，分开之后把这些料集中起来磨，磨完之后再分开，然后又磨，分得非常细。像我们这个设备现在还不是最先进的，最先进的设备比我们分得还细。

曾：基本上就是主要靠机器分。你的原料一部分来自春晖集团？

李：对。春晖以前这块是从四方稍变过来的，我们刚开始做这个行业一直是跟它合作，后来它分出来之后，就把我们纳入到它的范围内。它有基地，种植小麦；再就是它有仓储，它的粮源对我们有照顾，而且有优势。

曾：你的粮源还不能全部从它那里搞？

李：那满足不了。我们当地小麦的品质，达不到要求。

曾：湖北的小麦不太好？

李：也不是湖北的小麦，就是我们这一块的小麦，有些年份好，有些年份不好。

曾：孝感这一带的？

李：对，它跟天气也有关系，比方说去年的小麦质量比今年的好，这主要是跟气候有关。我们做面粉，质量不行，面粉没人要，做出来的面颜色不好，口感也不好。你像我们的面，卖到武汉做饺子皮、热干面。要是纯粹用我们这里的小麦，做出来的面是白的，但它不经放，非常容易氧化，放三四个小时，面粉就变成乌的，颜色变了，不中看。河南的小麦品质要高些。

曾：河南小麦本来种子就好些？

李：也不是说种好，因为那边的气候跟这边的气候有一定差别。它收粮食的时候天干，不下雨，我们这边收粮食的时候老是下雨。再一个它们那边是成片的，种的都是一样的，我们这边你种这样的，我种那样的，每家收获小麦的时间也不一样，收在家里湿或干也不管，小麦要是水分高了，放在家里几天就发烧，水分就变了。这种小麦要是再卖给我们加工面粉就不行，质量就差了。

曾：就是说小麦的收储，它不仅仅是干燥一个要求，还有新鲜度的问题。小麦要是在家里烧了，再晒干，做面粉也是不好。

李：对，就跟人生病一样。

曾：一开始就要把它搞的很干，就不会发烧。

李：因为河南很少收割的时候下雨，小麦的田里的时候，水分就差不多了，麦子就干了；再一个它是成片的，不能放在那里烧了再去晒。

曾：现在有烘干机了。

李：以前没有，现在刚出来，不知道效果怎么样。稻谷和小麦也不一样，小麦的含水量高一些，不容易干。

曾：那就是你的原料，一部分由春晖集团内部来供应，你自己还在外面采购一些。你的面粉有没有固定的销区？

李：做了这么多年，肯定有固定的销区。

曾：固定销往那些地方呢？

李：我们孝感是固定销区，下面县区也是销区，武汉也是销区。面粉厂在孝感来说，一个县市就是一家。

曾：别人因为利润的原因搞不下去了。

李：对对，就我了解的安陆有一家、云梦有一家、我这有一家。

曾：你就是孝南这一带的。

李：对对，汉川没有、孝昌没有、黄陂没有。

曾：他们都是到你这来进货？

李：我们这只是一小部分，我们只占孝感市区的30%，70%都是外边的粉。

曾：是生产能力跟不上，还是市场本来就这样，价格上不去。

李：主要还是因为质量。需求的层次不一样，我们满足不了，我们只能满足一小部分。我们的质量在市场上只处于中等偏下的水平。

曾：就是大众性的，满足普通的消费。你们这个面粉有没有添加剂啊？

李：没有。

曾：在环境安全上有什么要求？

李：作为食品企业上边要求是非常严格的。环境上要求没有污染源，我们这一块没有什么污染源。安全，我们这也不属于危险的行业。

曾：今天早上我看新闻说的，安全检查到武汉来了。除尘，对你们也是一个安全要求。

李：我们的设备对除尘这一块还是能过关的。我们是晚上生产，白天还没有怎么清理，你到车间看了，基本上没有什么粉尘。

曾：我看那个要求有几种，你这就是粉尘。有一个共同的要求就是消防通道、消防设施。防火这一块你本身也要重视。

李：那是的。企业就是不能出事，一出事就完蛋了。

曾：你的效益怎么样？

李：今年不行，整个面粉行业都不行。早上我看中国面粉网，有人问为什么不景气，专家讲主要问题还是国家政策问题；再一个就是进口粮食冲击大，实际上也是国家政策问题。跟去年比，每个月要减掉三分之一的量。进口小麦这个政策对我们的影响非常大，我们现在在夹缝中很难生存。我跟我们粮库的岳总说，像这样下去，过两年就垮了。我说个简单的道理，现在粮食一上市，国家就托市，收购企业就开始哄抢。比如说国家规定1块1毛8，市场上涨到1块2毛5，收储单位它不按这个价，可能就加1分、加2分、加4分。这个小麦虽然丰收了，但是市场上并不多，河南可能还多些，我们湖北不多。粮食一上市，他们把价格抢起来，我们抢不了，我们买不了高价。他们收进去国家有补贴，有收购费用，有保管费用，我们没人管。自己收粮食，自己搞钱。1块2收的小麦，一个月要涨1分钱。收粮食我们没有优势，我们买粮食，粮源受限制。另一方面，国家卖粮食不是统一的价格，2012年国家托市价格是1块2，后来卖了1块1毛2，一部分1块1。像去年市场价格涨到1块2毛4，它托市价格是1块1毛2，我们没有，河南、安徽他们有。他们的小麦卖到一块1毛2，我们买的是1块2毛8，贵了好多。他们就有价格优势，我们没有优势，面粉我们卖75块钱一包，他们也是，他赚钱，我亏本。

曾：那有什么办法可以消化价格差呢？

李：这个消化不了。今年为什么说不行呢，就是为了保销售，保市场，没利润。生产还是照常生产，就是微利或是保本，有时还会亏本。

曾：全年算总账呢？

李：今年全年都是这样。河南挂牌2013年小麦1块1毛8，我们进的小麦是1块2毛8，是在武汉的粮食储备库里买的。

曾：要是到河南买粮，加上路费到这里，也贵吧？

李：河南小麦到这是一块二毛九。我们买的小麦就是别人搞贸易的，专门贩粮的。像我们这样的，你直接拍粮拍不到。再一个是有风险，不顶用，拍的粮食面粉达不到要求，没办法。只有在市场上买，这样有选择的余地，好就要，不好就不要。但是价格上没有优势。

曾：用粮有保证，但是价格优势又没有了。

王文访谈录

时间：2015年1月18日下午
地点：三汊镇春晖农科院
受访人：王文（春晖农科院院长）
访问者：曾成贵
记录人：李朋飞、高辉

曾：农科院的事情再给我介绍一下。一个是你们的制种，上次老汤简单地说了一下。你的种子实际上是繁育种子、生产种子，不是研发种子。你把这个工作流程和品种再给我详细说一下。

王：我们刚开始也是准备研发新品种，培育新的种子。谭总对这个也蛮有兴趣，搞一个品种，有成果专利，也是不错的。育种这个方面，南方有袁隆平，我们湖北有朱英国院士。刚开始的投资也比较大，包括设备啊、专家大院。后来呢，老谭听我们一讲，这个东西也不是一个短期的过程，有的专家搞了一辈子，也没有搞出一个品种来，但是前期的投入是比较大的，还需要积累，人才、资金。就算你有了资金、人才，外部引进的材料，也不一定搞得出来。后来就没有搞。我们孝感有一个特色，什么特色呢？就是粳稻杂交的非常少，主要就是常规的，自己生长的。我们的面积比较大，到时候如果去买的话，要一块多钱一斤。那些商家把它收起来以后，他就要卖四五块，七八块，上十块钱一斤。后来我们就自己搞繁育，自己来生产。

曾：你的原种从哪里来？

王：有两块，一个是从省农科院采购，就是珍珠糯，另外一个，是晚籼型的，是湖北大学的。

曾：有品牌号吗？

王：没有。

曾：就是采购原种。你这里种植种子，种多少呢？

王：刚开始拿到的原种比较少嘛，就是一两百亩，以后每年扩大。

曾：不能无限地繁殖吧？

王：可以无限繁殖。

曾：我记得在农村的时候，都是自己留种子。

王：那个跟我们这个不一样，自己留种会出现种性退化，受自然环境或是其他环境的影响。我们呢，在种植的过程中就会提纯。每年收割以后，就要去杂。因为受环境变化的影响会出现变异，长得高的、长得矮的都要剔除出去。提纯之后烘干，第二年、第三年再种的话，还是整整齐齐的，产量不降低，品质不降低，抗体不降低。

曾：从哪一年开始制种的？

王：2010年。是繁种，不叫制种。繁育种子，制种是指杂交之类的。

曾：你这除了水稻以外，油菜、小麦的种子搞不搞？

王：搞啊。

曾：搞多少面积呢？水稻最多是多少面积？

王：我们最多的时候就是1000亩。

曾：这1000亩就是种的种子，可以在集团内部用，也可以出售给外边。

王：那不是。卖这个东西一直没有运作。

曾：就等于挂块牌子。

王：因为现在很多的种子公司都处于破产的边缘，都是几个关系户靠政府的关系才能维持下去。我们没有自己创新的种子，没有知识产权很难运作的。

曾：油菜种子，小麦种子每年大概有多少？

王：油菜就比较少了，像今年就只有百把亩，一百五六十亩田。小麦不一样，有个几百亩田。

曾：你这个自己管的大田是不是都是繁种？

王：我这里有几个，不是全部都是繁种的。我们定有一个目标，我的成本是多少。

曾：就是示范种植，你的成本是多少。自己搞得比较清楚，集团里好核算，就是示范田种植。

王：就是要掌握行情。第二个，就是要对水稻的品种进行检测，对肥料品种进行检测。种子、肥料、农药的选择需要一个实验。

曾：示范种植的目的就是两个，一个是掌握成本，第二个就是种子和农资的选择，免得随意使用。你再讲讲香稻合作社，我总觉得组织机构没搞清楚。

王：这个跟其他的合作社是一样的。

曾：它不像詹清卯的那个，没有会计报表。

王：这个确实没有，香稻合作社没有搞那么多报表。

曾：除了领导以外，注册的其他人都不清楚。

王：香稻合作社一直是张仲欣在管，他也在农机合作社。香稻合作社是后来成立的，张仲欣负责这里的种植管理。

曾：他说他的社员有几百人，是不是就是田管员？

王：就是田管员。

曾：这些田管员是春晖米业在管呢，还是农科院在管呢？

王：他在管，合作社在管。

曾：那个蔬菜合作社是怎么搞的？

王：蔬菜合作社他就像一个家庭农场一样。

曾：就是一个壳。

王：不是壳，它在运营。

曾：从合作的角度说是个壳。

王：不是的。它是独立经营，这一块呢，我给你泛泛地讲讲。注册是我们春晖去注册的，我们提供的基础条件，水啊、电啊、自来水之类的都是我们提供。他也算是一个独立经营、独立核算的合作社。

曾：是谁跟谁的合作？

王：我们跟他签了合同，有协议。前期只交租金，后期是合作，每年有一个协调费，是这样的。春晖给他提供水、电、基础资金嘛。

曾：那个合作社的负责人是谁啊？

王：杨金松，孝感人。

曾：他自己搞吗？

王：还有一个人，叫徐四。真正的生产是贵州人，他负责销售。他把人招过来之后，提供地，提供基础设施，住房啊、地啊、喷灌啊，都是他提供。他们那有一个生产队长、一个技术员，他们收了之后，每斤多少钱交到老杨手里。他们负责种，老杨负责收就完了。

曾：种完之后按照内部议定的价格收购。

王：他的生活、吃饭也是老杨的。

曾：老杨管他饭？那不亏本啊。

王：按理说现在是亏本。

曾：那意思就是说请人来打工，来生产。

王：他又不发工资。

曾：不发工资，管饭吃、管住，你的工资就靠你生产的东西赚回去。

王：赔了也是老杨的。

曾：生产的菜心卖到广州去，价格跟收购的价格肯定是有区别的。老杨是靠这个差价来支付成本，赚取利润。那些人是靠卖出去的东西赚取自己的工资，吃住不花钱。

王：吃也花钱，老杨只是供饭，菜自己搞。

曾：有多大的面积。

王：600亩。

曾：600亩生产，建有两座冷库，还有其他的？

王：喷灌设施。

曾：再加上他们的临时住所，是吧。他主要生产什么？

王：菜心、芥蓝。

曾：主要供城市餐饮。

李：供应深圳、珠海、广州，大型的蔬菜批发市场。30斤一箱，90到100块钱一箱。

曾：对了，四方稍的粮食储备库在孝感粮食局的那个户头还在不在？

李：法人代表还在，刚开始的时候是李总。实际上已经转过来了，就是一些手续还没有办好。

曾：我的理解就是，这个国家粮食储备库，它还是孝南区粮食局的一个储备库，但是孝南区粮食局没有直接运作它，是交给春晖集团来运作。

王：春晖只是拿到了经营资质。

曾：就是用它的名义和指标来收。

王：对对。

曾：在组织架构里边，人家的户头还在。

李新华访谈录

时间：2015年5月15日上午

地点：湖北春晖集团总部

受访人：李新华（春晖集团总经理）

访问者：曾成贵

记录人：李朋飞、高辉

李：感谢你能够对一个农业企业如此关注。下面就你所提的这几个问题，站在我的角度，也代表公司跟你说一下。

第一个问题，四方稍和龙店的关系。这是企业的起源，非常重要。你也晓得，谭总最早是搞房地产开发的，2006年就开始转行了。我以前是四方稍的负责人。1998年朱镕基总理推行粮食体制改革，2007年深化改革，那个时候是真正的国退民进，我那时候跟老谭认识。孝感当时没有民营的粮食企业，都是小商小贩，粮食加工企业都是小加工厂，按照现代企业的角度来看，都算不上。粮食是国家的战略物资，农业是个基础行业，是大有前途的。那一年，作为改制的产物，我们粮食局招商引资，把他引进来，原因就是缺少资本，那时候的四方稍十分困难。现在的你也去看了，一部分是原来的，一部分是新建的。新建的是按照现代粮食企业标准建设的。以前留下来的，还没有拆除的就跟它形成了强烈的反差。老仓是1958年做的，新仓是2013年开始做的。没有国营体制改革的话，就没有现在的四方稍。这是第一个。

第二个，如果不引进民营资本的话，也没有四方稍后面的物流。四方稍是孝南区的国有企业，龙店是四方稍的一个粮站。龙店粮站隶属于四方稍，四方稍隶属于孝南区粮食局，就是这么个关系。合作是从四方稍开始，把龙店粮站兼并过来。

曾：就是说龙店属于四方稍，被春晖米业吃掉了，从那开始进入。

李：对，最早谈合作是四方稍，切入点是龙店。

曾：这就明白了。

李：四方稍不只一个粮食企业，它有五家单位。四方稍最早的名字叫朋兴粮管所，计划经济时候的名字。改革开放以后，一直到1993年叫四方稍粮库，库比所大。1995年以后叫孝感国家粮食储备库。从这个名称可以看出我国粮食体制改革的进程。

曾：也反映了这个粮食企业地位的提高。

李：这个企业啊，由所变库、库变成国家级储备库都是在第一批。粮食储备库占地70亩，内有五家单位：储备库；1998年朱镕基改革的时候，主副分离，成立了产业中心；孝南区粮食局的二级单位储运公司，是1990年左右把这条铁路专用线划到储运公司来，把粮食运进、运出的职能从四方稍分出来；还有一个饲料厂和一个米厂，五家单位有500多人。合作是从粮食局招商引资开始，也是谭总自己的决策改变。这个合作是通过区政府促成的，下了批文。

曾：我的理解，从粮食局的角度说就是经营体制改革，改革引进战略投资人，就是老谭。从春晖集团的角度讲，是老谭抓住了国有粮食企业改革的契机，插进去了，发展了公司的业务。

李：这个事情从现在的情况来说，老谭还是一个受害者。当时粮食局和我把他引进来，一个是从房地产转移到粮食企业，思维的转变。第二个是行业的转变。第三个，这个产业是一个弱势产业，那我要把这个产业搞好，要承担很多的辛酸。第一个就是四方稍的资产情况，我们正式的合作是2008、2009年，到现在这个资产还是国有的，还没有变性。第二个，我们现在投资的钱都是老谭春晖公司投资的。第三，也是最重要的一个，整个500人的改革都是老谭、春晖借钱给粮食局搞的改革。这就清楚了，老谭为什么是受害者。第一，资本进入了，把这500人的改制搞完了；第二，这个企业还存在，资产还是国有的；第三，把所有的员工都安置了，全部转移到春晖来上班。现在的问题是，原来的资产还没有变性，春晖的钱不能收回；第二，投资的东西也没有办证，也不能办证。为什么是受害者，企业投资要有回报啊，这就是最纠结的地方。

曾：就是两笔钱，一个是招商引资，粮食局作为一个业主向春晖借的钱。改制的钱应该是粮食局的，粮食局没有钱，就是谭总垫付的这笔钱，这部分有多少钱？

李：大概 2000 多万吧。

曾：这是一笔钱。再一个就是谭总进去以后改造粮库花的钱，建的那几座立筒，两栋仓库，还有铁路线的维修。这也是一笔钱，大概有多少？

李：这也 2000 多万啊。

曾：这个是谭总的投资。现在就是这块地怎么处理，说是市里已经开了几次会，开一次会换一次方案，到现在地也没有卖出去。这就产生两个问题，一个是借谭总的 2000 万没办法还，第二个就是谭总投资的 2000 多万，物权也没有办法保障。你地面上的建筑还是建在国有土地上的。现在就是留一个老余在那里。好像说他的身份也转过来了？

李：都转了。

曾：老余在那里当书记，去年见他的时候他说转到企业里来了。

李：是的。那么，现在还补充一个问题啊。那个地方资产还是国有的，钱是老谭投资的，物权也没有落实，那个地方的老问题春晖还在承担责任。那个地方的老余也好、老涂也好，还要负责那些老员工，还有很多麻烦事。

曾：好像老余他们还保留着身份？

李：是的，包括我本人，我们叫留守人员。

曾：他们当时都没有给我说清楚。春晖还用你这个国有粮食库的牌照，讲牌照你这个还是一个国有企业，你这个单位还在，是春晖在运作，用的是那块牌子。

李：是这样的。那个库原来是存放粮食的，但是那个设备设施都不能满足政策性粮食的收储和经营，合作以后就交给春晖来经营。谈到这个牌子的使用问题，老谭要的不光是这块土地，还有这块牌子。

曾：他不是为了在那里盖商品房，是要这个企业的经营权嘛，说白了就是要执照。

李：对。这就是我们国家的一个体制问题，没有把民营和国有放在一个平台上。比如收储粮食，民营企业是不能搞的，必须是国有企业来搞，现在又多一个国有控股企业。其他企业做，就是代储，就是打工，没有主动权。有了这块牌子你才能拿到这个主动权，这就是我们体制带来的问题，必须走这条路。

曾：就是你要进去，你要有所依托，被控来做这个事，做到将来国有退出，或是转让，具体的到时再说，还没有做到这一步。

李：是的。我要是说得深一点，现在国家的粮食政策还是以牺牲农民为代价，我认为的。第二，以牺牲民营企业为代价。为什么这么说？现在农民种田，就是按照托市的价格，农民也不赚钱。民营企业呢，这个中间的仓储是国家在控制，通过储备粮和托市粮来控制，政策性的。只有国有企业，或者是国有控股企业才能搞，民营企业不能搞。国家政策民营企业享受不到。民营企业享受，也是代理，也就是打工。你像我们现在是在为谁打工呢，给安陆的国家直属库打工。指标是它的，你要靠它吃饭。

曾：你用它的指标收储到你的库里来，你才有收入。

李：还是带有计划经济的色彩。

曾：粮食作为国家战略物资总是会带有一定的计划性，也就是国家的宏观调控。

李：为什么企业受害？因为企业要发展的话，就是盖仓库，要员工，要管理，设施设备要投入，然后又不在一个平台上。

曾：这一块，到时候请小黄他们给我一个详细的资料。你的收储代储是两个地方，第一个就是四方稍粮库，每年有多少指标；第二，你们为安陆国家储备库收一部分，上次在工业园他们跟我说了的，具体多少没有说。一个是国家直接下到四方稍的指标，一个是安陆国家储备库的，然后就是你自己的收储。我希望把这一块的指标搞得详细一点。

李：这个没有问题。第二个问题，合作之后春晖是怎么发展的。因为这个国家粮食储备库是收储的，也是一个商贸企业，通过收、储来经营。既是收储企业，也是商贸企业。那么，它是处于粮食产业的中间环节，前边没有种植，后边没有加工。合作到2009年的时候，农业厅的祝厅长和孝感农发行的丁行长来我们企业调研怎么做，从农业厅、农发行的角度怎么支持，有哪些政策，哪些金融政策来扶持，启发我们。祝厅长说要向种植业、向农业产业化方向发展，我们当时还没有这个思想。到2010年的时候，九十月份收粮食，就开始抢粮食了，收不到粮食了，我们就知道问题来了。播种面积或者产量下降了，第三个是自然灾害，第四个是农民抛荒。从这开始，你后边就都没有了，从你的粮源，到品牌建设，还有你的市场份额，还有指标下给你的时候，你怎么完成？不说国家的粮食安全，就是自身的粮食安全问题怎么解决？从这个角度，必须进入粮食种植业，就开始向前延伸，抓粮源基地建设，产生了土地流转。第二部分呢，我们中间环节做得都很好，我们，包括员工都在粮食行业几十年了，我们的仓库都很好。从2007年到2014年底，我们的粮食仓储就达到四个多亿了。也就是告诉你，从四方稍合作到龙店，当然啦龙店很小，当时只有7亩地，还没有任何收入，没有证。

曾：龙店现在经营什么产业？

李：也是仓储啊。

曾：上次说修路要占用它的一部分地。

李：那是加工厂，万丰米厂，2009年的时候我们买过来的，在汉孝大道上面。2013年汉孝大道搞绿化要拆18米，就是这么个情况。回到原题来，就是向种植企业发展，后边就是仓储，仓储完成以后呢，我们就向加工、物流方向来发展，就是你后面看到的大悟的、三汊的、朱湖的，包括加工厂、面粉厂你都看了。这就是产生了从中间向两端发展。

曾：我插一句，说一个另外的事，就是跟粮食局的合作，春晖现在还给不给它交钱了？

李：交啊。

曾：交多少钱呢？

李：去年是交了18万吧，每年都交啊。

曾：就是用它的牌照，还有往上联系的费用。

李：就是管理费。

曾：我上次问，他们都不敢说，都说不知道。区粮食局每年啥事都不干，就是那块没有用的旧的地上，每年收18万，安置留守人员和退休人员。

李：现在问题都消化了，粮食局没有责任啦，还要18万。

曾：你现在的工资他还要给你发一点，你们这四个人他们要管。

李：四个人现在都不让发工资。四个人的工资是多少？一个人1400块钱一个月，最低的只有1000块钱。

曾：他们送给我的信息就是这个改制已经到位了，只是借的钱还没有还。

李：现在就是要让你明白，不仅钱没有给，改制也没有到位；老问题春晖还要负责；第三个还要交管理费；第四个被牌照牵制了。

曾：因为你的证件在他们手上。

李：对，要他们盖章子非常难。

曾：你还要用他那个牌照，只有通过他们你才能跟省粮食局、市粮食局建立正规的关系。改革不彻底。

李：现在的改革推动太慢了。如果不是国家体制这样搞，我们春晖也一样搞得好。

曾：那就是全面开放，同等对待，也像国有企业一样，有一个户头，指标直接下到你这里也就完了。那个地也按照孝感市的规定，招拍挂卖出去。四方稍那个库现在好像库容不饱满。

李：不能用嘛，车子不能进去，一块死地方。

曾：收储大部分都到工业园去了，新建的库效益回不来。形势变了，以前在边上，现在在市中心，拖粮食的车子进不来，所以那个新建的筒仓还是空着。

李：没想到发展这么快，周围的房子都围起来了。第二个，管线没有下地，那么粗的管子都在外边露着。我接着讲，这就讲到土地流转了。背景也讲了，就是受到领导的启发。土地流转应该说是探索，没有参照物。这个问题你也清楚，我就讲这个12.98万亩数字的问题。这是一个模糊数字。为什么是一个模糊数字呢？因为当时的流转从三汊开始，然后到朱湖、到朋兴、肖港、大悟。先期进行土地流转的时候，没有一个标杆。

曾：在云梦、安陆、汉川有没有？

李：有，都搞了。汉川也搞了，安陆也搞了两三年了。讲这个12.98万亩的问题，他们说不清楚，你现在要我跟你说，我也说不清楚。第一，当时流转的时候，都是市委跟乡镇衔接的，签的都是意向性合同。比如朋兴乡给你三万亩，三汊给你三万亩，先签了意向性合同，再向下边分解，我们的合同不可能对千家万户，只能对乡镇，对乡镇、对村，他们把土地交给我们。这样层层落实下来的话，非常复杂，这个你也调研了。

曾：就是说这个12.98万亩是一个意向性合同。现在除了这个12.98万亩的协议以外，每一年到户支付的土地流转金额是多少亩？就是到了你的账上的，你要付流转金。你把钱的有多少亩，就是你流转到手的土地。其他的呢还在计划之中的，没有到位的。

李：土地流转讲了面积，分布也要搞清楚。其中安陆、云梦都是我亲自谈的。这方面工作非常难推动，主要原因是乡镇级在思想上重视，在行动上靠分管农业的副乡长或者副书记，最重要的是得靠村里一班子人。现在都知道中国乡镇财政上都在GDP，重点没有放在农业上去，乡镇应该直接为"三农"服务，现实是恰恰脱离了。农业这一块很复杂，又没有税收，只有服务，只有麻烦，只有矛盾，所以乡镇也是经常逼他们。那么，村干部这一块的话，现在市场经济时代，不是上级压的话，也不会搞得好，这就是说乡镇级和村干部在嘴巴上都是重视的，但行动上落实很难，他重点的工作不会放在这个上面去。这是第一个问题。第二个问题就是农民的问题。我也是农民出身，也不能说是农民素质低，是利益问题。企业和农民做工作是非常难的。工作上推进的时候，像王文搞那个农科院的时候，农民今天留在这里，明天不留在这里，有的留，有的不留。还有你种的水果、蔬菜其他等等吧，他们都抢啊、偷啊。我举个例子，我们种的玉米，长这么大的时候，白天有人看着，没上没人看着，农民就钻进去掰了，半夜拖回家你不知道，到第二天再去，玉米都没有了。

曾：你说的这个情况我在大悟听老罗说了的。

李：这对企业是损失。还有我们种的苗木，走在路上的农民这个扯一条，那个扯一条就没有了。

曾：还是一个产业环境的问题。

李：对，这就是说农村整体的投资环境没有得到有效的改善。

曾：你这个企业在三汊这个地方可能要好一点，因为它作为一个样板企业，地方可能要重视一点，要是作为一个外地企业在这些地方，难度可能更大。

李：在三汊也不好搞，在大悟好些。有句老话嘛，做官不在家乡做，在自己门前做生意也不好做。还有人嫉妒啊，还有很多方方面面的因素，造成很多问题。第二个问题，当时土地流转的模式有几种，第一种是我们自己流转，自己流转就是跟农民签合同，最后演变成股份制的时候是升华，这是在探索如何和农民的利益捆在一块儿，分享企业的成果。我们土地流转方面的定位是不跟农民争利的，我们只要粮食。第二是要让农民切切实实尝到甜头，这个有几种方式。第一，这个土地租赁费加分红，第二个是打工，第三个是福利，比如大学生的奖励、养老院啊这些。

曾：这个属于社会责任的部分。

李：对，通过这几种方式让农民看到与企业合作的好处，巩固和农民的合作关系，能够让企业可持续发展。方向是好的，做法是对的。在土地流转过程还涉及一个问题，就是种植的环境。80年代改革开放，土地分地到户的时候，土地不是分一类二类三类四类吗，一类是优质地，四类就是各方面不行的地。企业土地流转时，满足我的种植条件的才能流转，不能满足的我就不能要，我企业也要讲效益啊，不能光讲奉献啊，我自己兜里没有钱怎么奉献。现实流转过程中，村一级要求是你要么不流转，要么整体打包，整村流转。这就出现了一个问题，就是好田坏田是一样的，一个价，有些地不能满足你的种植环境；还有一个就是出现了插花地，不愿意流转了，我们采取多种方式，把这种地调到外面来，但是农民就是不愿意啊。为什么农民不愿意呢，这一块的机械化作业时，你要把我的也搞一下，不搞就跟你扯皮，农资、农机、灌溉、排水、排涝都要帮忙给他搞，不然他不让你过去。然后，你要过去压地的话，你要陪我1000块钱或者多少钱，这种麻烦经常有。这又引出来另外一个问题，好比流转了10万亩，你问我这10万亩产量有多少，这就是个很难回答的问题。因为这个流转土地给我的时候不是按计税面积给你，是按实际测量面积给你，那个数据和数据之间是不一样的，因为搞那个GPS定位或者激光来打，定点定位都不准确，有出入，还有田埂啊，这个不很准确的。

曾：它就是在一定范围的误差嘛。

李：这就造成一个新的问题，就是土地面积不是很准。

曾：总的来讲，丈量后的面积大于计税面积。这有两种情况，一种是像田埂这些都计算在这里面了，再有就是过去报的面积都不是实际的，有瞒报的情况，因为要缴农业税嘛。

李：对，地多你就要多缴税。还有什么问题呢，就是分一类田，二类田，比如田是670平米一亩对不对，四类田你不能搞产量低了，低了就不行。

曾：你这说的是两回事了，就是说你这个流转金都是按一个标准来给的钱，但不同的地生产出来的粮食是不一样的，就是有优质地和一般地，有的生产的高一点，有的生产的低一点，但是你支出的流转金是一个标准。

李：对，就是这个问题。还有一个问题就是，当时的农业基础特别差，有的地方路不通、水不通，电不通，三不通，国家的政策难以落实到我们这个地方去。你看现在的这个东西是我们经过很多努力,跑很多项目,才能搞进的,我们做出了很大牺牲。

曾:又投资了,农田基本改造要投资。

李:这些问题影响了企业的经营。还有一个问题就是地理问题,比如你要种水稻,你不通过改良怎么种水稻。三汊那个地方是比较富裕的地方,抛荒了很多,并且那个地方很容易长草。我们进去以后通过很多很多努力改变现状,做了很大投入,还要做一个很大的规划,然后才能好好经营,这个经营是有周期的,有的三年、有的五年。很多工程还受到农民的抵制,比如修路,给你带来很多困难,这些困难导致很多作物不好布局。上面来看了,说你怎么这么搞荒了啊,农民可以荒,我们不能荒,荒了我要亏损了。这就给我们带来了很大的压力。那么不能种水稻了,你就要因地制宜,调整经济作物。我们是这样布局的:种了香稻、油菜、小麦,搞两收。品种现在形成的是香稻、糯米,我们孝感有一个香稻产业化,把这个理念灌输进去,我们企业也需要做品牌,生产高档的大米。

曾:香稻产出来的是不是就是那个孝丰呢?

李:黄香、孝丰都可以,这两个牌子我们都注册了的。

曾:这两个牌子的米有什么不同的呢,还是就是一样的米?

李:我们原来是这样的布局的,孝丰是这边万丰这个厂,以生产普通米为主;朱湖那个米厂是生产优质稻为主,因为朱湖那个地方是糯稻产业,就是把它分两个小厂,以生产优质稻和糯稻为主。永佳是面粉厂,是合作型的,每年收购大量小麦,要进行销售的话,就去那个地方加工,是这样布局的。

曾:那个地方我去过,那个老板好像姓李吧。

李:对。就是因为这些问题,你们要我们统计数字,产多少粮食,这让你们很失望,但是你们解释了很多问题出来了,不能光看结果对不对。

曾:对,还要把原因说出来了,我们做的这个是实际状况的文字再现,不是为了好看的。

李:这就是说因地制宜嘛,我们有的地方种玉米,有的种黄豆,有的地方种水稻,还有的地方种经济作物,这些都是在不断探索,不断解决矛盾,如何在保护好农民利益的前提下,保护好自己的利益,还要符合国家的产业政策。

曾:就是粮食生产为主体,非粮也要兼顾,因为地理条件不同。

李：因为时间不长，从2010年到今年才五年的时间，用五年做到这些，做到体制机制的创新，是很难的。

曾：我到大悟那个地方去看过，大悟那里流转下来的地基本上是小丘陵。要是没有经过整治的话，地非常不平，你企业化地种水稻肯定划不来。那些土地都是小片小片，一家一户小农来搞搞是可以的。

李：这个问题你明白了，没办法，我们就调整了经济作物。朱湖那个地方，整个是部队的，这个你也清楚。我就不解释了。土地流转从管理上，一个农机合作社、一个农科院、一个香稻合作社。

曾：它这个也是一个发展过程，刚刚进入全链条的农业产业化，怎么搞，企业肯定有个规划设计。搞的实践当中可能这样搞是对的，就接着搞；可能我想得蛮好，实践当中有点差距，不太行，那就要调一调，这很正常。

李：大悟退了很多地，因为当时流转的时候，签了意向合同，签了四个乡镇，都在给你帮忙搞，我们在那基地也建起来了，但是这个乡镇30亩，那个乡镇50亩，不成片怎么搞啊，今年没办法，不能搞。总体来说，土地流转这一块，我们省委省政府、"三农"各部门、还有我们的市、区政府，对我们非常重视。虽然实际工作有些问题，但这个需要时间、空间慢慢去调整，国家政策还有我们企业的工作也在慢慢调整，包括经营模式、管理方式也要跟上去。最大问题就是农业缺人才，这个你应该比我更清楚，工作环境、待遇没有城市好，福利待遇跟不上去。方方面面的人才，包括农业管理人才，经营人才，包括信息化，农机，现在几个人去开拖拉机，所以缺人才，这是一个问题啊。还有资金问题。你看我们所有基地流转土地也好、投资的设备也好，都不能作为抵押物。

曾：好像现在流转土地可以作为抵押物。

李：在我们湖北省有四个试点，没有全面推开。

曾：孝感市不是试点？

李：已经作为试点了，但还没有落实下来。

曾：这个试点地区还要银行把它细化，银行也还在观望，这是因为土地流转的权属有它的不确定性。这个东西本质上是在农民那里，你把流转的经营权拿去抵押了，到时候银行不能回收怎么办，你这个地他又没有办法拿走，所以这个制度设计还是有一点理想化。除非是国有银行，拿着国家政策，将来如果搞亏了，国家给保底买单，民营银行、股份制银行肯定不愿意搞，因为这个是有风险的，有一个过程。国家出台解决你融资难的这样一个政策，没有落实。

李：没有落实的话，你想想农民的土地流转金要付，生产经营成本也是刚性的，员工的工资福利待遇也是刚性的。

曾：你资金缺口平不了，其他渠道融资成本就高了，国家银行融资成本低一些，因为是政策性的。

李：接下来谈谈主营业务的问题。我们主营业务就是粮食，就是农业产业化，从种植、仓储、加工、物流、销售。

曾：你这个全链条的过程我是了解的，我现在需要你们公司行政部或综合部给我们提供一个全链条的分年度数据。比如说种植面积；仓储收进来的是多少，销售的粮食是多少，加工的粮食是多少，这个链条就出来了。现在你怎么做我是知道了，但是做的多少，效益如何，我还不知道。这个情况我是在工业园听的，他们讲得蛮多，讲他们经营也是有效益的，但数据讲不清楚。

李：第四个问题就是社会责任。

曾：市场效益、社会绩效、环境绩效、节能降耗、政策法规、产品创新、客户服务、照章纳税、带动就业、员工关怀、社区关怀，这些都是社会责任的内容。社会责任的报告一般是四个部分的内容，第一个部分是责任的管理，总的来讲就是企业守法经营，我有什么制度来保证这个事；第二就是市场绩效，这个主要包括产品创新，销售和客户服务；第三个社会绩效，这个就是照章纳税，带动就业，包括一些慈善的事业等；第四个环境绩效，就是安全生产，节能降耗，大致就是这些内容。

李：带动农民致富也是社会责任。

曾：对啊，没错，有这方面的数据就给我。

李：第五个问题就是决策机制、党委建设，这方面我们提供一些材料。

曾：决策机制这方面我想了解你们有没有董事会？

李：有。

曾：有没有董事？

李：有。

曾：董事是哪些人组成，是集团内部的还是外面的？

李：是集团内部的。

曾：好，这方面你要给我一个名单。因为我要看出来你这个企业是往现代企业来发展的，比如你有董事会，那董事会是些什么人呢，然后经理层，总经理，副总经理，怎么分工啊，应该还有监事会。第二个就是内设机构，你集团设了几个部，综合部、财务部等，有几个部给我几个部的资料，每个部的现任负责人也要告诉我，还有主要工作人员。核心企业，我知道你这个企业有两种，一种是你这个集团的主体，第二种是为了工作的方便，有些合作的关系，这个概念我从永佳得来。我问永佳的股本结构，他告诉了我，我就懂了，他们说是集团统一管理，但是全资经营，那我就懂了你们的联合体，因为你们本身是一个企业集团嘛，企业集团就是多种所有制，多个法人单位，在一个统一协调之下的。我想核心企业，应该就是指公司全资、控股，一般性的投资还不能算是核心。你们的核心企业应该有春晖米业、春晖物流，国贸酒店也是一个吧？

李：是的。

曾：下面我有几个把不准的。农超是你们控股的？

李：全资的。

曾：小额贷款应该是一个。

李：是的。

曾：房地产还在经营吧？

李：在。

曾：飨畇是全资吗？

李：全资。

曾：那这就清楚了，春晖米业、春晖物流、国贸酒店、飨畇农业、春晖农超、小额贷款，还有春晖房地产，还有工业园那里叫什么名字？

李：举帆农业发展公司。

曾：你那个物流园动作怎么样？

李：进度非常慢，难度非常大。还没搞到位，填土填了一部分，现在国家对土地管理太严格了，以前准备边征地边建设的，现在不行了。现在搞到位才能搞。

曾：李总最后在跟我讲讲党委会的情况吧？

李：党委会成立时间不长。

曾：这是一个很正常的状态，反映共产党的执政组织发展趋势，它在民营企业里面从无到有。我想了解党组织在民营企业里面开不开展活动、怎么开展活动，这是第一。

李：这个比较少。

曾：第二是开展一些什么活动；第三是这些活动与企业的发展是一个什么样的关系，党组织的成立有没有作用，有些什么效果。你这个组织关系，直接接口孝南区委组织部？

李：对。我们是经信委代管，孝南区非公经济党组织。

曾：这个就蛮好，整个企业组织就非常完整。

李：还不是很完善，不是很细。因为民营企业重点抓效益，还因为我是总经理在当党委书记，精力散了，就设了两个副书记来管机关党委，这有一个过程。我们也开了很多会，比如请党校老师来给我们上课；第二个，理想信念教育课我们也搞得有声有色；第三个，群众路线教育活动，我们孝南区的副书记亲自来的。

曾：党建的内容要通过活动来体现出来，它的效果要从企业的精神面貌、效益上体现出来，增强企业凝聚力嘛。

李：春晖从2007年开始注册，到今年才8年，形成今天的产业链、规模，我们集团班子做了大量的努力。

曾：企业员工现在在册的有多少人？你发工资的有多少人？

李：200多人。另外一部分就是每个库的搬运队，搬运工人，有的地方十几个人，有的地方二十几个。

曾：季节性用工？

李：这个有长期的，也有短期的，看业务的发展情况。宾馆酒店的员工没放在里面。

曾：你们和员工的合同有几个类型？

李：集团员工在册的200多人要签合同的。

曾：就是买几险几金的？

李：对，第二部分就是临时工也是要签合同的；第三部分就是宾馆这部分的，宾馆给他们签合同。

曾：这些不是集团直接用工，而是下级企业用工，因为它自己是一个独立核算单位。

李：这样加起来的话可能就有 300 多人了。

谭伦蔚访谈录

时间：2015 年 7 月 13 日上午

地点：湖北伟业春晖米业有限责任公司

受访人：谭伦蔚（春晖集团董事长）

访问者：曾成贵

记录人：高辉

曾：我负责的春晖集团调研前前后后快一年了，今天见谭总，一是把调研的过程和即将提交的调研报告的内容交流一下，这个报告可能会出版，向社会公开的；二是还有些问题需要讨教。调研的过程是这样的，进行了 9 次考察，13 次座谈，现场考察了三个粮食收储单位、两个粮食加工单位、三处土地流转和合作经营基地，以及土地股份合作社、农机专业合作社、果蔬合作社、春晖农超、春晖农科院等单位，分别与集团领导同志、中层管理人员、合作社社员进行了集体的座谈或个别的访问，比较充分地搜集了书面资料。我这个报告包括这些内容：发展概述、核心企业、主营业务、土地流转、股份合作、专业合作、科技服务、社会责任，各次访谈的内容也要附在后面。下面，还有几个问题，想听一听你的看法。第一个问题，你对龙岗土地股份合作社怎样评价，今年是第五个年头，你对土地合作社的运行情况最了解。第二个问题，在经济新常态下，春晖集团盈利主要发展什么，怎样扩展新的盈利空间。第三个问题，春晖集团能够从各级党委、政府和有关职能部门得到哪些支持。第四个问题，春晖集团进一步做大做强，目前面临的困难主要是什么。第五个问题，请你谈谈春晖发展的前景。今天对你的访问，是我这个调查访问的收尾。

谭：你下了很大的功夫了解我们这个民营企业的情况。这几个问题，我不一定顺着讲，有的结合在一起讲。先说龙岗土地股份合作社。实际上龙岗土地股份合作社是因土地流转而产生的,流转是手段,它是结果。股份合作社,我是看好的。当中的利和弊呢,弊,可能就是它的费用相对来说比较高;利,就是国家的负担比较轻。成立股份合作社,把农民和企业的一部分利益捆在了一起。这个合同到2028年,短期内双方之间想"离婚"是不可能实现的。政府的麻烦少了,缺水、缺电这些问题企业自己去解决。单一农户的风险,比方说,今年油菜籽政府根本就没有收购,现在油菜籽的销售价格在1.5元左右,生产成本在2.25元左右,国家的制定的最低收购保护价是2.5元,本身是给农民留出了利润空间的,但是政策出台了没有启动,就落空了。落空之后明年谁再去种?我们这个股份合作社成立后,包括我们自己生产的稻米都无法享受最低保护价,农民本身没有受损,因为他有360斤中籼稻谷保底加上分红,是最稳的。对于农民来说,这个利就是不管风险有多大,由企业承担了,不会出乱子。

今后盈利方向呢?企业是要以盈利为目标,不是唯一目标,这也就是你说的社会责任这一块。但是,社会责任如果没有利润去支撑那是无法做到的。这个方面我们是"达则兼济天下,穷则独善其身"这样一种理念。在这块,正在调整利润空间不同的各个品种。比如,现在粮食价格下降了,调整一部分绿化用地,一部分渔业用地,2016年还要调整药业的用地。我们同天津一家企业合作,今后有相当一部分基地要种植药材,也就是说用经济作物来弥补粮食作物的亏损。这就是企业今后创造盈利的点。另外,盈利的点就是房地产,实际上我们企业以前主要盈利靠的是房地产,那块盈利远远高于农业。我们仓储接近5个亿的仓容,一斤0.26元的利润,但盈利没有超过1700万,这个很难跨越的。好的年份,加工这一块是可以做一下的。前年,加工这块不怎么好,4个加工厂,我们企业拿出300万出来补,因为淡季你也要保证粮食供应。这两年,我们国内谷价其实相当于国外的米价,比国外要贵,我们的谷价是1.38收购的,而国外的米价进到国内不超过1.4元。我们的谷出米率是50%~55%,也就是100斤谷出差不多50斤米。

曾:那就是说我们要比人家接近要贵一倍咯。上次老余他们说过这个,受越南米的冲击,米卖不出去了。

谭:我们湖北是最大的籼稻产区,一级米我们省有三块,一个是我们春晖的糯稻,我们香稻是二季稻,再就是宜昌当阳一级稻,再就是京山国宝桥米,种植面积并不大。全省基本上都是二级、三级稻,天然的地理条件和气候决定了我们很少能产出优质米。和国外的比,湖北的米基本上没有可比性。湖北的米,超过三分之一是供应大食堂,以前就是销往广东、广西、云贵川等地。去年四川的谷价是 1.05 元,返销湖北。我们国家稻米和小麦这些粮食作物进口有配额管理,民企是几乎没有配额,我们的指标基本上是从央企手里买。全球的水稻配额是 3000 万,我们中国今年进口配额是 500 万,这其中有 10% 在省一级那些原来老的粮食单位手里,90% 都是央企的,也就是中粮、中储他们几家手上。小麦这块 100% 全部是央企的。民企在这方面完全没有享受到同等待遇。

我们周边河南、安徽机耕道路建设补贴远远高于我省。我认为我们现在农村机耕道路建设还停留在 70 年代那个水平,那个路就米把宽。现在是拼命地在农机方面加入补贴,但是农机补贴做得再好,道路通达条件不好,大型机械下不了田。我们必须面对这些客观事实,那么,我在省领导调研时当面反映过这个问题,希望省政府能够拿出一部分钱责成农业厅或者财政厅、交通部门把农村机耕道路改造一下。现在大型机械已经宽到两米了,插秧机也年年配,下不了田,还是没法用。这个方面,我认为应该"兵马未动粮草先行",现在恰恰是颠倒了。

再回过头来说,目前保障企业有盈利是我们的重中之重。目前经济下行,企业应对的重点就是增强盈利能力。我们一垮的话,涉及的是上十万老百姓的利益受损。这是绑定了的。春晖不垮,老百姓的利益就不会受到半点损害。这也是大型涉农企业面临的共同的问题和风险。流转的土地越多,潜在的对农民不安定的因素,我认为也就越多。

曾:是啊,所以国家有关部门、专家学者讨论工商资本下乡可能会有这些影响。

谭:整个鼓吹工商资本进入农业这个问题呢,从 2011 年就开始搞,到十八届二中全会才确定鼓励工商资本下乡。不要看一号文件才那么几个字,我们前后花了五年的时间,一直在呼吁这事。2012 年那年我认为是最有希望搞定的,但结果是"不主张、不支持",但是可以搞。

曾:这是试验的态度。

谭:国家拿出钱来,整个投入到农业,做农业这块,按照现在的国情、国力,还不足以达到美国那么大的力度。现在这个时间段的话,农村面临的现状大概都是70年代末期的,这个时候还不鼓励民营企业进入农业的话,我认为这是对农业最大的伤害。农村大量的青壮年劳动力,考学之后是不会返回农村的。国家从顶层设计应该考虑到这些问题,不能等到所有的农民都被城镇化了、所有的土地都荒芜了以后,我们再来解决这个问题。所以,这个时间段应该鼓励有志从事农业生产的人和企业进入农业,鼓励工商资本从事农业生产,相关的政策、资金和人才应该给予配套。不要怕这个企业垮了,我谭伦蔚垮了,我做了一公里,他接手,再做一公里,这个路是一步步走的,农民是受益的,农业是受益的。我们政府怕哪一块呢,怕企业大量的圈地、侵占农民利益。其实,企业是没有能力改变土地的性质的。我们国家土地分为一般农田、基本农田、农业建设用地,然后是国有用地,到国有用地的时候才能进入买卖。也就是说,企业要用这些土地脱离不了政府。政府为了地方财政,它是积极地帮企业把土地倒腾出来,这是政府自己的行为,跟工商资本进入农业是不相干的。

  国家政策对农业有没有支持呢,主要有几个支持,一个是财政部的农业综合开发的支持,它是以县为单位的,这个一亩当时大概1500块的补贴;然后是国家发改委和农业部的高产创建农田是结合起来的,这个补贴是一万亩20万块钱;国土这块有个农田整治的项目。实际上涉农的大概就是这三块资金,从国家政策层面上想法是好的,但这被每个部门用到了极致,成了部门利益的蛋糕。比如这个1500块的农业综合开发,10%要拿出来做协调费,然后,设计招投标大概390块钱,税收20%,这还剩下不到700块钱,企业利润别人留个15%要留吧,这又要走200块钱,最后真正用到农田里面应该是不超过500块钱。500块钱还要把这个豆腐渣工程搞完,得有个交代,那么沟、渠、道路这些可能都是最低的标准,这样对农田的整理也是破坏性的,直接一推一平整,表面上看着不错,实际上农田只有上面不足30公分是肥土层,下面是死土、生土,把好土推到一边,把生土挖到外面来了。1000斤的亩产,可能经过土地整理之后就变成了300斤,农民再把这个生地调成熟地没有个三到五年时间是做不到的,本身蛮好的事情,结果变成了一个破坏。

  这些年,我们也在尝试怎么改变。我们提出来政府主导、企业实施、独立审计,让我们把1000斤的土地做成300斤的我们肯定不会,我们只会尝试把

1000斤的田做成1200斤的。你担心我资金用不到位呢，可以事后有个审计。政府下项目的时候呢，政府是主导。国土方面不同意，说我们有明文规定要有国土专家（专项）招投标。国土和财政的施工团队几乎是一套班子，他们长期在这两个部门混饭吃，当中的利润，把其他方面剔除以后也就10%，那他们能不偷工减料吗。今年财政部征求农业综合开发意见，我们建议打破这个瓶颈，地方政府出一部分，中央财政补贴一部分。补贴的这个部分呢，从利息这块补贴。企业贷款搞这个项目，你再补贴我，把原来从事这些项目的资金变成贷款的贴息，或者农民自己以村或者村民小组为单位，他们有这个意愿调整土地，提高土地的高产创建的时候，他就去贷款搞这个事。谁改补谁，补贴不是说投1000块就补100块，而是以贴息的方式。这样肯定是优于现在的这种办法。

曾：土地流转以后，农业直补变成给农民增加一点收入，给农民增加生活费，并没有起到促进农业生产的作用。

谭：这就是一种安抚政策。现在，也不好取消它。今年，可能从四项直补里头拿出10%到20%，到时看怎么样把这些钱用于新型合作组织、涉农企业上。

参考资料

一、企业资料

《大力转变发展方式　加快建设现代农业——关于"春晖模式"实践与探索的情况汇报》

《孝南区农村土地经营机制创新试点工作资料汇编》，2011年5月，孝南区经管局编印

《孝南区农村土地经营体制机制创新现场会材料汇编》，2011年6月，孝南区经管局编印

《统一思想凝共识　奋发有为促崛起　加快推进湖北春晖集团转型升级和跨越发展——在湖北春晖集团2012年度总结表彰大会上的讲话》，李新华，2013年2月5日

《湖北春晖集团2013年度党建工作汇报材料》

《强化管理　提升效益　为实现集团转型升级而努力奋斗——在湖北春晖集团2013年度总结表彰大会上的讲话》，李新华，2014年1月25日

《大力构建新型经营体系　加快推进现代农业发展——湖北春晖集团农业合作社群经营和发展情况汇报》，2014年8月19日

《创新农村土地经营机制　加快推进现代农业发展——关于开展农村土地流转发展农业产业化经营情况的汇报》，2014年11月5日

《提振精神　勇于担当　为在新常态下实现集团新跨越而努力奋斗——在集团2014年总结表彰暨2015年工作动员大会上的讲话》，李新华，2015

年 1 月 13 日

二、报刊资料

李文斌:《湖北春晖农机专业合作社走"低碳路"生产绿色粮食》,《湖北农机化》2010 年第 5 期

王于武:《关于湖北省农民专业合作社规范化建设的思考》,《中国农民合作社》2010 年第 13 期

李剑军、杨伟鸣、陆新刚、李建华:《龙岗模式:整村土地流转新探索》,《湖北日报》2011 年 5 月 4 日

何红卫、余爱民、黄建军:《现代农业一面旗——湖北春晖集团农民专业合作社群调查》(上),《农民日报》2011 年 9 月 6 日

何红卫、余爱民、黄建军:《现代农业一面旗——湖北春晖集团农民专业合作社群调查》(中),《农民日报》2011 年 9 月 7 日

何红卫、余爱民、黄建军:《破解新时期"三农""四难"的有益探索——湖北春晖集团农民专业合作社群调查》(下),《农民日报》2011 年 9 月 8 日

董晓芳、李文斌:《向引领农业第三次飞跃目标奋进——记湖北春晖集团农业合作社理事长谭伦蔚》,《农民日报》2011 年 12 月 29 日

何红卫、余爱民:《现代农业一面旗——湖北春晖集团农民专业合作社群的调查》,《政策》2011 年第 11 期

季云堂、董晓芳、李文斌:《大地飞歌——记湖北春晖集团董事长谭伦蔚》,《孝感日报》2011 年 12 月 29 日

顾兆农、张志峰:《转变发展方式　推促科技进步　湖北改革创新撬动农业转型》,《人民日报》2011 年 12 月 31 日

赵鲲:《理性看待公司主导下的土地股份合作——湖北春晖集团以股份合作形式流转土地情况调研》,《农村经营管理》2011 年 12 月

李剑军、杨伟鸣、李文斌、陆新刚、杨芹:《龙岗模式,整村土地流转的样本》,《湖北日报》2011 年 6 月 17 日

沈翀:《"龙岗模式"展示农业现代化的前景——湖北春晖集团发展农民专业合作社集群纪实》,《省情与战略》2012 年第 3 期

唐卫彬、黄艳:《土地规模化经营的有益探索》,《农机科技推广》2012年第8期

李文斌:《三汊镇龙岗土地股份合作社分红了》,人民网湖北频道2012—1—4

何红卫、李建军:《三代"粮王"喜聚龙岗》,《农民日报》2012年2月3日

唐卫彬、黄艳:《从"粮贩"到"粮王"——一位"超级农民"的现代农业经》,新华网2012年4月4日

何红卫、黄朝武、黄建军:《香稻田里展开现代农业画卷》,《农民日报》2012年6月20日

邹进泰:《鄂中大地吐春晖——解析湖北"春晖模式"》,《农村工作通讯》2012年第8期

《湖北春晖集团探索现代农业全产业链》,《农业科技与信息》2013年第9期

董育雄、张扬、任大鹏、金叶子:《谭伦蔚代表呼吁:预防"农民荒" 加快职业农民队伍建设》,荆楚网2013—3—8

何红卫:《舞好"龙头"带动现代农业发展——访湖北春晖农机专业合作社理事长谭伦蔚》,《农民日报》2013年3月13日

谭伦蔚:《土地确权释放"三农"活力》,《人民日报》2013年3月14日

余爱民:《谭伦蔚和他领导的合作社群调查》,《中国乡村发现》

李剑军、钟婷婷、朱道密:《龙岗模式:走出"谁来种田"困局——破解乡村"三化"难题荆楚调查之五》,《湖北日报》2013年

张颖、陈玉洁、李文斌、石腾云:《书生储粮又种粮 打造全产业链 一年经营收入38亿》,《楚天都市报》2013年10月15日

付文:《"春晖模式"助力现代农业》,《人民日报》2013年11月10日

谢良、姜潇:《土地流转出财富——龙岗村纪事》,新华网2013—11—27

李建平、沈翀:《从种粮能手到土地股东——湖北"龙岗模式"调查》,新华网2013—12—17

高云才、冯华:《用改革保障粮食安全》,《人民日报》2014年3月5日

何红卫:《培育新型农业经营主体 推动现代农业发展》,《农民日报》2014年3月17日

后 记

《湖北春晖物流集团调查》终于截稿了。春晖集团董事长谭伦蔚同志,给笔者以极大信任,为我们进入该集团调研做了必要的安排并拨冗接受访问。总经理李新华同志在繁忙中抽出时间也接受了访问。李文斌同志规划安排了调研活动的具体事务,准备了各种文字照片资料,授权使用,并为本报告的完成提出了富有价值的意见和建议。王文、李江红、黄雅慧等同志从旁协助,多方帮忙。在此,我要一并表示由衷的感谢!研究生李朋飞、高辉参加调研,整理了全部现场访谈资料。本文稿由笔者完成,其不足不当之处,谨请识者不吝批评指正。

曾成贵

2015 年 7 月 20 日

编后记

"中国调查"丛书由湖北社会科学界联合会组织编写。为了编纂这套丛书,省社科联成立了"中国调查"丛书编委会。编委会编委由省社科联领导成员担任。编委会在丛书的组织策划、选题确定、编纂体例、内容大纲、编辑风格、封面设计、专家聘请等方面进行了多次专题研究。曾婕、刘宏兰、杜绍祥、杨增能、周庆章、谢洪辉、刘胜瑜、温健同志对相关分卷进行了初审;黄正谋、刘洁同志负责复审工作;曾婕、周庆章同志负责终审工作。"中国调查"丛书的组稿、协调、编辑、审稿等工作由省社科联学术部承担,陈芳、肖利、陈弘、杨幸同志做了大量工作。湖北人民出版社编辑同志对本丛书的编辑工作给予了很大帮助,在此致谢。

由于本丛书涉及的内容较多、原始资料量大,虽然经过反复校验和更正,难免有所疏漏,恳请专家读者批评指正。

编　者

2015 年 10 月